U0931158

现代性的哲学视域

王振林◎著

吉林大学哲学基础理论研究中心研究员自选集

中国社会科学出版社

图书在版编目(CIP)数据

现代性的哲学视域 / 王振林著. —北京：中国社会科学出版社，2018.7

(吉林大学哲学基础理论研究中心研究员自选集)

ISBN 978-7-5203-2974-3

Ⅰ.①现… Ⅱ.①王… Ⅲ.①现代哲学—文集 Ⅳ.①B15-53

中国版本图书馆 CIP 数据核字(2018)第 180371 号

出 版 人 赵剑英
责任编辑 朱华彬
责任校对 张爱华
责任印制 张雪娇

出 版 中国社会科学出版社
社 址 北京鼓楼西大街甲 158 号
邮 编 100720
网 址 http://www.csspw.cn
发 行 部 010-84083685
门 市 部 010-84029450
经 销 新华书店及其他书店

印刷装订 北京君升印刷有限公司
版 次 2018 年 7 月第 1 版
印 次 2018 年 7 月第 1 次印刷

开 本 710×1000 1/16
印 张 20
插 页 2
字 数 328 千字
定 价 88.00 元

序　言

本文集所收入的论文，既记录了我近 40 年来从事教学与科研的学习与探索轨迹，又展现了我不同时期的研究兴趣与领域。整个文集由三个部分组成，第一编：移动的地平线：从我思之我到交互主体。纳入本编的论文，虽然涉及的哲学家及其理论较为广泛与庞杂，但是其研究主题还是较为集中的，即以理性、主体与主体际性为主题，研讨了现代西方交往理论。确切地说，对现代西方交往理论的研究，始于 20 世纪 90 年代初，而激发我对西方交往理论与交互主体性问题进行研究热情的契机，乃是读了美国哲学家弗莱德 · R. 多尔迈的《主体性的黄昏》一书。书中以“思维主体”的争论为话语背景，触及交互主体性、人与自然的关系、社会与个体的发展理论，以及诸种社会政治职责的伦理基础结构这样四个问题域。所有这些问题，不仅引起了我的探索兴趣，也奠定了我的研究领域。

对主体际性问题的研究，起初主要集中于对德国哲学家的理论研究，如胡塞尔的交互主体性理论、海德格尔的共在理论、伽达默尔的语言理解理论和哈贝马斯的交往行动理论。在攻读博士学位期间，因为就读的专业是“马克思主义哲学”，所以，又扩展到对马克思主义交往思想，以及对马克思主义的交往思想与哈贝马斯交往理论之间的比较研究，并由之完成了博士论文。之后便赴加拿大西蒙 · 弗雷泽大学哲学系访学。在这一年的留学期间，又专门收集、研读了与之相关的文献材料。回国后，经过进一步修改与加工，2001 年由国家留学基金资助，出版了《解析与探索——哲学视域中的主体际交往》一书。当然，我曾在该书中说本书并不是“大纸票”而只是“小零钱”，它不过是对交互主体性问题研究的起步而已。随着研究视野的不断拓展与深入，先后在校、省、部级不同级次项目的支持下，不仅发表了数十篇与之相关的论文，而且在 2015 年年底，由中国社会科学出版社出版了《现代西方交往理论研究》一书。书中不仅涉及德国哲学家的交往理论，同时也包括法国哲学家、美国哲学家的交往理论。

尽管诉诸不同基点上的交往实践理论五花八门，但是交往实践的核心问题实际上集中于："主体际性是何以可能的"问题。在对"主体际性何以可能"问题的合理性与权威性、可辩护性与合法性的探索与阐释中，现代西方哲学家都是以人的一种特殊的生存方式为支点，去说明人与自身、人与他人、人与社会的网络结构关系，阐明交往实践在人类的文化传承、历史演进与社会发展过程中的作用；都是以消解传统哲学的主客二元对立，突破"方法论的唯我论"为其理论的出发点，显示出现代西方哲学在从近代哲学的"观念论"向"语言学"的视角转换中，已由传统哲学囿于意识的观念主体、主客问题的研究转向实践主体、主体际问题的研究，以及越来越贴近生活的"实践转向"。当然，诉诸我思与知觉、经验与语言，超越传统哲学的"唯我论"，追求主体际的交流与沟通，既是对传统哲学的主体性观念进行理论反思与批判而必然逻辑地生成的问题，又是现代西方哲学家对世界多极化、文化多元化与经济全球一体化的时代特征自觉反思而提出的一个前沿性、边缘性与交叉性的热点研究课题。毋庸置疑，在对这个热点课题的研究中，各具特色的交往实践理论之间远未达成共识，存在着不尽相同的思维路向、论证方式与理论构成，而造成诸家诸说纷纭争执状态的原因，主要在于它们所诉诸的交往实践基点不同。不过，这并不影响它们从不同的边缘域向同一个目标前进，在对交互主体、交往实践的分析与论证中，为我们呈现出了一幅百家争鸣、百花齐放的理论语境。

第二编：追寻美德：西方道德哲学的寻根理路。对西方伦理道德问题的研究，萌生于20世纪80年代中期攻读硕士研究生期间，聆听了邹化政先生的西方伦理学史课。先生对西方伦理道德问题及其发展史的独到解说，引起了我内心渴求对之进行深入研究的欲望。在此后20多年的研习与积累的基础上，我不仅发表了一系列相关的研究文章，而且2011年由中国社会科学出版社出版了《人性、人道、人伦——西方伦理道德问题研究》一书。

纵观西方伦理发展史，可谓学说林立，论点各异，问题繁杂，但是贯穿于伦理学之中的基本问题就是道德的根据何在？从古希腊开始，人们就一直在混乱不休中讨论道德的根基问题，道德秩序需要一个外在的来源使我们自身被迫与道德要求相一致呢，还是我们善于约束自己以至我们有充分的动机去引导我们去做我们应该做的事情呢？或者说，关于人性之“是”，并从人性之“是”中推导出“我们应如何行动”是理性的召唤，还是支配于我们待人接物时所流露的情感呢？关于道德的基础，尽管不同的道德哲学各有主张，然而，几乎所有这些学说的共同之处是，它们都试图让个人为自己提供道德，同时宣称这种道德具有真正的普遍性。因此，它们“先是描述人类本性的特征；然后作为一种补充物引入道德准则，将其解释为是已经得到说明的人性的表现或者是这种人性满足的手段”①。但是，对于道德规则，哪一种基础在逻辑上是普适的？道德规则所需要的根据是什么？以往的伦理学或是从上帝的诫命方面，或是从理性的命令方面，或是从实现人的本性的目的方面，或是从听从绝对命令的义务方面，来理解道德之善。这一切又引起了令人烦恼的问题，正是关于这些诫令、命令、目的和绝对命令是由什么构成的问题，是理智与知识，抑或是情感与意志？理智与情感究竟是一种什么样的关系？对于这些问题的回答，归根到底与诸家诸说的世界观密切相关，由之便呈现出本体论价值决定了主体性价值，即对理智而言的“真”和对意志而言的“善”。尽管有些哲学家在某种意义上将人的道德生活与他人、社会相关联，但是他们在解释人性时，几乎都是在人的实践行为之外来寻找根据，而没有看到根据就在人的社会历史生存行为本身，意识不到人的行为之道，存在真理只有与人发生关系，才算找到了自我揭示之所，人的自由自觉的社会实践才是伦理学说与一切行为道德的基础和根据。

第三编：理想的冲突：哲学的批判与改造。收集在这部分的文选，反映了我不同时期对不同哲学问题的关注，因而它们并没有统一的讨论主题。《康德范畴理论研究》《黑格尔对康德范畴理论的超越及启示》两篇，是我研究生结业后的习作，主要阐释了黑格尔在对以往哲学，特别是对康德范畴理论的批判与继承、改造与发展的基础上，以概念自身的思存统一

① ［美］阿拉斯代尔·麦金太尔：《伦理学简史》，龚群译，商务印书馆 2003 年版，第 237 页。

性，克服了康德的思维形式和感性内容的外在结合，以及悟性范畴和外在世界的僵硬对立；以概念自身的矛盾运动和否定之否定的螺旋式发展，克服了康德范畴之间静止的、非发展的缺陷，揭示了人类由低到高、由浅入深、由表及里、由抽象到具体的认识发展过程，达到了逻辑学、认识论、本体论的统一，建立起了一个概念的真理体系，从而以唯心主义的辩证逻辑取代了康德的先验逻辑。而其他几篇则从不同的维度研讨了包括马克思主义在内的现代西方哲学在本体论、真理观、生活世界与社会历史等方面的争论与批判、超越与转向。从不同维面所进行的这些研讨，既彰显了哲学的思维方式与问题域的转换，也表现了哲学对自身认识的深化与更新、发展与转向。

王振林

2018 年 2 月于长春农舍

目　录

第一编　移动的地平线：从我思之我到交互主体

第二编　追寻美德：西方道德哲学的寻根理路

第三编　理想的冲突：哲学的批判与改造

第一编

移动的地平线：从我思之我到交互主体

从主体理性的凯旋走向理性主体的黄昏

主体理性与理性主体是西方近代哲学的原则与奠基石。近代哲学通过弘扬人的主体理性的完善性，确定了人的理性主体地位，从而取代与颠覆了中古时期存在理性与神的至高无上的中心位值与权威。然而，随着人的主体理性不断强化与无限膨胀，不仅愈来愈暴露出隐含在它自身中的缺失与弊端，同时又为主体理性与理性主体的丧失埋下了危机的祸根。在黑格尔的绝对理性哲学的极致之后，近代哲学建立在理性基础上的主体形而上学迅速失去了往日的无上权威，陷入了“四面楚歌”的深刻危机之中，遭到了现代西方哲学诸思潮的反思与批判、匡正与重构，导致并加速了近代哲学的主体理性概念的统一性、绝对性的衰落与崩溃，理性主体也随之走向了黄昏。

一

近代哲学的梦想与努力完全是凭借主体自身的理性力量，回归并确定了人的理性主体本位。然而，近代哲学以“方法论的唯我论”作为主体理性确定理性主体本位的方法论前提，势必使得近代哲学一开始便在主体理性的独断中，使理性主体与自然、社会之间处于分离、对峙的状态；并在主体理性一无止境的扩张与膨胀中，使得力图通过人的主体理性以确定人的理性主体本位的近代哲学努力，演变成人的理性主体既未真正地得到表达及其位值，反而在理论的逻辑发展与现实的经验实践中，走向了“人的终结”。

笛卡尔的“我思故我在”命题历来被看作西方哲学进入近代的标志。他以一种空前彻底的“中止判断”的批判怀疑式，对一向被当作毫无疑问的、不言而喻的感性经验世界和一切从它那里派生出来的科学的、非科学的思想生活的有效性的质疑，以及向“我思”这一绝对必真的自明性的回归，不仅充分肯定与显示了主体理性的无上权威与主导地位，开启了一种对客观的认识进行彻底批判的“认识批判史的开端”，使哲学的研究视角从原先的“以心向外”转向“反身内求”的“哲学的新时代”。而且，通过主体的“我思”确立了“它的自我存在”，提出了一种在“自我”的主观性中寻找世界和客观真理的最终根据的“哲学研究的全新方式”。这种要求回溯到“无可置疑的自我”中去，并从主体理性出发，在“主观性”中寻求一切科学知识最终根据的“唯我论”的哲学研究方式，在他以后的近代哲学理性主义的宏大系统中充分显示并发挥了它的内在力量。近代哲学，经验论和唯理论尽管在主体理性的真理性与确定性的基础上存在着分歧与争端，但是探索与立足于主体理性或自我意识，并将其作为理性主体认识的出发点与归宿，作为科学知识与认知真理的确定性基础与标准，则为二者共同的哲学取向及方法论基础。这种基于唯我论的方法论在康德的先验哲学中进一步发扬光大，其历史影响一直延至今日。诚如胡塞尔所说：“笛卡尔的不作任何预先假设的激进主义及其追溯一切真正的科学认识的最终有效性的源泉和由此出发绝对地奠定它们的基础的目的，要求转向研究主体，要求回溯到那个在其内在性中进行认识的自我中去。不论人们如何不赞成笛卡尔的认识论的程序，人们已经不再能够逃脱这种要求的必然性了。”①

然而，近代西方哲学要求回到主体理性或“我思”的动机，以及由此所展现出来的对理性主体的迷恋，所付出的代价是：“作为‘对其尊贵的惩罚’，认识论的主体被‘永久监禁在它的自我之中’，被判定象‘城堡中’的骑士那样去看世界。”②所以，近代哲学一开始便以一种特别的方式把人摆在主体的位置上：主体与客体之间的分离与对立。人作为“一个最初无世界的主体”，不仅同与他人打交道的生活世界相剥离，而且也同与之认识和改造的自然世界相剥离。那么，经过双重剥离的理性主体作

① ［德］胡塞尔：《欧洲科学的危机和超验现象学》，张庆熊译，上海译文出版社 1997 年版，第 107 页。

② ［美］弗莱德·R. 多尔迈：《主体性的黄昏》，万俊人等译，上海人民出版社 1992 年版，第 48 页。

为认知者或主观思想者，其任务主要在于认知与符合外在客体对象，以主体理性或“我思”为轴心去消除理性主体与客观存在的对立与矛盾。无论经验论基于感性经验与唯理论基于理性观念所采取的运思路数如何相左，无论人的主体理性如何与客观存在处于尖锐的对立与矛盾中，二者都毫无疑问地既肯定主体理性的自明性，又相信主体理性的客观实在性。近代哲学对主体理性的自明性与客观实在性的非批判的独断论，最终在休谟的怀疑论中又发展成为不可理解的荒谬。休谟通过心灵联想律，不仅以非理性的习惯联想破坏了主体理性的普遍性、必然性与客观实在性，而且以其前后一致的彻底的经验主义的怀疑论终结了理性主体与客观存在的统一性。康德通过理性的批判及他称为“哥白尼式的革命”，虽然在经验的领域恢复了主体理性统摄感性形象而形成知识的客观有效性与理性主体为自然立法的权威性。但是，主体理性的经验的客观有效性，使得理性主体只能作为经验自然界的立法者限囿于此岸世界，而与彼岸世界——物自体永远处于无知无识的对立之中。主体与客体、理性与物自体之间的对立与矛盾，在经历了费希特、谢林哲学的修正与整合之后，在黑格尔的理性既是存在实体同时又是认知主体的自我外化与自我认知的同性相知的泛理性的辩证发展中，虽然达到了统一，但这种统一是以恢复存在理性的实在性，牺牲人的主体理性与理性主体的实在性为代价的。

存在理性问题的再次浮现，主体理性与理性主体的危机，实际上是建构在主体理性“唯我论的方法论”基础上的近代主体性哲学逻辑发展理路的必然结果。笛卡尔要求回到自我中去的动机以及当这种动机彻底地把自己发挥出来时，本质上是一种纯粹以主体理性的活动为根基，去确定理性主体的存在并将其作为一切知识生成的最终源泉的理性主义，这种理性主义所内含的偏颇与荒谬一开始便为其走向危机埋下了种子。“我思”作为“我在”与知的基础，在实质上它只是自我关系的理性思维活动的自我反思；“我在”作为一个“无世界”的片面的、抽象的“理性”认知的负荷者，也不过是心灵、精神、理智的同义语。因而，整个认识的、超验的问题集与其说是围绕着理性主体，不如说是围绕着心灵或主体理性而旋转。结果笛卡尔通过“我思”以企“自我”的哲学预设与目标，则在把自我等同于心灵或“纯粹灵魂”的荒唐曲解中发生了偏离并失去了意义。在此，理性主体偏离了它的中心位值，占据轴心的是主体理智与心灵。笛卡尔的主体理性原则所产生的哲学效应，以经验论与唯理论的不同运作方式有力地向前推进着。无论是经验论，还是唯理论，哲学家们在追溯那个无可置疑的自我中去的时候，自觉不自觉地便随着笛卡尔把这个自我解释为“纯粹心灵”。洛克通过“白板”来解说心灵的实在性；贝克莱则发展为“存在就是被感知”；休谟进一步发展并拘泥于整个心灵、“印象”与“观念”，以及属于这种心灵力量的世界本身。康德在反对休谟的内感材料实在论的基础上，以先验的主观主义形式发挥了笛卡尔的主体理性原则。如果说笛卡尔只是把知识的可靠性建立在主体理性的基础上，那么，康德则更进一步把人的一切知识与实践都统一在主体理性的基础上。主体理性作为知识可能性之条件，形成给自然立法的理论理性，作为道德践行之必然条件，形成给人立法的实践理性。自然与道德、科学与哲学、理论与实践最终都源自并统一于一个先验的主体理性。先验的主体理性这种普遍的、绝对的统一性如此发展下去，在黑格尔哲学中终而极化为脱离并制约人的理性主体而存在的绝对理念的实在性。人的主体理性与理性主体变成了存在理性实现自身的表现者或工具，完全丧失了自身的权威性与主动性，从而使得近代哲学所开创的以人的主体理性以迄人的理性主体的哲学走向失败。

这种失败既是哲学家们的探究所致，又是时代的具体经验所致。近代哲学的理性、主体精神，在培根的“知识就是力量”的一往无前的理性扩张与僭越中所产生的负面效应，不仅表现为加大了人与自然之间的鸿沟以及战争、环境污染、生态失衡等对人自身的惩罚，而且表现为人的理性主体变成了主体理性自身的创造物——工业化大机器的附庸与工具。人的理性主体的自由与解放在经历了几度潮起潮落之后，人又一次痛苦地发现，人并未如其所期望的那样尝到主体理性的胜利果实，相反，却在人的主体理性的狡黠中，又一次发生了主奴颠倒，变成了没有主体个性、没有自我，只是执行机器功能的部件和工具。人再度面临着如何从人的主体理性的造物的惩罚、贬抑、物化的“自我灭绝”中获得自主和解放的问题。如同雅斯贝斯在《时代的精神状况》一书中所揭示的那样：“今天，那种想要认识一切的骄傲以及把自己看作世界的主人，从而想要按照自己的意愿塑造世界的妄自尊大，叩响了所有的大门。但与此同时，这类骄傲与自高自大所遭到的挫折又引起了一种可怕的虚弱感。”理性主体“存在的基础仿佛已被打碎”[①]，主体理性唯我独尊的权威性受到了质疑。

二

主体理性与理性主体力量的丧失，为一个哲学的新时代和它的一切发展序列的开端，奠定了最初的基础。然而，近代哲学是建立在理性原则基础上的主体性哲学，并未能在实际上进一步发挥作用，与那种进一步发展它和在新的基础上巩固它的企图相反，它激发了一场革命性的、或多或少是根本性的重新铸造的过程。在这场革命性的匡正与重构中，尽管诸哲学流派的理论基点、运思架构及哲学鹄的均有差别，但无论它们是循着理性主义之道，还是沿着非理性主义之路，其理论重铸的结果是：近代哲学主体理性的一统天下，在西方现代哲学各种不同思潮的批判与瓦解中分崩离析；理性主体在其获得新的规定性与内涵中也随之失去了以往那种唯我独尊的宇宙霸主地位。

实证主义与科学主义对形而上学可能性的怀疑，对普遍哲学信仰的崩溃，实际上意味着对主体理性信仰的崩溃。科学主义对经验事实与实证科学的青睐，造成了它把一切需要从主体理性出发来思考和回答的普遍的、必然的哲学问题，都当作无意义的超验的“形而上学”命题，完全排除于科学研究的大门之外，而将主体理性仅局限于纯粹经验事实的领域，变成了专门对科学的、常识的命题与知识做逻辑分析演算与论证的工具与方法。这样，它不仅限定与改变了主体理性的范围、性质与功能，而且随之也完全舍弃了近代哲学孜孜以求的理性主体问题。在此，科学方法论取代了理性认识论，工具理性取代了认知理性。主体理性作为只是对科学的、常识的命题进行逻辑操作与论证的规则、方法与工具，不再是真理与价值、认识与实践绝对的、永恒的、无条件的有效性基础。主体理性工具化为非主体、非主观的而只具有形式与方法特质的“残缺不全的概念”，那么，与之息息相关的本质规定性：意识、自我意识、理性主体则变得毫无意义与存在价值。近代哲学的主体理性概念与理性主体原则，在理性主义哲学内部发生了动摇与瓦解，即在科学主义思潮这样一种只局限于自然科

① ［德］雅斯贝斯：《时代的精神状况》，王德峰译，上海译文出版社 1997 年版，第 3 页。

学的研究领域的狭隘的理性主义的反思与检讨、匡正与重构、批判与排斥下，陷入了深刻的危机。批判理性主义者霍克海默与现象学大师胡塞尔分别在各自不同的著作中揭示了这种危机的实质与荒谬性。霍克海默在《论理性概念》一书中一针见血地指出：主体理性一旦成为工具，人也就成了手段，成了工具而不再是目的了。这样由启蒙运动开始的基于主体理性、基于主体理性的洞见，来反对神话与迷信的精神要求，到头来似乎正是通过主体理性本身达到了荒谬，即最终反对主体理性与理性主体本身，使之面临着自我毁灭的危险。[①]胡塞尔则在《欧洲科学的危机和超验现象学》一书中表达了同样的思想：实证主义思潮对主体理性信仰的崩溃，是"在扼杀哲学"。"如果人失去了这些信仰，也就意味着失去了对自己的信仰，失去了对自己真正存有的信仰。"[②]欧洲人性本身的危机就在于丢失了主体理性与理性主体。

现象学、批判理性主义，包括解释学反对与非议科学主义的工具理性，实际上是用一种完全的理性主义来反对残缺不全的理性主义，因而从根本上说，它们同属于一个理性主义的阵线。不同的是，前者不像后者那样形式化、工具化了主体理性而丢弃了理性主体，而是分别从自我学与非自我学的不同基点出发，通过各自的独立研究与批判，使得近代哲学的理性独白变为理性共识，工具理性变为交互理性，个体主体变为交互主体，认知主体变为实践主体，变换与扩展了主体理性与理性主体的内涵。

众所周知，胡塞尔受启于笛卡尔与康德的主观主义哲学，但他青出于蓝而胜于蓝之处则在于：不是坚持"我思"的明证性、彻底性而囿于"唯我论"，而是基于没有成见的"自我论"力图去超越"唯我论"，从"单个的主体"转向"复数的主体"，从"唯我论的自我学"转向"交互主体性的现象学"。尽管胡塞尔从对主体自识的可能性分析出发，中经对主体间互识的可能性分析，最后到对交互主体共识的可能性分析，整个思路的进展都是循着他称为"先验演绎"的道路，并从始至终都基于"先验自我"的直观明证性上，因而主体理性的意向性、构成性与超越性，

① 参见张汝伦《历史与实践》，上海人民出版社 1995 年版，第 299—300 页。

② ［德］胡塞尔：《欧洲科学的危机和超验现象学》，张庆熊译，上海译文出版社 1997 年版，第 10 页。

不仅在实质上并未能够帮助理性主体跨越唯我论的孤岛，反而使之与他人的互识与共识变成了一种主体我思的膨胀。然而，胡塞尔通过“相似性统觉”以达交互主体的互识；通过“移情作用”以迄交互主体的共识的超越与重构，则意在揭示理性主体不仅仅是一种非实体性的“不被注意的观众的自我”，而且也是一个能够与他我相互确认的“主体间的互识”与共现；主体理性也不只是一个本己的、内在的、封闭不露的“鲁滨逊的体验视域”，同时也是一种由交互主体性构成的“主体际性的世界”。所以，如果说胡塞尔只是提出了“交互主体性”的问题，而没有能够合理地解决这个复杂的问题的话，那么，正是在他的哲学探索的启发下，哲学家们找到了批判与重构主体理性与理性主体的“阿基米德点”。

继胡塞尔哲学之后，解释学与批判理性主义一方面力图克服胡塞尔交互主体理论中以主体理性为支撑点的自我学，另一方面又基于前反省经验基础上的非自我学，即以人的语言对话与交往实践为支点，来同构人的理性与主体。在这种理性与主体的同构过程中，无论伽达默尔与哈贝马斯之间存在着怎样的观点分歧，但伽达默尔的哲学解释学与哈贝马斯的交往行动理论之间的亲缘关系，使得二者都批判工具理性和“科学的客观化的方法”，也都注重语言对话活动，并尝试以这种生存方式把主体与客体、个体与社会、理性与实践等诸方面的对立统一起来，以打碎胡塞尔未摆脱传统认识论的“自我意识理性范式”，将理性的出发点定位于仅具有认知构造功能的先验主体，因而造成其脱离现实生活世界而耽于“纯精神领域”的“梦想”。伽达默尔认为理解是一切人的实践行为的基础，对话是实践活动的基本模式。主体不仅通过语言拥有世界，使思维与存在、主体与客体的对立消解并统一在语言中，而且通过语言的对话活动，使主体际的相互理解与视界融合成为可能。近代哲学的认知主体与理性独白，在语言与语言对话的交流与沟通中，变成了实践主体并得以融通。可以说，语言对话逻辑在哈贝马斯的社会交往行动理论中同样起着核心作用，并达到了同样的哲学效应。哈贝马斯抓住天生就与那些通过语言中介的交往行为有关的语用学，从对话和行动能力方面来考察并界定人的主体理性，使主体理性不再是近代哲学以意识作为框架的认知理性，而是在语言沟通活动中的互属互动理性。与之相应，人的理性主体不再是一个仅具有认知功能的主体，而是一个包容着整个交往与活动的实践主体。正是由于将近代哲学所谓自反省的认知理性能力演变成语言交往的理性沟通能力，每个个体才会在语言交往与沟通中，被埋进相互期望、相互理解和相互肯认的社会交往网络中；每个个体经验的客观性才会一开始便结构性地与主观的、客观的、社会的三个世界相关联；与文化更新、社会整合和个人社会化的需求交织在一起，从而形成先于个体行动又指导其行动的“情境界定”或“知识背景”。与此同时，理性主体则在其情境性介入的“实践理性”——认知与实践双向度的开放性中，既展示出每个主体必然要在语言对话的活动中超越自身的主体性格局，作为“交互主体”或“大型号的主体”而得以存在与发展；也表明社会化的个体作为“交互主体”一开始就是一个交互主体性世界、“一个社会生活世界”。由此可见，随着主体理性的能力由单向度认知与构造向双向度的对话与沟通的转变，无论是主体理性，还是理性主体均获得了新的内涵与规定，即对话性与开放性、沟通性与交互性、非构成性与实践性、非反省性与现实性等。

三

如果说实证主义、现象学、解释学与批判理性主义是从理性主义内部动摇与瓦解了近代哲学的主体理性的统一性，改变并重构了主体理性与理性主体的内在意蕴，因而在某种程度上仍然以不同的方式还保持着理性这一根基的话，那么，从古希腊肇始的从隐到显的理性运动的光荣传统，则在意志主义、生命哲学与存在主义等非理性主义哲学思潮中，遭遇了强烈的拒斥、拆构与摒弃，使得以理性思维方式为其基本特征、观念、任务与发展方向的欧洲哲学史变换了路向，使得以理性为哲学、科学、人性、存在统一基础的科学精神与西方文明陷入了崩溃。正是在这个意义上，胡塞尔说：“我们时代的真正唯一有意义的斗争是存在于那些已经崩溃的人与那些还保持着根基，并为这一根基以及新的根基而拼搏的人之间的斗争。”①

如前所述，近代哲学以人的理性活动确定人的主体的理性主义运动在

① ［德］胡塞尔：《欧洲科学的危机和超验现象学》，张庆熊译，上海译文出版社1997年版，第16页。

黑格尔的绝对理性哲学中达到了登峰造极的地步，并最终演化为消解了人的主体与理性实在性的荒谬结局。因此，西方哲学以非理性主义的新维度去重新思考与界定人的主体，并把黑格尔的绝对理性哲学当作首当其冲的批判对象就绝非偶然。意志主义、生命哲学与存在主义对以黑格尔为代表的理性主义的思维方式、理性世界观的批判，实际上并不是要完全否定人的主体与理性，而是要证明理性与意志、生命、存在相比，后者具有更直接的真理性、实在性与本源性。因此，他们以主体自我的体验亲知、内省直觉、生存存在等反传统的非理性的哲学思维方式，变革了人的主体本质构成性，确立了人的非理性主体。

如同发生在理性主义阵线中对主体与理性的匡正与重构一样，发生在非理性主义阵营中的主体变革与重铸，同样是沿着自我学与非自我学的双向路途展开的。然而，无论是基于自我学的尼采、叔本华、柏格森与萨特等，抑或是基于非自我学的海德格尔、梅洛－庞蒂等，当他们从非理性主义的视角重新反省人的主体时，都力图挣脱建构在理性基础上的主体形而上学的樊篱。如果说尼采、叔本华、柏格森通过直觉、理智体验，断言人的主体本质是意志、生命，并由此用推己及物、推己及人的类推方式，断言人我、人物都是一大意志、一个生命冲动的客观化与表现，因而又都可以归为“一”的阐述，还带有传统哲学唯我论的独断论的话，那么海德格尔、梅洛－庞蒂等，则力图克服与摆脱传统哲学的“唯我论的方法论”，从人的生存论的方法论原则出发，来重新反思理性与主体。从总体上说，海德格尔用对“此在”的生存显露根据的展示方式取代了“我思”的逻辑推论，用一种“在世”的原本性取代了意识的构成性的原本性；用非理性的实践关涉性取代了理性的认知构成性。人的主体不仅获得了新的内涵与本质规定性，而且以一种前所未有的新方式使自我突破了主体意识的限囿，而变成融身于他人、他物打交道的共在。在他那里，人的自我性变成了“在世的存在”；单一的主体理性与意识结构变成了具有“理解”“忧虑”与“生存”三重本质规定性的“此在”的存在结构；人的先验意识的构成性变成了“此在”在其现身的情态和领悟中的开放性；“无世界的单纯主体”变成了理解的“此在”在其“释义”、言谈的“说”与“听”中道出自身的“共同领悟”和“共同存在”的生存状态。正是在这些转变中，凸显了自我的非主体性、非构成性和非占有性以及开放性、现实性与具体性，跨越了主体与客体之间的对立。人不再是由他的理性行为先行反省自身，然后通达他人他物的逻辑起点，并在自己意识构成性中给自己加冕的宇宙之主，而是早已总是在有情绪的现身、领悟和言谈的开放性中，被抛入到这个世界之中必然关涉他人、他物的“在世的存在”。进而，人作为被镶嵌在某一世界情景中的“在世的存在”，更为要紧的是通过自身的生存样式、言谈来开显“存在的意义”和“存在之真理”。在此，人的主体位值又发生了根本性的转化，即从追问“存在的意义”的主体变成了“存在之真理”的看护者，从现实的主人降格为“存在的牧羊人”。人不是实存而是生存，“不止是实存的暴君，而应该被理解为在的穷牧师”[①]。梅洛-庞蒂继承并发挥了海德格尔的“在世的存在”这一概念，他通过个体经验之间的肉体知觉与语言交流，不仅扬弃了传统哲学的反思主体及主客两分法的认知困境，而且建构了在前反省、前主体经验样式上的共在理论，使自笛卡尔开始的崇尚人“生而固有的”理性的历史运动，再一次受到冲击，主体理性与理性主体的观念越来越丧失它的统摄力量。

毋庸讳言，近代哲学的主体理性观念，以及在此基础上生成的主体形而上学、主体与客体的二元对立，遭到了来自理性主义运动内部与外部的双重加击。在理性主义内部，一方面，主体理性被形式化、方法化为工具理性而使理性主体丧失了自身存在的价值；另一方面；随着认知理性被实践理性、理性独白被理性沟通、个体主体被交互主体所取代，主体理性变为平等对话的交互理性而不再是世界的立法者。在非理性主义这里，理性不仅不是人的主体全部，而且居其次并受非理性因素的制约；人的主体性的本质结构不再是理性的认知构成性，而是非理性的实践关涉性。因此，无论在理性主义的匡正与重构中，抑或是在非理性主义的拒斥与摒弃中，理性已不再只是人的主观产物，而且与人的语言对话、生存活动有关；人的主体也不再只是认知主体而始终处于与他人、他物对峙之中，而是作为实践主体处于与他人、他物的共在与共识的统一中。传统哲学基于理性“唯我论的方法论”基础上的主体形而上学丧失了往日唯我独尊的权威，

---

① 王振林：《解析与探索——哲学视域中的主体际交往》，吉林人民出版社2001年版，第34页。

从而意味着理性主体从其主体理性的凯旋定式走向了理性主体与主体理性的黄昏。

然而，这种失却与黄昏同时又意味着一种新的气候、一个新时代的开始。可以说，传统哲学的主体理性与理性主体正是在现代西方哲学理性主义与非理性主义的匡正与重构中，获得了新的规定、新的内涵与新的生命，使得被埋葬在黑格尔哲学中的主体理性与理性主体，又以不同的方式、不同的面貌重生并获得了解放。在这个意义上，西方历史可以看作一部解放的历史，即从各种外在的监护或虚构的压抑中解放出来的历史。尽管建构在主体理性基础上的近代主体形而上学的内在缺陷，现在已经变得非常明显了，然而它却是人的解放和成熟历程中一个不可或缺的阶段。它所经历的一切错误与失败既是任何后继哲学获得真理与成就的“阿基米德点”，也是人再次获得重生与解放的契机。因此，它的成功与失败都同样彰显出：如果没有对主体理性的仔细研究，知识的扩展是不可想象的；同样，如果没有对理性主体的全面探讨，人与自然、人与社会、人的自身发展与解放，以及人的诸种社会政治职责的伦理道德基础结构等重大问题，都将无从谈起。因此，胡塞尔说：“‘主体性之谜是一切谜的谜中之谜。’一切个别的危机都应联系到这个主体性之谜来加以讨论。”①

（原载于《社会科学战线》2003 年第 5 期）

① ［德］胡塞尔：《欧洲科学的危机和超验现象学》，张庆熊译，上海译文出版社 1997 年版，第 10 页。

理性主体与理性批判：现代性的哲学话语

现代性的哲学话语集中体现为理性的主体性原则，理性的主体性原则在宗教改革、文艺复兴与启蒙运动中的贯彻与彰显，确立了现代文化形态与生存环境。然而，反思哲学由自我意识所确立起来的主体性，不仅在与“他者”的纠缠中，从未获得过自身真正的独立性，而且表现出一种自我绝对化的趋势。同时，自我意识内在的目的性与持存性，不仅表现为工具理性，而且，主体理性的客观化又导致了理性的异化，结果破坏了由其自身所激发起来的理性主体性。因而，现代性在主体理性的自我批判中，力图打破主体的个体化原则，消除理性神话的思维魔力；在主体理性的重新确证中，力图重建理性的统一性与合理性。

一

现代性的哲学话语充斥着自我意识的理念，自我意识确立与张扬的是主体性原则，主体性原则既是科学知识与认知真理的确定性基础，也是人们行为规范的唯一来源。宗教改革、文艺复兴与启蒙运动中所贯彻的主体性原则，既表明它是现代意识的源头，也是现代文化形态的基底。

反思哲学以自我意识为基点是确立主体性原则的关键，而现代性的自我确证则始于笛卡尔的“我思”。笛卡尔不做任何预先假设的激进主义批判怀疑式，不仅充分肯定与显示了主体理性的权威，开启了一种在“自我”的主观性中寻找世界和真理的最终根据的“哲学研究的全新方式”，而且通过主体的“我思”确立了“我在”，建构起了现代的主体性原则。无论人们是否赞同笛卡尔的认识论程序，然而转向研究主体，回溯到那个在其内在性中进行认识的自我中去的要求则势不可当。这种基于主体自我关系的反思哲学，在以后的理性主义哲学中充分显示并发挥了它的内在力量，并在德国古典哲学中达到高峰。经验论和唯理论尽管在主体理性的真理性与确定性的基础上存在着分歧与争端，但是探索与立足于主体理性或自我意识，并将其作为理性主体认识的出发点与归宿，作为科学知识与认知真理的确定性基础与标准，则为二者共同的哲学取向及方法论基础。之后，康德在其著名的三大《批判》中，通过对纯粹理性的批判，进一步确定了理性主体的位值与权威，使得理性的建筑术在客观知识、道德实践与审美评价领域得到了充分的肯定与展示。主体理性不仅是知性的力量，同时也是理性认知、道德实践与审美鉴赏的先天原则和源泉，理性主体以自我的自主、自律、自由变成了整个文化领域中的绝对立法者。正因如此，哈贝马斯认为康德哲学明确地反映了时代的本质特征，因为它确立了理性主体在现代世界这座思想大厦中的主人地位与权威。继康德之后，黑格尔第一个明确地把这种通过自我理解而达到自我确证的问题看作现代的主体性原则问题。在他看来，从思维的视角把握时代即为现代，而“哲学把握自我意识的理念乃是现代的事业”①，那么，由自我反思所充分发挥出来的精神的自由自在性，则是现代世界的主体性原则。

现代性的事业充斥着自我意识与主体性原则。主体性的原则及其内在自我意识的结构所塑造出来的自主性、自律性与自由性，不仅是哲学的诉求，同时也是主体理性所激发起来的人性自觉。主体理性的觉醒与“成熟”不仅表现在宗教改革、文艺复兴与启蒙运动中，同时还体现在科学、宗教、道德与艺术等各个社会活动领域。正如黑格尔所看到的那样：“说到底，现代世界的原则就是主体性的自由，也就是说，精神总体性中关键的方方面面都应得到充分的发挥。”②在现代世界，以主体为中心的理性在自我理解中撕破了一切约束，自力更生、怡然自得地生活在自我营造的环境中。宗教信仰变成了一种反思，神的世界在孤独主体的反思中得到了解释与设定；自然科学中的一切奇迹都不复存在，因为自然界不过是由人的认识法则建构起来的一个逻辑体系；道德戒律不再外在于人而存在于彼岸

① ［德］哈贝马斯：《现代性的哲学话语》，曹卫东等译，译林出版社2004年版，第19—20页。

② 同上书，第20页。

世界，而是以肯定人的主体自由为前提，在主体的自由意志中找到了普遍的规范性基础；艺术创作陶醉在自我欣赏与自我实现中，其设色布势、形式与内容都只有在自我体验中才能表现现实。随着一系列用理性原理建立起来的现代经验科学、道德实践以及艺术审美的出现，便形成了不同的文化价值领域。虽然互不相同的活动领域各有自己独特的研究问题，即真实性问题、正义问题和趣味问题等，但是就各个活动领域都贯彻的是一个理性主体的原则而言，表明现代性与合理性之间有着显著的内在关联，主体理性与现代文化形态之间无论是在善或恶的意义上都具有建构的意义。正因如此，哈贝马斯说："在现代，宗教生活、国家和社会以及科学、道德和艺术等都体现了主体性原则。""现实'只是一种通过自我的显现'。"[①] 现代的诸种实证现象表明，"人成为存在者的中心和尺度。人成了决定一切存在者的主体，也就是说，人成了决定现代一切对象化和想象力的主体"[②]。主体性原则是一种统治原则。

二

现代性的哲学话语表现为在自我反思中确立了主体性原则，然而，由之所付出的代价是理性主体在自我关涉的自恋中，表现为与"他者"的分裂与对立。同时，具有讽刺意味的是：以主体为中心的理性又在自身确定与自我意识的同一性中，以一种自我绝对化的趋势而蜕变为一种理性神话。主体理性的统一性与绝对性所内蕴的目的性与持存性，不仅确立了工具理性，而且主体理性的客观化又导致了理性的异化与扭曲。

笛卡尔的"我思之我"打破了上帝的一统天下，由之所建构起来的主体性原则的哲学效应是各个主体意识，以及由此所展现出来的对理性主体的迷恋。然而，主体理性在自我统一中所付出的代价是："作为'对其尊贵的惩罚'，认识论的主体被'永久监禁在它的自我之中'，被判定象'城堡中'的骑士那样去看世界。"[③] 意识哲学从单个主体出发，

① ［德］哈贝马斯：《现代性的哲学话语》，曹卫东等译，译林出版社 2004 年版，第 22 页。

② 同上书，第 154 页。

③ ［美］弗莱德·R. 多尔迈：《主体性的黄昏》，万俊人等译，上海人民出版社 1992 年版，第 48 页。

通过“我思之我”的自主性所展现出来的不仅是理性的自我捍卫与自我膨胀，而且在其自恋权力中生成了与“他者”，即与他人、他物的分裂与对立。理性的分裂模式表明：理性主体想要依靠的不是“他者”，而是自身。因此，“我思之我”作为“一个最初无世界的主体”，不仅同与他人打交道的生活世界相剥离，而且也同他物的外在自然世界相剥离，那么，经过双重剥离的理性主体作为“我思之我”，在自我关系中总是把自身作为客体的主体，因而无论是在认知还是行动中，无论在内部还是外部，都始终纠缠于与“他者”的对立关系中而没获得真正的独立性。所以理性主体不得不在自身捍卫中，把周围的一切都作为征服的对象。理性主体对“他者”的征服，在经历了经验论与唯理论的非批判的独断论之后，主体理性的自明性与客观实在性在休谟的怀疑论中遭到了无情的质疑。休谟通过心灵联想律，不仅以非理性的习惯联想破坏了主体理性的普遍性、必然性与客观实在性，而且以其前后一致的彻底的经验主义的怀疑论终结了理性主体与客观存在的统一性。休谟的问题唤醒了康德，使之在一种纯粹的形态上对主体理性进行了重新审视与批判。康德的理性批判所引发的“哥白尼式的革命”，虽然在经验的领域确立了主体理性统摄感性形象而形成知识的客观有效性。但是，主体理性的经验的客观有效性，使得理性主体只能作为经验自然界的立法者限囿于此岸世界，而与彼岸世界——物自体处于对立与分裂之中。所以，康德的理性批判既是确立主体自身，也是与他者划界的过程，其结果必然会设定出诸如：现象与本体、有限与无限、知识与信仰等二元论。黑格尔从康德的理性的分裂中发现，理性作为一种总体力量，不但能够使自身产生矛盾，发生异化与分裂，同样也可以将其重新统一起来。不过，黑格尔认为理性克服二元对立与分裂的力量不可能从认知主体的自我意识之中推导出来，所以他将主体理性提升为绝对理性，通过绝对理性将自身异化为“他者”，并在“他者”中烙下自己的无限痕迹，而返回自身的辩证发展，完成了理性与“他者”的对立统一。

然而，不幸的是，当理性上升为绝对理性而达到最高的自主性与绝对性时，同时也预示着理性的危机。诚如哈贝马斯所说：理性“走得越高，就越失去根基，直到最终枯萎凋落，成为隐蔽而异在的源始力量的牺牲品。启蒙辩证法的秘密应该说就表现为自我毁灭的动力"[①]。实际上，自笛卡尔的主体哲学开始，在理性的反思与解放的任何发展阶段，都存在着自我神圣化或自我绝对化的趋势。理性的神圣化预示着理性的危机，而理性的危机则与理性的自主性、权威性的不断提升相伴相生。主体哲学要求回到"我思"的动机，集中反映在主体自我在获得了自我意识的同时，也获得了一种主体性与同一性的权威。由于主体哲学中的自我关系把自我认知的主体的同一性设定为绝对的参照系，所以当笛卡尔要求回到自我中去以及当这种哲学倾向彻底地把自己发挥出来时，本质上是一种纯粹以主体理性的活动为根基，去确定理性主体的存在并将其作为一切知识生成的最终源泉的理性主义。如果说笛卡尔只是把知识的可靠性建立在主体理性的基础上，那么康德则更进一步把人的一切知识与实践都统一在主体理性的基础上。主体理性作为知识可能性之条件，形成给自然立法的理论理性，作为道德践行之必然条件，形成给人立法的实践理性。自然与道德、科学与哲学、理论与实践最终都源自于并统一于一个先验理性。先验理性的自主性与同一性如此发展下去，终而合乎逻辑地在黑格尔的哲学中绝对化与偶像化为理性的神话。先验理性升格为绝对理性并被设想为所有主体理性的基础。至此，理性在自己的本质得到启蒙之后接管了神学的全部内容，并最终真正成为神学的主人。所以，黑格尔说："除了上帝之外，哲学没有别的目标，因此，哲学本质上就是理性神学，并作为真理的奴仆而永远服务于上帝。"[②]

主体理性不仅在自身的逻辑发展中陷入了危机，而且在现实化自身目的性的同时又破坏了由它自身所激发起来的人性要求，同现代世界发生了冲突。当以主体为中心的理性在自我认识、自我确证中成了宗教一体化力量的替代物时，它就不仅仅是洞察万物本质与意义的力量，并且同时也具有了目的性。从理性的目的性出发去认识与改造自然，去建构国家礼法制度的表现是理性的工具化，那么以工具理性来实现的对自然界和人类社会生活本身的控制能力的增长，虽然给人类带来了巨大的物质财富，同时也

① ［德］哈贝马斯：《现代性的哲学话语》，曹卫东等译，译林出版社 2004 年版，第 357 页。

② 参见詹姆斯·施密特《启蒙运动与现代性》，上海人民出版社 2005 年版，第 380 页。

给人类造成了空前的灾难性后果。理性主体不仅在战争、环境污染、生态失衡等负面效应中自食其果，而且主体理性在把自身客观化为工业化的机器大生产、法制化与集权化的国家体制、现代化与组织化的科层制以及各种社会结构时，却生成了它自身也无法违拗的他律，人的理性主体不得不屈从于它自己的产物而限制了自己的自主性、自由性与独立性。对此，霍克海默在《论理性概念》一书中一针见血地指出：主体理性一旦成为工具，人也就成了手段，成了工具而不再是目的了。这样由启蒙运动开始的基于主体理性、基于主体理性的洞见，来反对神话与迷信的精神要求，到头来似乎正是通过主体理性本身走向了荒谬，即最终反对主体理性与理性主体本身，使之面临着自我毁灭的危险。① 由此，人的理性主体的自由与解放在经历了几度潮起潮落之后，又一次痛苦地发现，人并未如其所期望的那样尝到主体理性的胜利果实，相反，却在理性的客观实现中不可挽回地疏远了自己，毁掉了自身存在的自由，而保留下来的自主性只是一个幻觉。如同雅斯贝斯在《时代的精神状况》一书中所揭示的那样："今天，那种想要认识一切的骄傲以及把自己看作世界的主人，从而想要按照自己的意愿塑造世界的妄自尊大，叩响了所有的大门。但与此同时，这类骄傲与自高自大所遭到的挫折又引起了一种可怕的虚弱感。"② 理性主体"存在的基础仿佛已被打碎"，主体理性唯我独尊的权威性受到了质疑，理性之光也随之融入无边无际的黑夜之中。

三

现代性植根于主体理性的发展史之中，而理性的向前挺进，是一个进步与异化精神共存的世界。理性推进了自身定位，同时也迎来了自身否定的辩证法。理性之光的内在源泉在理性的挺进中不可挽回地被其自身消耗殆尽，自我的自主性、自由性和真理性不再能以自我意识的主观性为基础，现代性的地平线发生了移动，以主体为中心的理性遭到了哲学家们的质疑，打破现代性的理性外壳，重新澄清理性可能性的条件，成为哲学的

① 参见张汝伦《历史与实践》，上海人民出版社 1995 年版，第 299—300 页。

② ［德］雅斯贝斯：《时代的精神状况》，王德峰译，上海译文出版社 1997 年版，第 3 页。

任务。

纵观西方哲学的发展史，理性的批判曾在康德哲学中发生过。康德的理性批判是针对休谟的问题，解决认识何以可能，并为形而上学的健康发展奠定稳固的基础。然而，康德从理性自身的视角出发而展开的理性批判，其结果是一方面在“我思之我”的界域内，建构起了一个理性的偶像；另一方面，以主体为中心的理性划界又设定了诸如信仰与知识、无限与有限、精神与自然等二元对立与分裂。因而，现代西方哲学的理性批判，便把康德哲学作为自己的发端，力图把现代性内部所固有的反话语重新挖掘出来，以揭示作为现代性原则的主体性的狭隘性，从而超越反思哲学的自我意识范式。在当代西方哲学四次重要的哲学运动中，分析哲学将以主体为中心的理性形式化、方法化为工具理性而使理性主体丧失了自身存在的价值。结构主义以一种结构分析的方法，把主体理性追溯到它的“深层结构”，即一般的自然属性而“把人变成了静止的、不在时间之中的客体”①。现象学、批判理性主义则从不同的路径去挖掘以主体为中心的理性的开放性、交互性、实践性等多重属性，使得主体理性在现代西方哲学的批判性反思中进入了一个新的语境。主体与理性、自由与真理丧失了它的古典意蕴而获得了新的规定性与内涵。

众所周知，胡塞尔受启于笛卡尔与康德的主体哲学，但他青出于蓝而胜于蓝之处则在于：不是坚持在“我思”的明证性而囿于“唯我论”，而是基于没有成见的“自我论”力图去超越“唯我论”，从“唯我论的自我学”转向“交互主体性的现象学”。尽管胡塞尔的哲学转向从始至终都基于“先验自我”的直观明证性，并循着“先验演绎”的运思理路，因而在实质上未能够帮助理性主体跨越唯我论的孤岛。但是，胡塞尔通过“相似性统觉”以达交互主体的互识；通过“移情作用”以讫交互主体的共识的超越与重构，则意在揭示理性主体不仅仅是一种非实体性的“不被注意的观众的自我”，而且也是一个能够与他我相互确认的“主体间的互识”与共现；主体理性也不只是一个本己的、内在的、封闭不露的“鲁滨逊的体验视域”，同时也是一种由交互主体性构成的“主体际性的

① ［法］克洛德·莱维-斯特劳斯：《结构人类学》，俞宣孟译，上海译文出版社 1995 年版，第 11 页。

世界”。所以，如果说胡塞尔只是提出了“交互主体性”的问题，而没有能够合理地解决这个复杂的问题的话，那么正是在他的哲学探索的启发下，哲学家们找到了批判与重构主体理性与理性主体的“阿基米德点”。

在对现代主体哲学的批判与超越中，海德格尔的独创性在于把现代的主体统治落实到形而上学的历史当中。同尼采一样，海德格尔也希望从前苏格拉底哲学中取回源始基础，以克服自笛卡尔以迄康德所建构的意识哲学。海德格尔的哲学本体论转向表明，他所探讨的不是康德的先验主体而是构成主体的本体基础，他所追究的是一种把理性批判与本体论融为一体的思想。为此，海德格尔放弃了形而上学所提出的自我论证的要求，而赋予现象学方法以一种本体论阐释学的意义，即用对“此在”的生存“显现”根据的展示方式取代了“我思”的逻辑推论，用一种“在世”的原本性取代了意识的构成性的原本性；用非理性的实践关涉性取代了理性的认知构成性，人的主体以一种前所未有的新方式突破了主体意识的限囿，而变成融身于他人、他物打交道的共在。然而，海德格尔并没有真正走出主体哲学的怪圈。虽然他把认识论的基本问题转换成了本体论问题，探询的是此在的生存论基础，但问题是，此在在它自己身上找到了根据：“此在只有从在存在中为自己建基的范围中为世界建基。”① 从这个意义上看，海德格尔仍然是从主体自我的角度来理解世界，只不过在他的建筑术中，他采用了另一种机制取代了主体，这种机制通过此在的生存论揭示世界以创造意义，从而发挥着自己的积极作用。② 在这一建筑结构中，存在的意义问题的探询、去蔽与澄明等，都必然要为主体留有一席之地。所以，哈贝马斯说：“海德格尔只是在宣扬要把主体哲学的思维模式颠倒过来，其实，他仍然局限于主体哲学的问题而不能自拔。”③

哈贝马斯认为，尽管胡塞尔与海德格尔都拒斥康德建立在先验主体基础上的批判范式，但是他们在抛弃了康德的批判范式之后并没有认同另一个取而代之的批判范式，主体哲学的前提在胡塞尔、海德格尔等现象学家手中得到延续。在他看来，“一个范式只有在遭到另一个不同范式的明确

---

① ［德］哈贝马斯：《现代性的哲学话语》，曹卫东等译，译林出版社 2004 年版，第 175 页。

② 同上书，第 175—176 页。

③ 同上书，第 186 页。

否定时才会失去力量，只有当一个具有认知能力和行为能力的孤立主体的自我意识范式、自我关涉范式被另一个范式，即被理解范式（交往社会化和相互承认的个体之间的主体间性关系范式）取代时，解构才会产生明显的效果"[①]，才会出现一种对“自我意识理性范式”的具体批判与超越。所以，批判理性主义的出发点是基于前反省经验基础上的非自我学，即以人的语言对话和交往实践为支点，来同构人的理性与主体，并尝试通过语言的对话活动，把主体与客体、个体与社会、理性与实践等诸方面对立统一起来。哈贝马斯抓住天生就与那些通过语言中介的交往行为有关的语用学，从对话和行动能力方面来考察并界定人的主体理性，使主体理性不再是主体哲学以意识作为框架的认知理性，而是通过语言沟通活动，体现在历史、社会、肉身和语言中的“处境理性”。与之相应，人的理性主体不再是一个仅具有认知功能的主体，而是一个包容着整个交往与活动的实践主体。正是由于将近代哲学所谓自反省的认知理性能力演变成语言交往的理性沟通能力，每个个体才会在语言交往与沟通，被埋进相互期望、相互理解和相互肯认的社会交往网络；每个个体经验的客观性才会一开始便结构性地与主观的、客观的、社会的三个世界相关联；与文化更新、社会整合和个人社会化的需求交织在一起，从而形成先于个体行动又指导其行动的“情境界定”或“知识背景”。与此同时，理性主体则在其情境性介入的“实践理性”——认知与实践双向度的开放性中，既展示出每个主体必然要在语言对话的活动中超越自身的主体性格局，作为“交互主体”或“大型号的主体”而得以存在与发展；也表明社会化的个体作为“交互主体”一开始就是一个交互主体性世界、“一个社会生活世界”。由此可见，随着主体理性的能力由单向度认知与构造向双向度的对话与沟通的转变，无论是主体理性还是理性主体均获得了新的内涵与规定，即对话性与开放性、沟通性与交互性、非构成性与实践性、非反省性与现实性等多重属性。

现代性的哲学视域正在移动，这意味着一种新的气候、一个新时代的开始。现代性的主体理性在当代哲学的理性批判中，获得了新的规定、新

① ［德］哈贝马斯：《现代性的哲学话语》，曹卫东等译，译林出版社 2004 年版，第 362 页。

的内涵与新的生命。无论当代哲学的理性批判是否科学地重建了理性的可能性，是否有效地修正了由理性破坏了的由它自身所激发起来的人性，但至少可以说他们的哲学努力为超越现代性的哲学视野打开了通道。在这个意义上，西方历史可以看作一部由主体理性担纲的解放史，即从各种外在的和内在的压抑中解放出来的历史。

（原载于《学习与探索》2009 年第 2 期）

现象学运动中的交互主体性理论统观

对于主体，无论是唯理论的“思维实体”，抑或是经验论的感觉存在，从一开始便伴随着分离和任性的傲慢，把它置于与自然和社会环境相分裂、相对峙的状态。为了走出传统哲学的唯我论的困境，合理地论证人与人相互作用的关系，在20世纪，现象学者最为彻底地、最为全面地研究了主体性、交互主体性问题。德国现象学家胡塞尔、海德格尔，分别基于主体的构成性功能和人的此在，精心描绘出一种先验的交互主体性和具有准本体论特征的共在。而他们在法国的理论代表萨特和梅洛-庞蒂则分别沿着自我学和非自我学的理论思路，阐释了交互主体性理论，从而最终引起了西方哲学界研究视角的转向。

一

一般误以为，胡塞尔的交互主体性理论是他晚年试图克服其早期理智上的自我封闭，走出唯我论狭隘圈套的哲学尝试。实际上，这一理论是胡塞尔毕生不懈努力的结果。胡塞尔曾先后在《关于一种纯粹现象学的观念》（1913）、《形式的与先验的逻辑》（1929）、《欧洲科学的危机》（1936）等主要著作中，都反复构思和描述了不同的意识层次及其相应的交互主体性的特征，特别是在著名的《笛卡尔的沉思》（1931）的第五个沉思中，胡塞尔全面论证并力图解决那些始终“令人头痛而又使人困惑的”问题。

为了把现象学还原得到的“纯自我”与他我沟通起来，建构一种具有坚实根基的交互主体性框架，以给予各种命题的普遍有效性提供一种确实可靠的基础。胡塞尔把先验的反思作为一种单子学交互性的出发点和基础。他认为，经过先验的还原所剩下的无可置疑的领域是自我自身的原初领域或先验意识的领域。在这个原初的、绝对私人的领域中，自我先天的具有一种指向、统摄并构造客体的意向性，自我的这种意向性不仅可以把对象世界构造成“作为我所经验到的自然”，而且可以体验到我自身有别于所有他物。这是因为，它是我知觉的载体，是我首先遭遇到的一种灵与肉的统一。从此出发，他人最初只被看作外部世界中的纯粹有形客体。然而，通过一种类比性知觉，我知觉到我自身与他自身有一种内在的相似性，由此我便可以从中推断出他人活生生的肉体存在，推断出有一个他人存在。与此同时，他人的存在又使我从他人看到了我自身。但对胡塞尔来说，重要的不是通过直接观审和单纯的类比性知觉完成自我与他我相互确定的单子式的存在，而是要通过一种把自己放在他人的地位上去理解他人的“移情作用”，进入他人以其知觉包裹起来的原初领域，形成一种更高层面上的“意向性的自我——主体的交互渗透和他们先验生活的意向性交互渗透”，达到一种心灵共识。在每一个自我主体的意向性内，他人已经预先有意向地通过移情作用的方式而被蕴含了。这样，必然会形成各种原初领域的融合，形成一种既不同于我，也不同于他人且又被共享的“第三世界”，即一种由交互主体性构成的客观世界，由此推而广之，其他类型的交互主体性团体也可以从这种共同的框架中推导出来，从而使“我们体验到世界不是我们自己的私人世界，而是一个主体际性的世界”①。

然而，这个“主体际性的世界”并未帮助胡塞尔摆脱现象学唯我论的困境。因为，从其无可置疑的自我原初领域出发，中经类比性知觉到移情作用的反省层次的整个探讨过程，都未撇开绝对主体性这一基点。而这个绝对主体性，严格地说不过是排除了一切客观因素，仅仅限于纯粹意识领域中的一种意识构造活动。其实质是：他人的存在是从我自己的主体发出的类比性投射而被推出来的，因而他人的存在最多也只是我自身的投射，而不是一个自我；主体际性的世界是由我自己的意向活动建构起来的，因而这种交互主体性只是我思主体的一种膨胀，而不是客观化了的

① ［德］胡塞尔：《巴黎讲演录》，《外国哲学与哲学史》，人大复印资料，1993 年第 3 期，第 83 页。

“第三世界”。所以，胡塞尔的门生阿尔弗莱德·舒兹说：“胡塞尔按照先验自我意识的作用来说明先验交互主体性构成的尝试没有成功。”[①] 因此继胡塞尔之后，哲学家们都力图拆除胡塞尔交互主体性理论中的种种自我学的支撑点，其中最有影响的是其得意门生海德格尔。

海德格尔在其名作《存在与时间》（1927）一书中，立足于“此在”，从“此在”的实践性及其对世界的开放性出发，开创了一种异于其师胡塞尔以先验自我的构成性为先决条件的共在理论。

海德格尔认为，把具有理性和意志力的自我作为哲学探求的出发点，这在“意识的形式现象学”的有限范围内是有意义的。但是，如果超出了自意识的“既定性”，把被给定的孤立的自我主体作为通向首先封闭不露的其他主体的桥梁，并产生“共鸣”，就站不住脚了。因为，这种貌似不言自明的论证是基于一个软弱无力的前提：“此在对他本身的存在就是对一个他人的存在，而这个前提是靠不住的。只要这个前提还没有被明白无误地证明为正当的，那么它如何把此在对其本身的关系向他人之为他人开展出来，就始终还是谜。”[②] 更何况在日常生活情景中，我们也不可能找到作为一种既定实体的无世界的纯粹主体。同样，我们也不能把自我作为一种没有他人的既定的孤立自我来处理。当我把自己对自己本身的存在投身“到一个他人之中”时，他人就是自我的一个复本，我对他人的存在关系就变成了一种投射。因此，设想通过自我主体的移情作用去建构共在是不能成立的。海德格尔认为，人在本质上是首先存在于“存在的开放性中”。这种开放性意味着每个人都是为世界或他人内在性地渗透了的此在。因为每一个自己的此在，都会在其自身固有“意蕴的指引”下，既先行从自己的世界来熟悉领会自身，同时又让他人“从在世界中的上手者方面”因缘而被揭示出来，使这个向着他人开放的此在就在这个世界中同他人“共同此在”。同样，每个在者状态上的他人也都又会通过他的世界为一个此在从而也为诸同在此存在者开展出来，使“共同此在”也成为他人此在的特点。因此，从生存论上看，“共在是每一自己的此在

① ［美］弗莱德·R. 多迈尔：《主体性的黄昏》，万俊人等译，上海人民出版社1992年版，第72页。

② ［德］海德格尔：《存在与时间》，陈嘉映等译，生活·读书·新知三联书店1987年版，第153页。

的一种规定性”，“由于这种共同性的在世之故，世界向来已经总是我和他人共同分有的世界。此在的世界是共同世界”。①

如果共同此在在生存论上始终对在世具有组建作用，那么共同此在首先和通常是从此在融身于烦忙的世界，与世内上手的东西寻视打交道的活动来组建的，此在只有在它所经营、所需要、所期待、所防备的东西中，即首先被烦忙的从周围世界上随手触及的东西中发现“自己本身”。同时，此在又在日常生活情景及操作具体设备的工作过程中，遭遇到融身于烦忙中的他人。他人和我的此在一样，作为他们所是的东西，是在他们有所烦忙的“烦神”中来同我的此在“照面”的。这表明我与他人、他物的关系缠绕于而又产生于日常事物和对具体器具的日常实践中；表明世界之为世界的结构意蕴着：他人首先并不是作为飘飘荡荡的主体现成地摆在其他物件之侧，成为自我—他人的对立，然后作为一种主体的派生物而被置于集体中，而是以他们烦忙于周围世界的存在方式及世内上到手的东西一同“在起作用”并显现出来。因此，此在同他人一道在周围世界中寻视着，有所发现，有所烦忙。相互共在就派生于人们共同从事于同样的事务的存在样式。海德格尔认为，正是在这种源始的生存方式上，才有可能产生人们的移情作用，使认识或知识成为可能。

然而，共同此在作为此在的一种规定性，可以使此在显现为非本真的存在与本真的存在两种存在样态。当此在把自身表现在无差别的、准集体的主体合并之中，表现在自我主体对“他们之社会联合”的全神贯注之中，并从“世界的制高点”来看自身，即从随手可及的事务和被设想为“他们”的他人之视角来看待自身时，自我因缺少自意识，缺少对此在与世界、与他人关系的觉识而处于非本真的存在状态。而当此在通过“解放的焦虑”这种真诚的形式去“关心”他人，通过对“死亡的预期”这种对存在的关心和对“存在之潜在性”的注意时，才达到本真的存在。因为，“解放的焦虑”可以使他人在其关心中成为对自己透明的存在，使人在为自身的尊严和自由中，也使他人获得尊重和自由；“对死亡的预期”可以使人谦卑而清醒，充分领悟到自己所处的危险境地，使此在在

① ［德］海德格尔：《存在与时间》，陈嘉映等译，生活·读书·新知三联书店 1987 年版，第 146 页。

其不同的和内在的可能性中完全逃避着“他们”的限制、操纵和支配，“使此在个体化，并把此在抛回它自身”中。然而，死亡这种非关系性的可能性虽然个体化了此在，但这并不意味着把此在从其世界中孤立开来变成单子论的存在，或者把此在与“他们”分离开来而转换成一种自由飞翔的自我。而毋宁是此在在趋向于他自身存在的潜在性的同时，“使得此在成为感觉到他人存在的潜在性共在”。因而，在趋向本真这个层次上，此在的焦虑性和对死亡的关注，并不影响人们之间的相互作用和真诚的关心，并不排除相互共在是人的此在的一种基本结构。因此，趋向本真的存在，非但没有使自我学的幽灵从隐匿状态脱胎而出，相反，却使其沉没在一种面向存在的相互焦虑、相互关注的意愿中。

海德格尔基于此在的开放性之上的交互主体性理论，突出了个人的非主体性、非构成性和非占有性，使个人从现实的主人降为“存在的牧羊人”，但人在这种“弱化”的形象中，并未遭受任何实际的损失。相反，却因被置于一种与他人、与世界共同存在的广阔境遇中，而使得存在的真理和对存在的尊重成为可能。因此，海德格尔的共同此在理论，一方面可视为对传统善的生活概念的重新阐述，特别是对康德的目的性王国之假设的一种更具现实性、具体性、道德性的重新阐述；另一方面，也可视为他试图突破自我中心论，将人从主体自我的纠缠中拯救出来的一种哲学尝试。然而，这种哲学尝试的真意，却常常得不到人们的共识。尽管海德格尔强调共在是此在的内在属性，并在此意义上危及了自我主体的唯一性、主体性，但人们仅从自我学意义上来理解此在，并把海德格尔的交互主体性理论视作胡塞尔现象学的一种存在主义运用。这不能不说是一种哲学理论努力的悲剧。

二

法国哲学家萨特和梅洛－庞蒂以其敏锐的哲学触角，尝试到了蕴含在胡塞尔和海德格尔的交互主体性理论中的内在精神实质和构思路数。他们分别在继承批判二者理论的基础上，以一种类似德国哲学从关注先验意识之构成性功能的先验分析到存在本体论的分析的理论发展态势，进一步推进了这一理论问题的研究。

萨特早期的交互主体性理论是胡塞尔、黑格尔、海德格尔多种思想灵感的合流。他一方面立足于此在的主体性，把此在的范畴解释为意识的先验结构，使此在表现为一种主体性的个体谋划；另一方面，又力图用此在的存在遭遇，而不是认知性的方法，来表现自为和自在的冲突，使其交互主体性理论呈现出一种带有先验的、本体论的和辩证法色彩的胡塞尔主义。

萨特认为海德格尔以一种“存在关系”来解释人的交互共在是可取的。但因为他过分强调了共在，因而忽视了存在的遭遇和人类主体间的对抗；也因为他把共在作为此在的绝对结构，所以也就抹杀了另一个我的特性及具体经验到的他人的独特唯一性。这样，一种本体的、先验的共在，就难于与“一种具体的人的实在的实体性”联系起来，从而使其孤立起来，再陷唯我论的泥坑。因此，萨特采取了与总体主义相反的构思道路，主张从此在的“我思”或“我思的内在性”来演绎出人们的共在。萨特认为，“我思”作为唯一可能的出发点，虽具有一种逻辑必然性的分离性和无共同尺度的“意识的复合性”，但这并不影响此在作为“自为向我们释放出他为”，因为就每个人的内在性而言，都具有一种绝对的超越性。通过这种内在的绝对超越性的“释放”和“抛入”，必然会将我思和另一个他我联系起来。不过，这种“释放”和“抛入”不是用理智型的认知程序来湮没另一个他我，因为那样只能把他人作为“空洞意向的客体”，无法把“自己与他人内在地同一化”，因此也无法逃避唯我论。“释放”和“抛入”就是将自身置于“存在遭遇”中，来使他人的存在成为一种“偶然的和不同还原的事实”，使我在和他在的存在关系成为“一种不可化约的事实”。

萨特的“存在遭遇”主要表现为人们彼此间的相互注视。当我在某种特定的场合注视着他人时，他人是作为一种具体而明确的现在既定给我的，他人就是“是”，是我无法从我自身或从认识意义上推导出来而只能忍受的无法怀疑的事实。对于这个确定事实，我同样不能对它进行客体的现象学还原或任何其他的“停止判断”，而只能把它作为“同一世界内有离心力的与分离的‘滑溜物’来体验”。然而，当我注视着他人时，他人也必然会以同样的方式指向我的注视。在他人的注视下，我突然意识到自己是一个“为他的客体”，我的“超越”变成了一种纯粹的“被超越的超越”，我所原有的无限敞开着的、难以形容的潜在性、可能性，在他人的注视下被凝固化和异化，变成了“某个人”而交付给他人来评价。这样，他人便成了一种我不能驾驭、不能客观化的自由主体，而我却降为“一种无力护卫自由的存在”；他人成了这种境况的主人，而我则成了他人的“奴隶”并被统合于他人的世界中。所以，他人的注视不是对我的主体、自由、能力的肯定，而是折损。但是，他人注视的奴役，并不是绝对的、无可救药的，他人的注视并不能剥夺我内在的超越性和我将我的注视投向他人而重新恢复我的主体和自由的能力。我可以重新把自己推向我的可能性，冲突被注视的羞愧和畏惧，拒绝把自我与他人同一化而相助于他人的唯一性。相反，要使他人在我的注视下，变成一种“纯粹被沉思”的客体而统合于我的世界中，变为“我的各种工具中的一件”而“包括在我给这些工具所强加的秩序之中”。但是，尽管我以这种方式恢复了我的主体和自由，在这一瞬间消灭了他人并逃避了他人。然而，他人内在的可能性和超越性也依然如故，同样也可以重新“使他自己成为他人”并再次超越我的主体和自由。因此，每一客体他人都是“一种爆炸性的工具”，各种环境随时可能“使他爆炸”，而这种爆炸性又会使我突然体验到这个世界离我而去，体验到我存在的异化。人与人之间的存在关系就表现为：不停地从注视物变成被注视物，在这种交替循环中，每一个自我都会有秩序地因另一个自我从其毁灭中的复活而坍缩。这种人际关系的不稳定性表明：“意识之间的关系本质不是共在，而是冲突。”“他人就是地狱”，正是这种冲突关系的精辟概括。

萨特在其对注视的分析中所描绘的共在理论，明显地存在着传统哲学遗留下来的主体与客体、内在与外在的两分法，存在着相互否定、相互排斥的二律背反，存在着胡塞尔交互主体性的理论意蕴和难题。尽管萨特竭力想用一种存在本体论来取代胡塞尔的理智认识性哲学，但他对存在遭遇的描述却弥漫着各种认识论的范畴和观点。他对主体自我与客体他人的区分，特别是对主体自我与另一个自我在存在选择中所表现出来的各方“都通过否认自己是他人来构成自己”的相互内在否定，以及由此而必然形成的认识者和被认识者之间相互分离、相互敌对的外在存在关系的描述，都表现出对认识论两分法的执恋。由于这种执恋所建构起来的共在理论，仍然面临着唯我论的困境：如果主体他人的注视必然使我由主体变成客体，继而我的超越性的恢复又必然使他人遭受同样的命运。那么，这种一瞥便可使我或他人化为乌有的人际关系，怎么会使我感到的他人或他人所感到的我可以相互认知，并同作为主体而共存于一个社会中呢？即使他晚年在《辩证理性批判》一书中修改了他的共在理论，从个体实践出发，描述了社会总体实践的各种样式及其可理解性，但其哲学中的两分法痼疾和理论的个体性基础，使得早期理论中的哲学难题仍未得到根本解决。根本解决这一难题的，则是梅洛-庞蒂的共在理论。

梅洛-庞蒂的共在理论，始于海德格尔“在出存在”这一概念。他重新解释并赋予这一概念新的意蕴，通过个体经验之间的肉体知觉和语言交流，修正了习惯的主—客体关联，从而绕过传统认知的二难困境，建构了一种在世存在的横向结合。

梅洛-庞蒂认为，传统认识论的主客体两极划分法，无法解释他人的存在。因为，“我思”作为一种非位置性的主体没有尘世的居所，只是一种赤裸裸的意识。从这种赤裸裸的意识出发，另一个人的肉体与我自己的肉体一样并不是居于某地的存在，而只是一种被思考、被构成的意识客体，另一个我的存在就仍然是一个未解之谜。走出这个迷宫之路，就是要用一种肉身化的在世存在及其知觉意识取代这种抽象我思，使我与他人的存在具有的一种现象性肉体的外在表象以及位置性，通过“相互涉入和相互缠绕”表现出来。梅洛-庞蒂的这种变化，使各种认识论矛盾隐退幕后，而让位于与同类人经验的、知觉性的存在遭遇。

梅洛-庞蒂认为，我们“肉体的存在”，可以创造出一种“共同的情形”，并产生出像我们自己一样的他人之知觉。当我的手触摸到他人的手并为他人所触摸，当我看到另一个现象性肉体并也为他人所看见，当我觉知到我的身体中有某种协同作用并也发现与我这个主体一道的是一个了解他自身行为的主体存在时，这种以肉体的感知为基础，对存在的同时涉入，必然会在自我与他我之间产生一种横向的内在联系。由于肉体的感知揭示了我与他人对世界的共同参与性，因此，在现实生活中，既不存在作为积极的、安排着主体性的我，也不存在作为积极的、安排着主体性的他，因而也不存在主体间的相互异化和客体化。它只存在着两个洞穴、两种开放性和将要发生某事的两个舞台，而两者一开始都属于同一个世界。

如果说肉身化是主体遭遇及共在的基础，那么日常语言则更进一步加强了这种共在的可理解性。梅洛－庞蒂认为，语言是一种“永无止境地更新同一性与他性之间中介”的能力，在语言交流中会产生一个交互世界。在语言的交谈中，每一个存在主体都不是封闭的。说话的人同时又是听话的人。我的语言活动能为他人理解，我也能理解他人的语言活动。因此，说话的双方会彼此自发地、悄然地进入对方的视境，把我变成他，把他变成我，并消除我与非我、主体自我与客体他人之间的界限，使我的视境和他的视境都统合于一个单一的世界。在这个世界，我们都是一种圆满的交互性中的相互合作者。不过，梅洛－庞蒂并未就此停留在海德格尔所谓非本真的共在范畴。他意识到反省的努力会带来主体自我意识的兴起，引发唯我论的幽灵；交流的中断会使每个人在各自私人的领域里活动，重返传统哲学的我思领域。梅洛－庞蒂进一步认为，交流与孤独并不是绝对排斥的两方，而是一种现象的两个因素。如果主体意识要获得我的意识这一资格，它同时也必须对同类人敞开大门。因为，自我作为“既定的”存在，本身就是“一种面对非反省的存在开放着的反省、一种对非反省的反省假设”。自我与另一个自我之间的相互认识、相互交流，正是具有依赖于反省主体这种无可怀疑的、趋向于他人的流动性和开放性特征。

无论梅洛－庞蒂的交互主体性理论是否完备，他对反思主体的扬弃、对传统主客两分法的批判及对经验共在理论的描述，让法国思想界甚至整个现代西方哲学界产生了深刻的变化，使人们开始把研究的视角从笛卡尔的我思主体，从那种突出认识主体基础的西方形而上学转向前反省的经验样式和前主体性的经验样式。交互主体性这一理论基础的巨大变化，标志着现象学运动进入了一个新的研究阶段。

上述表明，在现象学运动中，对交互主体性问题的探讨，表现出两种并驾齐驱的发展态势：一种是基于认识主体性的自我学的交互主体性理论；另一种是基于前反省经验基础上的非自我学的交互主体性理论。二者虽然在理论基础、理论建构上各有偏持，但努力的方向却是一个：走出唯我论的困境。这种哲学努力，从胡塞尔、海德格尔开始，经萨特、梅洛－庞蒂的继承和发展，使自笛卡尔开始的主体性观念受到了强烈的冲击，主体的观念愈来愈失去了它的统摄力量。诚如美国哲学家舆特加·加塞特所说："假如这个作为现代性根基的主体性观念应该给以取代的话；假如有一种更深刻更确定的观念会使它成为无效的话；那么这将意味着一个新气候、一个新的时代的开始。"①

（原载于《长白学刊》1994 年第 3 期）

① ［美］弗莱德 · R. 多迈尔：《主体性的黄昏》，万俊人等译，上海人民出版社 1992 年版，第 1 页。

交往实践的基点定位探本

当现代西方欧陆人文哲学从传统哲学的主—客问题的观念论转向主—主问题的交往理论时，其交往理论的定位是否也超越了传统哲学的局限性呢？为什么说马克思所提出的物质生产实践，是使主体际的交往生成与发展成为可能的本源的、历史的、现实的、客观的活动基础呢？本文试图通过对现代西方欧陆人文哲学交往理论的基点定位变换的简单梳理与剖析，揭示它的理论阈限；通过对马克思主义实践定位与变革的阐释与分析，揭示物质生产与主体交往的内在统一性，以及社会交往实践生成与发展的客观活动基础。

一

近代哲学将哲学的自明性开端定位于“我思”，将“我思”作为哲学探究的最高目标。现代西方人文哲学家胡塞尔将这个哲学原则演绎成“面向事实本身”进行创新的现象学精神，影响并启发了他的后继者们在坚持“诉诸事情本身”的哲学原则的同时又变换了他的“事实”意蕴，纷纷从各自所选定的“事实”出发，去建构各自的共在、理解与交往理论。

从胡塞尔“交互主体性现象学”，到海德格尔准本体论的共在理论、伽达默尔的语言理解理论和哈贝马斯的社会交往理论，由于托起各自交往理论的阿基米德点不同，使之开展出来的交往维度、交往维面，以及由之所建构起来的理论架构、理论模式也各有千秋。众所周知，胡塞尔继承了笛卡尔的认识论传统，同时也继承了他的唯我论缺陷。他对人的心理意识结构倾注了前所未有的专注力和贯穿力，却对我在怎样存在、应该怎样存在，并未给予足够的重视和解释。因而，当他从无可置疑的自我原初领域出发，中经类比性知觉，通过移情作用去建构主体际性的世界时，这种基于“自我论”又力图超越“唯我论”的哲学尝试，从“唯我论的自我学”向“交互主体性的现象学”的扩展，最终便成为一种以先验的自我为轴心而膨胀起来的主观主义。

如果说胡塞尔继承了笛卡尔的“我思”，那么海德格尔则首先是在颠倒笛卡尔的“我思故我在”命题的前提下选定了“我在”。他将“我在”作为关于自身存在意义的探询主体，回答了“我在”怎样存在，应该怎样存在的问题。然而，这个能够或者确切地说唯一能够通过自身的生存样态探询自身存在意义，或揭示自身存在真理的“在者”，其存在的开放性则根源于人的非理性的“忧心”。海德格尔以人的“忧心”的开放性，通过“此在”的活动，阐释了此在“在世的存在”样态，“此在”与他物、他人相互关涉、相互渗透的“共同此在”——共在。应当说，海德格尔基于“此在”的活动而对主体际问题的回答，超越了胡塞尔而更接近真理。但是，当他与其师反其道而行之，强调“此在”的“共同存在”的原初状态，而非“我思”投射的结果时，只是轻描淡写地论及“共鸣”是建立在“共同存在”的基础上，并且最终又将“此在”与“共同存在”指向它的形而上学的“存在”本源，陷入一种“存在的末世论”。这个结局不能不说是海德格尔追求“存在的意义”或“存在真理”取向的必然归宿。

伽达默尔继承并扭转了海德格尔理解是“此在”的存在方式的哲学意蕴，将理解的主观认知行为变为规定并制约人的主体存在与行为的原初基础。在人的语言对话活动中，铺展出“视界融合”及其发展，回答了海德格尔未给予足够说明的“共鸣”问题，即主体际的理解是何以可能的问题，视界是何以融合并得以无限发展的等问题。但是，伽达默尔对语言理解反省与批判功能的忽略，却导致了他对传统权威肯认的消极保守态度，使得体现人的自由与解放本性的主体际理解，何以才能实现，成为一个悬而未决的问题。

哈贝马斯以社会实践主体为其哲学出发点的做法，虽带有海德格尔和马克思哲学的况味，但是哈氏的主体作为“存在于口语交往结构中的生物种”，不仅和海德格尔“有情绪”的“此在”不同，同时也和马克思从事物质生产活动的“现实的、有生命的个人”不同。所以，当哈贝马斯用主体间的语言沟通行动来统摄、指导人与自然关系中的物质生产实践，将马克思所注重的“工具理性”纳入“沟通理性”之中，用理想的“语言理性的范式”取代现实的“生产和再生产范式”的基础地位，以重构马克思的历史唯物论时，其理论建构就难免具有相当浓厚的“方案”色彩。

从上述粗略的线条勾勒中可见，西方人文哲学的理论定位，在哲学家们的批判反思与追索中，不断地得到修正和重新选择。每一次修正和再奠基的成败所在，虽然引起了哲学家们仁者见仁、智者见智的评判，同时也透滤出现代西方人文哲学在对自身认识、自身更新、自身超越的反思过程中，愈来愈贴近生活的哲学倾向；表现出现代西方哲学在从近代哲学的“观念论”向“语言学”的视角转向中，所开显出来的“实践转向”。从海德格尔对“此在”生存的探讨和揭示，到伽达默尔对语言对话与理解理论的说明与阐释，再到哈贝马斯对交往行动理论和实用语言哲学的研究和改造，实际上都是将共在、理解与交往的理论建构诉诸于一种生存方式。在这种哲学的转向中，一方面反映了西方哲学的研究视角，已经从主客体问题转向了主体际问题。从“我思”力图突破“我思”；从“此在”的生存活动生成日常生活的共在；从语言对话、交往沟通，去扬弃认知—工具理性所表现的自然与社会、客体与主体的抽象对立，去扬弃科学—技术理性的独白，正是现代西方哲学实践转向的价值取向。另一方面也反映了现代西方哲学对时代脉搏的把握。

从“实践”出发去解决主体际性的问题，从原则上无疑是正确的，但定位于什么样的实践，从什么样的实践出发，则关涉到能否科学地解释主体际性交往的问题。恰恰在这个举足轻重的问题上，欧陆人文哲学家陷入了传统哲学的阈限。第一，习惯于从人的某些外显迹象，诸如社会的意识、文化、语言等侧度来界定实践的内涵，并将意识活动、文化活动与语言符号活动等作为区别于动物生命活动的人所特有的生存方式，作为人类社会进化与发展的最基本的、最原初的社会行为。第二，立足于人的单子式的独立个体，从人的心理的、生理的个体发生学来解释人所特有的实践活动。无论是胡塞尔通过意向性—意向性行为—意向性对象三位一体来构成主体化、价值化的实践哲学；还是海德格尔以一个“在此具有生命活动的个人”的生存活动，来突破主体形而上学的局限性，以达同他物、他人共在的实践哲学；抑或是伽达默尔，尤其是哈贝马斯从人的个体语言资质的发生学，来解释人的语言对话与社会交往行为的实践哲学，在实质上都是个体化了的实践。第三，欧陆人文哲学的上述局限性，究根寻源在于它对人的理解方式上，并未超越传统哲学的樊篱，即按照理解动物种的知性逻辑和理性思维方式来把握人的类，从人与动物相区别的某一特定机能、某一特殊的活动现象来理解人，把人和人的生命活动，只是理解为一种由某一专门化的活动器官——生理或心理所具有的意识的或语言的先天结构与功能——所决定的特种生命存在形式和特殊的生命活动。

在一定意义上，欧陆人文哲学家和传统哲学家一样，的确从人的身心结构与功能的某一特异规定性、人类活动的某一环节，发现了人类与动物种的区别、人类社会活动与动物种生命活动的区别。但是，当他们将人界定为有意识、会说话的动物，因而是唯一能够在其生存活动中探询和言说其“存在的意义”和“存在的真理”的主体；是唯一能够在其符号化的活动中超越自然，创造其生存的“文化世界”“意义世界”及“生活世界”的社会—文化的存在物时，在实质上并未抓住人之为人的类的根本性、原初性。当他们将意识活动、文化活动与语言符号活动等作为区别于动物生命活动的人的特有的生存方式时，这实际上仅仅是从具有多义属性的复杂的社会实践活动的一个层面、一个侧度、一个环节来分析人的社会生存活动，完全忽略了意识活动、文化活动、语言符号活动及其他一切社会活动，都以物质生产实践为其形成与发展的“历史的真正基础”，并受它的制约。所以，它既无法把握人的真正生成本源与人的类本性，也无法理解人的类活动与动物种的生命活动之间的本质区别，而只是看到由人的物质生产进一步所产生、所形成的与动物种的生命活动相区别的某个社会活动的环节或某一实践层面。那么，当欧陆人文哲学家从人的社会历史活动的某一中介环节、某一实践层面出发，并将其所构成的某种规范性原理当作人类社会历史一以贯之的基础和总体性指导原则，来说明人与世界、人与社会、人与人之间的关系时，就容易在片面夸大某一社会活动环节、某一实践行为的分析与研究中，使其交往理论的构建与展望成为无根的“乌托邦”的梦想。

二

现代西方哲学家在其不同的哲学旨趣的驱动下，对于“实践”的概念并没有一个统一的认识。然而，无论是海德格尔“此在”的生存论，还是伽达默尔的释义学的实践哲学，抑或是哈贝马斯的社会交往行动理论，他们的一个共同点在于强调：实践是人特有的存在方式。马克思也强调实践是人特有的存在方式。不过，马克思的实践观既与传统哲学的实践观点不同，更与德语哲学界复兴的实践哲学的现代形式有着天壤之别。

马克思主义在哲学上的革故鼎新，首先是科学地阐释了实践范畴，并把物质生产实践作为自己理论的出发点。马克思认为，物质生产活动是人的源始性活动，也是人所特有的生存方式。人类生命活动与动物生命活动的区别、人与人之间的交往、人与人之间的交往实践所生成的社会与发展等，归根到底都发端于此。马克思的实践观变革虽然引起了许多现代西方哲学家的关注与研究，但它变革的真义并未完全被现代西方哲学家所理解、接受和认可，即使那些给予某种认同的哲学家也总是站在自己的哲学立场上，来评判、裁剪与修正马克思主义。马克思主义的实践观与现代西方哲学的实践观之间存在着本质的区别。海德格尔的实践观虽然强调“此在”的生存活动，但是这个“在此具有生命活动的个人”活动，实质上是抽去了人的具体实践性，而只限于探询的主体对存在的理解与倾听的“忧心”与“思”、接受与言说。伽达默尔虽然超越了海德格尔的语言思辨哲学，使语言哲学真正成为实践哲学的一个重要而基本的组成部分，但是他的语言实践的普遍性所指向的“对实践生活世界的重新确认”，也仅限于主体间对话的开放性。哈贝马斯作为马克思主义的后继者，虽然承认物质生产的客观存在，但是他从区分技术之知和道德—实践之知、工具技术行为和实践道德行为出发，认为人的对话和对话逻辑所产生的“一致态度和行为”，或交往行为则是更为根本的实践活动。由此可见，现代西方人文哲学发展的一般倾向虽然是返回人本身，返回生活、实践上来，但是，这些哲学家所理解的“生活”“实践”与马克思主义并不相同。他们在注重主体的生存活动、主体间的语言对话与理解时，大多忽视了其赖以产生的社会物质生活基础。

马克思并不否认人类实践活动的多向度、多层次、多样性和多义性，以及由之所表现的同动物种的生命活动相区别的多重性。但是，在马克思看来，使人类与动物种区别开来的第一个历史前提、第一个历史活动，并不在于人有思想意识或先天的语言功能，以及由之所产生的精神活动和语言对话活动，而在于人们开始生产自己所必需的生活资料或“生产物质生活本身”。人的物质生产活动，是与人的生命需要直接相关的第一个历史活动，是人所特有的、最基本的社会生存方式，因而也是决定人类社会发展现实的“历史的真正基础”。正是在此基础上，才会产生出人的其他一切超生命的社会需要，即产生出艺术与文化、伦理与宗教、哲学与科学、政治与法律等诸种社会的或精神的需要，才会产生出与之相应的各种各样的社会活动，才会产生出人与人之间的语言交往、文化交往、贸易交往、政治交往等诸种精神的与物质的交往形式。因此，马克思把“主体的感性活动”即物质生产实践作为理解人的本性、人的真实生成本源，以及人类诸种社会交往活动生成与发展的原初基础。

第二，马克思从人的实践发生学出发，揭示了人类物质生产实践的自由自觉性与社会性。马克思并不否认现实的、有生命的个体存在，但他首先将现实的、有生命的个体看作“以一定的方式进行生产活动的一定的个人”。而由一定的个人以一定的方式所进行的物质生产活动，其超越动物生命活动的特殊质点，不仅在于它的自由自觉性，而且在于它的社会性。人类的物质生产活动的自由自觉性与社会性，既表征着人的实践主体的超越性，也表征着人的实践主体向他物、他人的开放性。

人类生命活动的自由自觉性，突出地表现在人的主体活动的自觉性和自为性，而人的活动的自觉性与自为性，实际上又集中体现在人的活动所具有的目的性。人的目的性作为人的主观意识的产物，作为人的身心需求的自觉意识，既能反映客体，又能超越客体，使认知的结果或内容，既在某种程度上具有不以人的意志为转移的客观内容，同时又贯注着人突破客体、超越客体的谋划、目的和理想。所以，目的本身就是关联着他物的思维确定性，本身就内蕴着人的自我超越性。这样，目的作为人的主体活动的内在驱动力，必然使主体在其支配下，去推动他的臂和腿、头和手去作用于他以外的自然，同外在自然进行物质—能量变换；必然使主体不拘泥于从客体出发，去顺应、认同、表象、摹写对象，而是从主体的谋划、需求与理想出发，去干涉、去蔽、创造与改变对象，将人的本质力量对象化于外部存在，使对象变为“人的无机身体”，使“自在之物”变成“为我之物”。人正是通过“生产物质生活本身”，而将自己融入广阔的天地。

从人类物质生产实践的现实性上看，它又是社会化的活动。人类物质生产的社会性，则内蕴着人与人之间的关系性与共存性。人的物质生产活动与动物的生命活动区别开来的本质特征，就在于人只能以一定的方式结合起来共同活动才能进行改造自然的物质生产实践。动物所具有的专门化的生命结构，使其生命的活动能够凭借其确定性的天然本能，直接从某种特定的外部自然环境中获取物质能量，以维持其生存和种族延续。动物的生命活动与特定环境的天然统一，就决定了动物无须进行认识与改造自然的生产活动，因而也无须对什么东西发生“关系”。然而，人则不同，人没有特定的生物本能，这就决定了当人从动物种群超拔而出，在自身存在活动中呈现出和意识到自身个体自然力量的不足时，作为“任何人类历史的第一个前提”的个人，就会在观念和实践中展开自身超拔于作为自然存在物的局限性，在超生命的生存方式中求生存、求发展，并开始不同于动物种的那种顺应自然界的独特的生命历程。超生命、超机体的人工器官——工具的创制和使用，突出地表现了人类强烈超越自身作为自在的自然存在物，而成为自为的自由存在物的内在冲动。如果对于动物来说，它对他物的关系不是作为关系而存在，那么凡是有某种关系存在的地方，这种关系都是为从事着物质生产的现实的个人而存在的。所以，人的生命的生产，在其现实性上，一开始就包含着人与自然、人与人之间的双重关系，一开始就打上了社会的烙印。即使当人从事那种只是在很少的情况下才能直接同别人共同进行活动的时候，也是在从事社会活动的。物质生产的社会性是一切时代的生产所具有的共同标志、共同规定。人的一切活动和活动的共享，都只能在同他人的“实际交往”中表现出来并得到确证。马克思的实践观与非马克思主义的实践哲学的本质区别，就在于它不再是指单个人的活动行为，而是强调物质生产总是与人们一定的共同活动的方式相联系着的。在此意义上，物质生产实践被理解为“社会化的人类”的“全体活动”。

第三，从人类生成的实践本性，揭示了人以自由自觉的实践方式占有自然，并在社会实践活动中生成为人，生成为超拔于动物种群的类存在。

马克思并不否认思想意识和语言表达功能是人所特有的主体资质能力，但他并不把人所具有的某一特定机能或某种先验功能作为人的本质规定性，而是以人的自由自觉的物质生产活动为其本性。从人的实践本性看，人的物质生产的自由自觉性，决定了人并不囿于脆弱的生命存在，还有着非生命、超生命的永恒本质。人没有动物本能的一技之长，却更善于发掘、利用自然来装备、充实自己，延长自己的自然肢体，以自然的力量去改造自然。人的物质生产的社会性，决定了人是特殊的个体存在，但人并不局限于狭隘的特殊的个体形态，人还有着非个体、超个体的无限存在的形态。人因其特殊性而成为一个现实的、单个的社会存在物，同样在现实中又作为人的生命表现的总体而存在，即人同为人的“类”的社会主体的自为存在。人的自由自觉的社会实践，决定了人以自我为中心，但人并不闭锁于自我的牢笼，同时又融入广漠的非我天地。人的自由自觉的社会实践本性，使人只能存在并实现于同外部世界的内在统一的一体性关系之中。人的自由自觉的实践证明人来自于自然，又超拔于自然。人是生命，又超拔于生命。人不仅从物质生产的侧度、精神生产的侧度中获得自身生命的传承性、延续性与永恒性，同时又在诸种交往活动与发展中，不断克服人与人之间的矛盾、冲突和异己性，在开放、交往、理解与共识中，既获得个体的全面自由解放，又在人伦统一中形成类意识并生成为类存在。

概言之，马克思的实践定位与变革，不仅在于它的思维方式的变革，即突破了知性逻辑的思维方式，立足于实践的思维方式来理解人，而且在于它揭示了人类最基本、最源初的历史活动——物质生产实践；揭示了物质生产实践的自由自觉性和社会性，并把人与对象世界之间的主—客关系、人与人之间的主—主关系作为人类物质生产实践的内在环节；揭示了人类生成的实践本性，并把人的个体性与超越性、内在性与开放性的对立统一，作为实践主体的规定性。

三

任何社会物质生产实践都是“主体—客体”和“主体—主体”双重关系的统一，是生产与交往的统一。物质生产与主体交往的统一，使得可能的生产力成为现实的生产力，使得人与自然之间的物质变换活动只能实现于人与人之间的相互关系中，使得人同自身的关系只能实现于与“为他”的相互作用中。

从实践发生学的意义上说，当现实的个人以一定方式结合起来，通过群体的力量去改造对象世界时，人与人之间的相互关联与相互交往活动也便合乎逻辑地随之产生，并在人对自然改造的物质生产实践中取得了极端重要的地位。

首先，人对自然的物质变换活动，只能以许多现实的个人共同活动为必要条件，而这种共同活动只有通过人与人之间所结成的物质交往关系才能实现。没有人与人之间的相互关联与相互交往关系，就无法进行人与自然之间的物质变换活动。从物质生产实践的这种社会群体功能活动结构看，物质生产活动作为“社会化的人类”生产活动总是展开并生成着双重关系：一是人与自然之间进行物质变换的主—客关系；二是人与人之间相互交往的主—主关系。人与自然之间的主—客关系和人与人之间的主—主关系，并不是相互分立、彼此无涉的两个单极系列，而是一个统一活动过程中不可分割的两个互相作用、互相规定、互为中介的方面。一方面，从事生产活动的个人并不是单独直接地面对自然，而是以个体之间的相互交往关系为中介去改造并占有自然；另一方面，个体之间又总是以客体为中介，即通过改造、占有自然的物质活动而彼此关联、相互交往。在此，从事生产的个体在作用于客体对象的同时就实现着、负荷着人与人之间的主—主关系，因而个体主体欲施加活动于其上的物质客体及工具系统等。个体主体对于客体来说的自主活动性、创造性与自为性，都是处于人与人之间的主—主相互作用的交往关系中并受其规定和制约。反之，客体也不是脱离主体间交往实践关系的孤立的存在物，它不仅是介入社会实践活动范围内被主体改造、加工、制作的对象，而且也是人与人之间相互联系的纽带、相互作用的中介。以主客关系为基本结构的物质生产活动，并不是脱离人与人之间相互交往的主—主关系，而仅限于单一的、片面的“主—客”关系的实践模式，而是运作于人与人之间相互交往的多重主—主关系中的活动。反之，以主体间性为基本结构的物质交往关系，即不是靠人们之间的契约或意志建立起来的关系而外在于物质生产，而是社会生产活动本身所具有的内在规定性或活动形式。在这里，根本的问题不仅在于没有人的物质生产活动，就没有人与人之间的存在关系，关键还在于人的物质生产活动本身就是人与人之间主—主相互作用关系中的社会实践。因此，社会物质生产实践的现实性，应当是“主—客”关系与“主—主”关系的统一。

其次，物质生产与主体交往的逻辑统一，不仅使人的“为我”的物质生产活动，只能实现于与“为他”的社会交往关系中，同时也使人同自身的关系，只有通过同他人的关系，才能成为对他来说是对象性的和现实性的。由此使人的活动的自主性、自为性，不仅相对于客体，而且也相对于另一极主体；人的自身本质的对象化和现实化，不仅成就于人对自然改造与占有的主—客关系中，而且同时完成于人与人之间互为规定、互为补充的互属互动的主—主双向交往模式中。

任何物质生产实践都是由生产和交往两个不可分割的部分构成的有机统一。人对自然的认识与改造，人的本质力量的对象化与确证，只能运作并实现于人与人之间的物质交往关系或社会关联中。脱离了人与人之间的主—主交往关系，就无法解释个体的实践何以能够整合并形成群态的“主体合力”，形成相互协调的有机活动整体，也就无法合理地、科学地解释与动物的个体活动相区别的人类社会实践。

但是，物质生产与主体交往作为人的同一生命活动过程中的不同侧度，又是有区别的。主体交往是物质生产不可或缺的前提，但并非基始性的要素；主体交往内在并生成于物质生产，但并不归结为物质生产。就前者而言，当我们强调交往关系在物质生产中的不可或缺性，并非是通过夸大其逻辑地位来实现的。主体交往仅仅是社会物质生产何以可能的一个前提条件，而不是基始性元点。就后者而言，统一于人类社会实践的生产与交往，又不是两个完全相同的范畴。在外延相同的情况下，物质生产与主体交往则各有特点，各有注重的侧度。物质生产注重的是关系中的活动，或关系活动中的整体性与总体性，其活动形式表现为主观见之于客观的实践改造活动，其结构表现为主—客模式。在此，人与客体之间的关系，表现为主体“为我”的实践活动对自然客体的统摄性、优先性、决定性和主动性。而主体交往注重的是活动中的关系，或活动中的主体间的关系性、交往性与网络性，其活动形式表现为人与人之间以一定物质的与精神的手段为媒介的互为主客体的互属互动活动，其结构表现为主—主模式。

物质生产与主体交往的统一与区别，既构成了现实的社会生产实践，也为其他社会交往实践的生成与发展，奠定了客观的活动基础。人与人之间的交往作为社会物质生产不可或缺的重要方面，起初是直接从属于、依赖于物质生产实践的，是“包容在生产之中的行为”。而随着物质生产的发展与扩大，也发展和扩大着人们对社会交往本身的需求，并为社会交往从物质生产实践中独立、分化、发展与扩大提供了物质基础与手段。物质的、精神的社会交往的发展与扩大，又反作用于物质生产，通过产生新的生存需要，引进新的思想观念，开辟新的活动领域，传承物质生产力与科学文化等，直接地或间接地来促进物质生产的发展。

总而言之，交往实践生成与发展的基点，既非胡塞尔主体的“我思”，也非海德格尔“此在”的生存，同样也非伽达默尔和哈贝马斯的语言理解与对话活动，而是马克思的物质生产实践。任何物质生产活动，在其现实性上都是社会实践。社会实践不能简单地等同于人与自然之间所进行的物质变换的主客单一过程，它是人与自然之间主—客关系和人与人之间的主—主交往关系的统一。这两重关系的统一构成了社会实践的普遍逻辑结构。

（原载于《辽宁师范大学学报》2000 年第 6 期）

解析与探索

——哲学视域中的主体际交往

哲学是时代精神的自觉意识，要探讨与回答时代最迫切、最具挑战性的问题并对时代负责。“主体际的交往”问题，是时代与哲学共同指向并凸显出来的焦点话题之一。本文力图在反思与批判、比较与研究包括马克思在内的德国哲学大师们的哲学努力与探索成果的基础上，揭示并勾勒出现代西方欧陆人文哲学家在“主体际的交往”问题上的分歧与争端、摧毁与建构的思想发展理路；揭示并阐释他们基于不同的基点所建构起来的交往理论的偏颇与阈限；揭示并分析哈贝马斯交往行动理论与马克思交往思想之间的关联与区别，并从马克思所提出的物质生产实践这一“历史的真正基础”出发，力争合乎逻辑地阐明、铺展出交往实践的基本内容。

在20世纪，现代西方哲学发生了翻天覆地的变化。这种变化的显著特点之一是：从传统哲学的“观念论”转向了“语言学”，从传统哲学抽象的精神王国的彼岸踏上了现实生活的此岸。从人的生存、理解与对话等活动方式出发，来突破传统哲学唯我论的狭隘界限，消解主体与客体的对立，建构“主体际性的世界”，实现人的解放，已成为哲学家们的共同旨趣。而使主体际的交往问题受到重视并产生极大影响的始作俑者则是现象学的创始人胡塞尔。

交互主体性课题不仅是胡塞尔毕生不懈努力解决的问题之一，也是其先验现象学思想内在发展的一个必然结果。胡塞尔基于自我学的交互主体性理论，受启于并超越了笛卡尔、康德的主观主义哲学。他在将包括“物自体”在内的一切“超越之物”给予无效标志，立足于“我思”的前提下，既更为彻底地贯彻了先验现象学的“主体性”的逻辑一致性和主观主义的唯我论原则，同时又不囿于“唯我论”，而是基于没有成见的“自我论”力图超越“唯我论”；不拘泥于传统哲学的认识何以可能的主—客问题，而是又进一步力图去解决交互主体的互识与共识是何以可能的主—主问题，以为人类历史、社会生活、文化世界提供一个客观的、“原本性”的人性基础。然而，当胡塞尔从一个本己的、内在的“鲁滨逊的体验视域”出发，通过一种类比性知觉或“相似性统觉”，类推出一个对立于我且具有同样自我本质的他人存在，完成自我与他我相互确认的单子式的存在或“主体间的互识”与共现；通过认知主体的“同感”或“移情作用”，进入他人以其知觉包裹起来的原初领域，完成交互主体的心灵沟通与共识时，由于整个思路的进展都是循着他称为“先验演绎”的道路，而这条道路的铺展又从始至终奠基于“先验自我”的直观的明证性上。因而，这就使得他的理论在“鲁滨逊的体验视域”、意识的共现联想中，既不可能摆脱传统哲学认识论的方法论，也不可能使其成功地超越先验现象学的唯我论。故而，其理论观点遭到了来自现象学阵营内部与外部的哲学家们的反对与批评、摧毁与改造。

海德格尔率先在现象学运动内部奏响了“胡塞尔正教”的“最新变调曲”。这种哲学变调的首要任务就是拆除胡氏交互主体性理论中的自我学的支撑点，从胡氏对“纯粹意识”事实的眷注转向对“此在”的源始“存在与存在结构”的探询与研究。为此，海德格尔在方法论原则上，以“此在”的生存论分析取代了胡塞尔基于“我思”的逻辑推论。在理论构架的基点上，以“此在”的“在世的存在”取代了胡氏的“先验的自我”，并做了很大努力，剥离了传统哲学有关人的主体性的内涵。在此，海氏不是从自我学的前提出发而是从非自我学的、不是从理性的而是从非理性的维度来界定“此在”。他将“在世的存在”作为“此在”的规定性，将有情绪的现身、领悟和言谈作为“此在”的源始生存机制，力图通过“此在”有情绪的现身，开显出主体自我与他人、他物的“共同存在”和“共同此在”的原初状态，而不是从“方法论的唯我论”出发来逻辑地设定我与他人的互识与共在。海氏的哲学变革，使得他在“此在”的开放性与现实性、非构成性和非占有性的生存特质上，超越了传统的主体性哲学，突破了胡塞尔未能挣脱的自我学的樊篱。但是，海氏并未因此抛弃现象学追求“面向事实本身”的寻真精神。因而，“此在”的“在世的存在”“共同存在”的原初状态，不过只是通达“本真的存在”或“存在的真理”的准备性分析。所以，尽管“此在”在其理解、“趋向死亡”与言谈中并未游离共在世界，但它理解、领悟、言谈以及最终趋向的则是那个神秘的、永远无法企及的“本真的存在”和“存在的真理”。然而，这个“本真的存在”究竟是什么呢？应该用什么标准来衡量“存在的真理”呢？“存在”这一不可名状的所谓人类实践的基础究竟是什么呢？这些问题的悬而未决，致使其所建构起来的准本体论的共在理论，遭到了其学生伽达默尔力透纸背的批评。同时，他对在者状态上主体之间的共识问题的忽视，也在伽达默尔的人文理解理论中得到了重视与解答。

伽达默尔基于语言理解的人文理解理论，既有海氏哲学的遗韵，又贯穿着对海氏哲学的改造与超越。第一，伽氏继承并转换了海氏理解是“此在”的存在方式的哲学意蕴。理解并非“此在”去探询“存在”的一种主体行为方式，而是规定并制约着“此在”的认知限度和存在的主客体发生关联的原初领域；理解也不仅仅是坚持追求最终的真理，而是着眼于此时此地所给予的直接对象。理解的全过程是理解与阐释、交流与对话的统一。理解是一切人的实践行为的基础，对话则是实践的基本模式。这种改造的结果，既使之与人文哲学、自然科学二分法的主体认识论，也同古典释义学关于理解的方法论区别开来。第二，伽氏汲取了海氏关于理解的“前有”思想，但却将隐蔽的、无法企及的“存在”具体化、现实化为对理解者敞开的历史流传物，而人作为总是在“传统”的“先定结构”的历史“处境”中展开理解的在者，则在历史与理解的相互关联与作用中，从释义学循环、时间间距、效果历史与视界融合等不同理解维面，铺展出理解的对象与前提、原则与框架、维度与形式等，回答了海氏提及而未给予足够说明的共识问题。第三，伽氏将海氏语言结构的本体论变为语言理解的问答逻辑，阐释了理解与语言、语言与世界的内在关系与统一，同时又将理解、语言与世界三者的统一关系定位在语言与语言对话和交流的活动中，由此把解释学的语言哲学引向了实践哲学，把解释学的方法论问题变成了哲学的实质性问题。这样既拓展了解释学的理论内涵，又为其奠定了新的基础。但伽氏的这种哲学转向的偏颇在于：一方面，忽视了理解的方法论，未为理解的有效性提供一种明确可行的方法论标准；另一方面，又忽视了理解的反思与批判性，而“倾向于对传统权威的承认”的保守立场。正是于此，哈贝马斯与伽达默尔“相逢”了。

哈贝马斯基于语言对话的交往行动理论，是融马克思哲学在内的复杂的、多层面的“理性联盟系统”。在这个理性联盟系统中，他吸纳了胡塞尔“生活世界”的非课题性、奠基性特征，但又不是将“生活世界”作为先验的自我构造的产物，而是看作由人们的语言沟通活动所形成的交互主体的共在。他和伽达默尔虽都注重语言理解的核心作用，但较之伽氏只是保守地描述性的语言理解而言，哈氏则更强调语言理解反省批判的怀疑功能。他虽是马克思主义哲学的后继者，但在解决交往问题的思维方式上，他不是诉诸实践，而是诉诸社会批判诠释学。在交往理论建构的基点上，他不是立足于物质生产实践，“从现实的、有生命的个体”的基本生存活动去理解人与人之间的各种社会交往现象及其多义属性，而是将语言符号的互动沟通模式，作为包括劳动在内的人类“普遍行为”、社会存在、社会整合与社会进化的背景基础。因而，他的交往行动理论与马克思的社会交往思想，在理论构架上有着不同的意蕴和特质。马克思基于“生产与再生产范式”的交往思想，注重的是人与自然的物质变换过程中所形成的人与人之间的生产关系、经济关系、阶级关系以及诸种其他社会关系，突出的是人际交往的物质性、历史性、经验性和现实性。哈贝马斯基于“语言理性范式”的交往行为理论，注重的是人与人在语言对话过程中所形成的主体间的精神沟通、视界融合、道德同情等交往关系，突出的是交往行为的理论的规范性、超时空的逻辑性、超经验的先验性和超现实的理想性。因此，哈贝马斯基于语言本体的社会交往理论，虽然从基本理论上对主体交往行动的特殊规律做出了全方位、跨学科的研究，但当他将工具—认知意义上的物质生产实践，奠基于语言—规范的道德实践的逻辑发展模式上时，他的“方案”使人看到了把人类实践“逻辑化”的魔影。

从上述粗略的线条勾勒中可见，西方人文哲学的交往理论及其基点定位，在哲学家们不断地反思、批判、修正与重新选择中，经历了从“我思”构造、“此在”生存到“语言”理解与交往行动的转向和发展，彰显出它愈来愈贴近生活，诉诸一种生活方式的“实践转向”。但交往理论的“实践”定位，并不意味着欧陆人文哲学家在对人的理解方式上，超越了传统哲学知性的思维逻辑方式：立足于人的单子式的独立个体，从人与动物相区别的某一特定机能、某一特殊的生命活动出发来理解人。因而，当欧陆人文哲学家从人的心理的、生理的个体发生学来解释人所特有的实践活动，来说明人与世界、人与社会和人与人的交往关系时，就容易在片面夸大某一社会活动环节、某一实践行为的分析与研究中，使其交往理论的建构与展望成为“无根”的“乌托邦”的梦想。马克思虽没有像现代西方人文哲学家那样以交往为定向的综合研究理论，但他的实践定位与变革，一方面突破了知性逻辑的思维方式，另一方面又超越了古往今来哲学家们有关“实践”内涵的阈限。首先，马克思不是从人所具有的某一特定机能或某种先验功能，而是从实践的思维方式来理解人和人的活动，揭示了人类生成的实践本性，把人的自然性与超自然性、个体性与超越性、内在性与开放性的对立统一，作为实践主体的内在规定性。其次，马克思不是把人类社会历史活动的某一中介环节、某一实践层面，而是把物质生产实践作为人与人类社会生成、存在与发展的最基本、最原初的历史活动，揭示了人类物质生产实践的自由自觉性和社会性，把人与对象世界的主客关系、人与人之间的主体交往关系，作为物质生产活动过程中互为中介的内在环节，由此为科学地阐释主体间的交往是何以可能的问题，既提出了它的主体性根据，也奠定了它历史的、现实的、客观的活动基础。

从实践发生学的意义上说，当现实的个人以一定的方式结合起来，通过群体的力量去改造对象世界时，人与人之间的相互关联与相互交往也便合乎逻辑地产生了。因而，从物质生产实践的社会群体功能活动结构上看，任何社会物质生产都必然是人与自然之间的“主—客”关系和人与人之间的“主—主”关系的双重统一，而不是相互分立、彼此无涉的两个单极关系系列。以主客关系为基本结构的物质生产活动，总是运作于人与人之间相互交往的多重主—主关系中的活动。反之，以主体间性为基本结构的物质交往关系，又总是社会生产活动本身所具有的内在规定性或活动形式。物质生产与主体交往的逻辑统一，说明人对自然的认识与改造；人的本质力量的对象化与确证，只能运作并实现于人与人之间的物质交往关系或社会关联中。脱离了人与人之间的主—主交往关系，既无法解释个体的实践何以能够整合并形成群态的“主体合力”，也无法合理地解释与动物的个体活动相区别的人类社会实践。但是，物质生产与主体交往作为人的同一生命活动过程中的不同侧度，又是有区别的。物质生产注重的是关系中的活动，或关系活动中的整体性与总体性，其活动形式表现为主观见之于客观的实践改造活动，其结构为主—客模式。在此，人与客体之间的关系，表现为主体“为我”的实践活动对自然客体的统摄性、优先性、决定性和主动性。主体交往注重的则是活动中的关系，或活动中的主体间性、交往性与网络性，其活动形式表现为人与人之间以一定物质的和精神的手段为媒介的互为主客的互属互动活动，其结构为主—主模式。在此，人与人之间的关系，表现为主体间相互交往的平等性、协同性、互属性和互动性。从二者的实质关系看，主体交往是物质生产不可或缺的前提，但并非始基性的要素；主体交往内在并生成于物质生产，但并不归结为物质生产。物质生产与主体交往的统一与区别，既构成了现实的社会生产实践，也为其他社会交往实践的产生与发展奠定了历史的、现实的和客观的活动基础。

如果说物质生产为人成为关系中的共在与交往，奠定了历史的、现实的、客观的活动基础，那么语言的产生与应用，则为每个实践主体突破意识的有限性、封闭性、内在性，形成主体间相互交流、达成共识、协调行动，提供了一个逻辑的和现实的中介手段。语言与语言交往是人类生存交往需求的产物。人类有别于动物种的社会生存方式，既决定了每个人不可能离群索居，也决定了人不可能将自己封闭在自意识的独白中，而需要与他人交流、对话，在与他人相互交流与沟通中，获得实践的目的、实践的能力和实践的方式。所以，语言与语言交往是人类所特有的生存资质，是人类社会交往实践所特有的基本特质与一般形式。人类的一切意识活动与社会交往实践都交织、蕴含、展现并运作于语言与语言交往中。没有语言与语言交往，就无法想象人如何以一定的方式结合起来，从事改造自然的共同活动，无法想象人际形成的归属感、认同感以及协调一致的行为与活动，无法想象人类社会历史文明及其历史文化的传承与共享。因此，人生活在世界中，也生活在语言中。语言既是思想的体现和直接的现实，也是主体间交往的工具和媒介物。从语言的特质看，语言不是形成有关存在之真理的手段，而是思想的体现和现实；语言交往表征的也不是人与自然之间的主—客关系，而是人与人之间的主—主交往关系。语言所具有的认识与交际功能，语言结构的共通性与普遍性，语言所具有的表达性和现实性、非个体性与主体间性等特质，表征着语言符号既是主体间交流与沟通的工具或媒介物，也是人类扬弃自身有限的、直接的感性生命，获得超生命、超感性的文化存在形式。现代西方人文哲学家的成就，在于他们充分注意到了语言在主体际交往活动中的位值，并给予了多侧度、多层面的分析与研究。其偏谬首先在于把语言与语言交往看作人类本源性的、基础性的存在与活动，而忽视了语言与语言交往产生与存在的物质生产基础；其次在于把交往实践仅仅限定于主体间通过语言而进行的精神交往，而忽视了交往实践在实质内容上的多重性与多样性。当然，我们虽不能完全苟同现代西方哲学家的观点，但更不必因噎废食，忽视语言与语言交往在人类社会生活中的作用与地位，若然如此，我们又会走向偏谬与片面了。从上述分析可见，交往实践的生成与存在，既有它的物质活动基础，又有它的语言中介手段。偏废与忽略了任何一方，都无法科学地解释主体际的交往是何以可能的。总之，交往实践是一种自觉的、以物质生产活动为基础、语言对话为中介而形成的主体际的社会性互属互动活动。

交往实践是人际物质的或精神的互属互动活动。它从横向和纵向两个维度，拓展着社会化主体结构和历史演进的序列，成为覆盖并贯穿于整个人类社会历史中的主体际性结构。从横向方面看，交往实践的双向建构，一方面直接促成了社会的形成，另一方面又造就了现实的社会的人。交往实践的双重整合，一方面使个体主体的自主性开显出来，形成自身的个别性；另一方面，又在多极主体交往实践的相互作用中，整合出源于个体又超拔于任何个体，且又协调着个体主体的主体间性与社会性、贯通性与共识性、统一性与普遍性，形成从事共同社会活动的群态主体。交往实践的建构与整合表明：交往实践生成与更新着社会形态，也塑造着个体主体的社会规定性与资质能力，在社会存在与人的主体活动的辩证统一关系中，推动着社会与主体序列的双重生成与演化。从纵向方面看，交往实践的历史传承性与发展，表明任何交往实践都是在已经给定的社会结构以及物质和文化的生活背景中进行；表明交往实践使人类主体活动与结果在不同代际传递、积累、继承与发展，由之创造了一种发展人类自身本质力量的特殊的社会机制，即不同于动物生理遗传和进化的社会演进机制；表明人类交往的历史是同生产力、生产方式、社会实践的总体性结构（分工）的历史发展同步的。交往与交往的历史演进规律为：生产力愈发展，分工愈发达，交往范围愈扩大，交往手段愈多样化，交往方式也愈完善。

社会交往是一个总体性、系统性范畴，是由多层次、多环节、多媒介与多侧度物质的或精神的社会交往活动所构成的网络性的系统结构。在这个错综复杂的网络系统结构中，自然性的生存交往活动是真正的社会交往实践的历史的、人类的和个人的发生学前提。生产性的物质交往活动，是人类社会生活总体结构的基础性构架，并决定着人类其他的社会交往活动。社会性的政治交往活动和精神性的文化交往活动，作为人的意志、主观交流的总体历史断面，虽有其相对独立性，但归根到底始终受物质交往功能结构的规定与制约，并对物质生产与物质交往产生着直接的或间接的影响与作用。当然，交往实践作为主体的活动形式，并不是一个一成不变的静态结构，而是一个不断转换自身形式的发展过程。从历史的发展看，每一时代都存在着占据主导地位的交往形式，并随着时代的嬗变而转换。迄今为止，交往实践经历并呈现为一个从实物交往，中经商品交往向符号交往转化的发展趋向。这就是说，人类主体间的交往活动，已开始从为满足生存需求而以物质交换活动为主导的自然形式、社会形式，转向为寻求理解共识、和平共处、共同繁荣和共同进步的社会需求而以信息交往、文化交流、语言对话为主导的自律性的符号形式。一国之内、区域之间和国家之间的矛盾与冲突、对立与争端，已愈来愈从以往经常性的阶级斗争、战争等对抗性的交往方式，转向依靠政治斡旋与对话等调解性的交往方式，从人与人之间、区域与区域之间、国家与国家之间的不平等交往，向平等互利的、道德的交往过渡与发展。

然而，不论在什么历史条件下，在什么层次上，进行着什么样的交往，交往都意味着一种主体间性和内在相关性。主体间交往的内在相关性、双向性与对话性，决定了介入交往的主体双方都应该遵循主体间交往的游戏规则，即交往的平等原则。主体间交往的平等原则，植根于人同为人的平等性，人的活动同为社会创造活动的等价性。交往的平等性原则不仅体现在某一特定的社会中，人的身心需求—活动—产品之间所进行的物质的、智能的价值变换的等价性、平等性和互惠性，而且体现在某一特定语境中，人的情感意志、思想观念之间所进行的语言的、非语言的对话与信息交流的真诚性、真实性和确切性。只有不仅坚持自身主体的自律性，同时又在等价律基础上的人与人之间所进行的交往与对话，其交往才是公正的、道德的；只有通过角色换位的“移情律”，设身处地地不仅把自己看作享受别人功能活动的主体，而且也把别人看作享受自己功能活动的主体，其交往才是明智的、互惠互利的；只有在平等互惠的主体交往中，每个交往主体的自由个性才能充分地发挥出来，也才有助于交往主体自我利益的实现，有助于交往主体自身内在的道德修养与品格的展示，有助于交往主体在双向的、循环式的对话中相互理解并产生共鸣。等价的交往规则、诚实的语言规范是公平的、道德的、合理的和理想的交往游戏之所以可能的当且仅当的前提条件。这个普遍的交往原则或交往的“黄金律”，在历史的发展中逐步得到体现并最终将得以实现。人类最终将在物质生产力高度发达，消灭私有制与旧式分工的基础上，扬弃由固定化分工所造成的交往关系的外在化和不平等性，自由地占有交往关系；扬弃交往主体的手段化、片面化、角色化、抽象化与疏离化等异化状态，实现对自己生命本质的全面占有。在人与人之间自由平等的普遍交往活动中，使人丰富的主体资质充分地开放与展现出来，实现人的自由创造与交往和谐的真正统一，达到一种美的享受。

（原载于《人文杂志》2000 年第 3 期）

“主体间性”是个应该给予消解的无意义的概念吗？

“主体间性”是个应该给予消解的无意义的概念吗？严肃地说，这个概念之所以生成并作为一个前沿性的热点问题被广泛地研讨着，并不是人们一时兴起或追逐时髦的产物，而是有着深厚的历史理论积淀与现实的社会文化背景条件。主体间性既是哲学家们的探究所致，也是时代具体经验所致；既是西方主体性哲学逻辑发展理路的一个必然结果，也是人们追求主体解放历程中的一个发展阶段。

一

众所周知，理性是西方近代主体性哲学的原则与奠基石。近代哲学通过弘扬人的理性完善性，确定了人的主体性本位，从而取代与颠覆了中古时期存在理性与神的至高无上的中心位置与权威。然而，近代哲学要求回到理性或“我思”的动机，以及由此所展现出来的对主体性的迷恋，所付出的代价是：人作为“一个最初无世界的主体”，一开始便处于一种与自然、社会相剥离、相对峙的状态。所以，主体作为主观思想者，其任务主要在于认知与符合外在客体对象，以理性或“我思”为轴心去消除主体与客体的对立与矛盾。主体与客体、思维与存在之间的对立统一关系，在经历了经验论与唯理论非批判的独断论及休谟彻底的经验论的怀疑论及康德“哥白尼式的革命”的肯认与否定、批判与修正之后，终而在黑格尔的理性既是存在实体，同时又是认知主体的自我外化与自我认知的同性相知的泛理性的辩证发展中达到了统一。但这种统一则是以恢复存在理性的实在性，牺牲人的理性与主体性的实在性为其代价的。

存在理性问题的再次浮现，主观理性与主体性的危机，实际上是建构在理性"唯我论的方法论"基础上的近代主体性哲学逻辑发展理路的必然结果。笛卡尔要求回到自我中去的动机以及当这种动机彻底地把自己发挥出来时，本质上是一种纯粹以理性的活动为根基去确定主体的存在，并将其作为一切知识生成的最终源泉的理性主义，这种理性主义所内含的偏颇与荒谬一开始便为其走向危机埋下了种子。"我思"作为"我在"与知的构成性基础，在实质上它只是自我关系的理性思维活动的自我反思与独白；"我在"作为一个"无世界"的片面的、抽象的"理性"主体，也不过是心灵、精神或主观理性的同义语。因而，整个认识的超验的问题与其说是围绕着主体性，不如说是围绕着心灵或主观理性而旋转。如果由笛卡尔肇始的通过"我思"以及"自我"的哲学预设与努力，则在把自我等同于心灵或"纯粹灵魂"的荒唐曲解中发生了偏离，演化成人的主体性既未真正地得到表达，也未取得其位值。笛卡尔的理性原则所产生的哲学效应，在他以后的哲学中进一步得到了发挥与诠释。在黑格尔哲学中，人的主观理性终而极化为脱离并制约人的主体而存在的绝对理念的实在性。人的主观理性与主体性变成了存在理性实现自身的表现者或工具，完全丧失了自身的权威性与主动性，从而使得近代哲学通过人的理性以迄人的主体性哲学走向了失败。

二

近代哲学建立在理性原则基础上的主体性哲学的失败，激发了一场革命性的、或多或少是根本性的重新铸造的过程，为一个哲学新时代的开始奠定了最初的基础。现代西方哲学尽管派别林立，理论分殊，但无论它们是循着理性主义之道，抑或是沿着非理性主义之路，其理论的共同价值取向是：反思与匡正人的理性，挽救与重构人的主体性。

在理性主义阵营中，现象学、批判理性主义、解释学等流派，分别从自我学与非自我学的不同基点出发，通过各自的独立研究与批判，使得近代哲学的理性独白变为理性共识，工具理性变为交互理性，个体主体变为交互主体，认知主体变为实践主体，变换与扩展了人的理性与主体性的内涵。

众所周知，胡塞尔受启于笛卡尔与康德的主观主义哲学，但他青出于蓝而胜于蓝之处则在于：不是坚持在“我思”的明证性、彻底性而囿于“唯我论”，而是基于没有成见的“自我论”力图去超越“唯我论”，从“单个的主体”转向“复数的主体”，从“唯我论的自我学”转向“交互主体性的现象学”。尽管胡塞尔从对主体自识的可能性分析出发，中经对主体间互识的可能性分析，最后到对交互主体共识的可能性分析，整个思路的进展都是循着他称为“先验演绎”的道路，并自始至终都基于“先验自我”的直观明证性上，因而理性的意向性、构成性与超越性，不仅在实质上并未能够帮助主体跨越唯我论的孤岛，反而使之与他人的互识与共识变成了一种主体我思的膨胀。然而，胡塞尔通过“相似性统觉”以达交互主体的互识；通过“移情作用”以迄交互主体的共识的超越与重构，则意在揭示主体性不仅仅是一种非实体性的“不被注意的观众的自我”，而且也是一个能够与他我相互确认的“主体间的互识”与共现；理性也不只是一个本己的、内在的、封闭不露的“鲁滨逊的体验视域”，同时也是一种由交互主体性构成的“主体际性的世界”。所以，如果说胡塞尔只是提出了“交互主体性”的问题，而没有能够合理地解决这个复杂的问题的话，那么正是在他的哲学探索的启发下，哲学家们找到了批判与重构人的理性与主体性的“阿基米德点”。

继胡塞尔哲学之后，解释学与批判理性主义一方面力图克服胡塞尔交互主体理论中以理性为支撑点的自我学，另一方面又基于前反省经验基础上的非自我学，即以人的语言对话与交往实践为支点，来同构人的理性与主体性。伽达默尔认为理解是一切人的实践行为的基础，对话是实践活动的基本模式。主体不仅通过语言拥有世界，使思维与存在、主体与客体的对立，消解并统一在语言中，而且通过语言的对话活动，使主体际的相互理解与视界融合成为可能。近代哲学的认知主体与理性独白，在语言与语言对话的交流与沟通中，变成了实践主体并得以融通。与伽氏一样，哈贝马斯抓住天生就与那些通过语言中介的交往行为有关的语用学，从对话和行动能力方面来考察并界定人的理性，使理性不再是近代哲学以意识作为框架的认知理性，而是在语言沟通活动中的互属互动理性。与之相应，人的主体性也不再是一个仅具有认知功能的主体，而且还是一个包容着整个交往与活动的实践主体。正是由于将近代哲学所谓自反省的认知理性能力演变成语言交往的理性沟通能力，每个个体才会在语言交往与沟通中，被埋进相互期望、相互理解和相互肯认的社会交往网络中；每个个体经验的客观性才会一开始便结构性地与主观的、客观的、社会的三个世界相关联；与文化更新、社会整合和个人社会化的需求交织在一起，从而形成先于个体行动又指导其行动的"情境界定"或"知识背景"。与此同时，主体性则在其情境性介入的"实践理性"——认知与实践双向度的开放性中，既展示出每个主体必然要在语言对话的活动中超越自身的主体性格局，作为"交互主体"或"大型号的主体"而得以存在与发展，也表明社会化的个体作为"交互主体"一开始就是"一个社会生活世界"。由此可见，随着人的理性能力由单向度的认知与构造向双向度的对话与沟通的转变，无论是理性还是主体性均获得了新的内涵与规定，即对话性与开放性、沟通性与交互性、非构成性与实践性、非反省性与现实性等。

三

如同发生在理性主义阵营中对理性与主体性的匡正与重构一样，发生在非理性主义阵营中的主体性变革与重铸，同样是沿着自我学与非自我学的双向路途展开的。然而，无论是基于自我学的叔本华、尼采、柏格森与萨特等，抑或是基于非自我学的海德格尔、梅洛-庞蒂等，当他们从非理性主义的新视角重新反省人的主体性时，实际上并不是要完全否定人的理性，而是要证明理性与情感意志、理智直觉、情绪体验相比，后者具有更直接的真理性、实在性与本源性。因此，他们以主体自我的体验亲知、内省直觉、生存情态等非理性的哲学思维方式，变革了人的主体本质构成性，确立了人的非理性主体。

如果说尼采、柏格森等在重构与确定人的非理性主体的方法论原则上，还带有传统哲学唯我论的独断论的话，那么，值得注意的是，海德格尔、梅洛-庞蒂与伽达默尔、哈贝马斯一样，也是以人的实践生存方式作为主体性生成与重构的基点，也关注人的主体与他人、他物的"共在"以及主体间的"共鸣"。从总体上说，海德格尔用对"此在"的生存显露根据的展示方式取代了"我思"的逻辑推论，用一种"在世"的原本性取代了意识的构成性的原本性，用非理性的实践关涉性取代了理性的认知构成性。人的主体不仅获得了新的内涵与本质规定性，而且以一种前所未有的新方式使自我突破了主体意识的限囿，而变成融身于他人、他物打交道的共在。在他那里，人的自我性变成了“在世的存在”；单一的主体理性与意识结构变成了具有“理解”“忧虑”与“生存”三重本质规定性的“此在”的存在结构；人的先验意识的构成性变成了“此在”在其现身的情态和领悟中的开放性；“无世界的单纯主体”变成了理解的“此在”在其“释义”、在其言谈的“说”与“听”中道出自身的“共同领悟”和“共同存在”的生存状态。正是在这些转变中，凸显了自我的非主体性、非构成性和非占有性以及开放性、现实性与具体性。人不再是由他的理性行为先行反省自身，然后通达他人他物的逻辑起点，并在自己意识构成性中给自己加冕的宇宙之主，而毋宁是早已总是在有情绪的现身、领悟和言谈的开放性中，被抛入这个世界之中必然关涉他人、他物的“在世的存在”。梅洛－庞蒂继承并发挥了海德格尔的“在世的存在”这一概念，他通过个体经验之间的肉体知觉与语言交流，不仅扬弃了传统哲学的反思主体、主客两分法的认知困境，而且建构在前反省、前主体经验样式上的交互主体性理论，更加凸显了主体的非个体性与共在性、非反省性与交互性、非封闭性与开放性。

主体间问题的生成与存在，既是现代西方哲学对传统哲学理性与主体性观念理论反思的结果，也是对当今技术时代人类生存危机的哲学自觉。培根的“知识就是力量”在技术理性一往无前的扩张与僭越中所产生的负面效应，不仅表现为战争、环境污染、生态失衡等对人类自身的惩罚，而且也表现为人作为主体变成了自身理性的造物：工业化大机器的附庸与工具。人的主体自由与解放在经历了几度潮起潮落之后，人又一次痛苦地发现，人并未如其所期望的那样尝到理性胜利的果实，相反，却在人的理性狡黠中，又一次发生了主奴颠倒，变成了没有主体个性与自我，而只是执行机器功能的部件与工具。人再度面临着如何从人的理性造物的惩罚、贬抑、物化的“自我灭绝”中获得自主与解放的问题。重建理性，诉诸对话与理解、沟通与交往，注重主体际的研究，正是现代西方哲学家对技术理性所给人类自身造成的生存窘境做出的哲学反思，也是对达到人类理想社会的合理预设。反映出在解决人与自然、人与人、人与自身的多维关系时，哲学家们所采取的新的观察视点，同时也表现出哲学理论的探究与社会现实问题的贴近。

（原载于《华东师范大学学报》2002 年第 4 期）

胡塞尔交互主体性理论评析

通常误以为，“交互主体性”课题的提出是胡塞尔晚年试图克服其早期理智上的自我封闭，走出唯我论的狭隘圈套的哲学尝试。实际上，这一课题既是胡塞尔毕生不懈努力论证并力图解决的“令人头痛而又使人困惑”的问题之一，也是其思想内在发展的一个必然结果。对胡塞尔来说，正是有了对“最底层的先验现象学”的“先验的自我”打破砂锅问到底的格物穷理，同时也就具有了寻求“由先验的自我论通向先验的交互主体性的进一步途径”的意向。无此，则不是“一门完整的先验现象学”。所以，“交互主体性”这个问题，对于胡塞尔来说，既是现象学必须完成的一项工作，也是一项事关先验现象学成败的事业。为此，胡塞尔开创了哲学史上“先验的鲁滨逊”跨越“先验的唯我论”的孤岛，通达“主体际性的世界”，这种艰辛而又困难重重的理论探索。

一

现象学的“原初性还原”是胡塞尔解决交互主体性问题的一个首要的基本研究方法，经由“原初性还原”的“悬搁”而剩余的“纯自我”的意识领域，是其通达与他人交互互识、交互共识的无可置疑的“阿基米德点”。这个“原初性还原”和出发点的确定，“在某种程度上是对笛卡尔—现象学还原的重复”和变异。在胡塞尔看来，笛卡尔通过普遍怀疑向“我思”的回归，不仅“是一种‘认识批判史的开端’，而且是一种对客观的认识进行彻底批判的历史开端"①。这种回到自我的动机在胡塞尔的哲学中充分显示了它的内在力量。如果说笛卡尔通过普遍怀疑的特殊方式确定了"我思"的明证性，那么胡塞尔则通过"原初性还原"确立了一个无成见的"原本意识"的明证性。如果说笛卡尔的"我思"是经过与客观世界、情感意志的双重剥离，而又与客观世界相对立的理性原则，那么胡塞尔的"原本意识"则是在排除了所有那些对我而言的"陌生之物"，"悬搁"了一切哲学的、科学的、日常生活的"超越之物"，而使之统统"给予无效的标志"，从超验转向先验的逻辑起点。如果说笛卡尔通过"我思"进一步确定的主体——"我在"是一个与物质实体相对立的心灵实体，从而打破了"我思"存而不论的一致性，陷入了心物二元论，那么胡塞尔则通过"本质的还原""先验的还原"的重重自我分裂，最终"沉淀"出的产物——"先验的自我"，则是一种无法用语言表达的、隐蔽的"不被注意的观众的自我"，一种非实体性的意识功能或意识意向性，并始终贯彻着主体意识的一元论。由此可见，对笛卡尔来说，通过普遍怀疑的中止判断，是为了逻辑地推论出上帝、物质实体和心灵实体的"超验之物"，其哲学是一种经由"我思"的全新方式，去建立一种绝对没有怀疑的存在领域的"纯粹的客观主义"。而对胡塞尔来说，通过现象学还原的"中止判断"是为了溯本寻源，从作为纯粹自我的"现象"世界出发，向后追问它是如何通过这个自我，所实际展示出来的内在成就或构成性基础，其哲学是一种经由纯粹的反观内省去寻觅一种没有任何成见且有效地发挥着作用的"纯粹自我"的主观主义。因此，从积极方面看，胡塞尔汲取了笛卡尔不做任何预先假设的激进主义，及其追溯一切真正的科学认识的最终有效性的源泉和由此出发绝对地奠定它们基础的目的，要求转向研究主体，回溯到那个在其内在怀疑中进行认识的自我上去的全新研究方式。从消极方面看，他却不能苟同笛卡尔用这种"哲学研究的全新方式"去为他所坚持的"纯粹的客观主义"做主观的论证，用"精确科学"对形而上学提供"绝对知识的保证"。胡塞尔一针见血地指出：笛卡尔的根本缺陷在于没有意识到从自我出发推论出来的存在，并未

① ［德］胡塞尔：《欧洲科学的危机和超验现象学》张庆熊译，上海译文出版社1997年版，第91页。

消除自我的特征而带有自我的痕迹，因而致使对自我这一伟大发现的整个收获，由于这种荒唐的曲解而失去了它的意义。因此，胡塞尔紧紧锁定“人们已经不再能够逃脱”的“我思”之思，使先验现象学彻底地回到并立足于作为纯粹意识或先验自我这个“自在第一性的”“主体性”，试图能纯粹地在这个自我方面开拓出哲学的奇迹。

胡塞尔受启于笛卡尔的认识批判的第一出发点，但却未停留于此，而只是把它当作从前哲学态度转向哲学态度，从意识之外的存在转向意识之内的“实事本身”，进入“哲学希望之乡”的准备阶段。在此胡塞尔在康德“先验的主观主义”中看到了希望。可以说，笛卡尔的哲学使胡塞尔明白了认识批判如何确立的问题，康德的先验哲学则使他明白了为何进行认识批判的问题。现象学向着意识内在本质的“先验”处穷根究底，可以说是康德“哥白尼式革命”的贯彻和遗韵。如果说康德的先验统觉从始至终都受制于“物自体”在人的经验中所“现”之“象”，那么胡塞尔则在彻底“革”掉了包括“物自体”在内的一切“超越之物”之后的先验自我的“体验”中，自身被给予性能够伸展多远，“现象学的领域，即绝对明晰性的领域，真正意义上的内在领域也就伸展的多远”①。如果说康德通过理性的批判，揭示了悟性作为逻辑的判断机能在对感性对象关系中的先验综合能力的客观有效性，那么胡塞尔则在对意识和意识活动的本质直观中，揭示了意识在对意识对象“体验”中不只是“指向”而是“构造着它的对象”的意向性、超越性、构造性的客观有效性。在一定意义上，康德体系是一种在反对以心向外的哲学和科学的客观主义的斗争中，返求内心，回到一切认知对象的主体根据中去的哲学。但是，在胡塞尔看来，康德的问题集还没有引起他对主体的深度做出最终的论证和决定，他的客观的科学的方法仍建立在一个从来没有被提问过的、深深地隐藏着的主观基础之上。所以，康德哲学还远没有完成对哲学、一切科学的总体奠定真正彻底的基础的任务。胡塞尔的哲学使命则是沿着康德哲学之路，回到“先验”哲学的实际的和真正的开端中去，即回到作为最初源泉起作用的主体上去，转向对于纯粹意识的内在过程和内在机制的探索，弄清楚作为有效性而

① ［德］胡塞尔：《现象学的观念》倪梁康译，上海译文出版社1987年版，第74页。

发挥着作用的主体性最终是什么。

毋庸置疑，胡塞尔的“现象学可以说是一切近代哲学的隐蔽的憧憬”，是笛卡尔以“客观主义”为显学的近代哲学，又由笛卡尔开始，经由休谟以迄康德对“客观主义”哲学信念的历史颠覆的延续。它更加彻底地贯彻了有关先验现象学的“主体性”的逻辑一致性，在将包括物自体在内的一切“超越之物”给予无效标志的前提下，开辟了纯粹自我作为意识体验的统调者，或意识行为的“执行者”，构造先验事物和由这些事物组成的自然视域的英雄壮举。但是，当这个意识体验的统调者作为纯粹自我，作为“先验的鲁滨逊”，在与世隔绝的“先验的意识领域”的孤岛上“没有成见”“没有前提”、没有任何其他主体的存在，无所顾忌地构造为其所“体验”的对象世界时，同时也召唤出了唯我论的幽灵。这个貌似荒诞不经的“我思”的“唯我论”，可以说是先验现象学追求哲学开端的严密性、彻底性和明晰性的自然而然的结果；是身为哲学家的胡塞尔“须臾不能忽略的事实”，并必然要面对的“牛鬼蛇神作祟的黑暗角落”。在此，问题不在于坚持“我思”的明证性、彻底性而囿于“唯我论”，关键在于基于没有成见的“自我论”去超越“唯我论”，以便清楚明白地去阐释“先验交互主体性”的可能性及其先验功能。所以，从“单个的主体”向“复数的主体”。从“唯我论的自我学”向“交互主体性现象学”的扩展，应该说是胡塞尔先验现象学的题中应有之义。

二

胡塞尔受启于笛卡尔、康德的主观主义的哲学，那么试图突破主观主义唯我论，则是胡塞尔青出于蓝而胜于蓝的又一高明之处、发展之处，也是胡塞尔超越传统哲学认识论仅限于：我作为一个主体是否以及如何能够认识客体，即认识何以可能的问题，思维与存在、主体与客体能否统一的问题的哲学创举。

胡塞尔在先验现象学中解答了认识何以可能的问题之后的新的认识论问题则是：首先，我作为一个鲁滨逊式的个体存在是否以及如何能够认识另一个主体的存在，另一个主体的存在如何能够成为对我有效的事实？其次，我如何能够超出我的直接世界视域而通达他人更为普遍的间接世界视域？前者是交互主体互识是何以可能的问题，后者是交互主体的共识是何以可能的问题；前者旨在分析描述从“单个的主体”的“先验现象学”向“复数的主体”的“交互主体性现象学”的过渡，以突破“唯我论的自我学”，后者则意在说明各主体意识之间的可涉性、共通性及其先验的客观有效性，以为人类历史、社会现象、客观世界提供一个客观的、“原本性”的人性基础。在此意义上，前者是注重理论描述的现象学，后者则是具有实践意蕴的现象学。但是，就二者意在揭示两类问题的先验可能性而言，它们又统属于一个先验哲学。

如何从一个本己的、内在的“鲁滨逊的体验视域”出发并超越自身去确认另一个主体的存在而使之成为对我有效的事实？我与他人之间如何能够互相理解并形成对同一个意识对象的共识？在此，交互主体的互识和共现、理解和共识是何以可能的解答，实际上，一方面是胡塞尔对意识和意识活动分析的继续和发挥，另一方面也是从“原初性领域”出发去构造一个较之对单纯“他物”的构造要复杂得多的意识对象。“先验的自我”作为“原初性还原”的最终产物，是一种非实体性的“不被注意的观众的自我”。这种自我先天地具有一种指向、统摄意识客体的意向功能。意识所具有的意向性、构成性和超越性，不仅可以构造出先验的事物和由这些事物所组成的“为我所经验到的自然”视域，同样可以构造出“他人”或其他主体，构造出由主体自我和其他主体所组成的社会视域。

首先，在排除了他物、他人及我自身存在的本己的、内在的体验领域，我体验亲知到我自身是种“意识与身体联结”的灵与肉的统一。其次，通过一种类比性知觉或“相似性统觉”，类推出他人活生生的肉体存在，类推出一个对立于我的、具有同样灵感本质或自我本质的他人存在。与此同时，他人的存在又使我从他人联想到我自身，从自身的“这里”想象到在他自身的“那里”，由此完成了自我与他我相互确认的单子式的存在或“主体间的互识”与共现。然而，对他人肯认的主体间的互识，并不意味着“交互主体性”问题的解决，仅仅意味着把握到了解决问题的切入点。最后，通过一种把自己放在他人的地位上去理解他人的“移情作用”，进入他人以其知觉包裹起来的原初领域，形成一种更高层面的“意向性的自我—主体的交互渗透和他们先验生活的意向性交互渗透”，达到一种对同一个对象之总和世界的心灵共识。各个单子之间之所以能够沟通和实现共识，其前提条件为首先有赖于“单子之间的前定和谐”。单子之间的前定和谐作为明证性的常识，归根到底有赖于意识的意向性，即意识的共现能力、超越能力和构造能力。意识的共现能力、超越能力和构造能力，使得每个单子式的存在主体所直接直观到的有限经验世界，能够不间断地发展、前行、积累、沉淀在时间、空间上无限的世界；使得每个单子主体彼此能够通过“认同性的综合”“同感”这种移情作用的方式，让完全相异的互不相通的陌生世界，随着陌生主体的被给予而在我（或他）的纯感性的、原初性的本己的世界一同被展示、宣报、共现出来。这样，必然会形成各种原初视域的融合，形成一个与作为自然科学研究对象的客观世界、与单纯的唯我论的主观世界相区别的匿名的、对多数人有效且被共享的“第三世界”，即一种由交互主体性构成的客观世界。

三

由此可见，从对主体自识的可能性分析为出发点，中经对主体间互识的可能性分析，最后到对交互主体共识的可能性分析，整个思路的进展都是循着胡塞尔称为的“先验演绎”的道路，而这条道路的铺展则从始至终奠基于“先验自我”的直观的明证性上。因此，意识的意向性并未帮助“先验的鲁滨逊”摆脱现象学唯我论的孤岛，而只是在意识的共现联想中的南柯一梦。

第一，意识的意向活动，即意识的共现性、超越性和构成性始终贯穿在主体意识以及主体的互识和共识之中，这就使得从其无可置疑的自我的原初领域出发，中经类比性知觉到移情作用的反省层次的整个探讨过程，都未撇开绝对主体性这一基点。绝对主体作为排除了包括他人主体在内的一切超验之物，并贯穿在诸种意识活动中的“我思”，必然使先验现象学突破理智独白的“唯我论”的努力变为：他人的存在是从我自己的主体发出的类比性投射而被推演出来的，因而他人的存在最多也只是我自身的投射，而不是另一个自我。主体际性的世界是由我自己的意向活动建构起来的，因而这种交互主体性只是我思主体的一个膨胀，而不是客观化了的物质自然与人类社会的总体对象视域。

第二，先验现象学从一种无立场、无方向、无前提的知识论的方法，要求回到“实事本身”上去。但是，朝向实事本身，实际上是在实事的被给予性中探讨它们并且摆脱所有非实事的成见，只把握明证的、自身被给予的东西。因此，当胡塞尔将明证的、自身被给予的东西作为本质直观的对象或实事本身，从中分析把握作为先验可能性的体验本质和本质联系时，活生生的现实生活也就被排斥掉了。所以，当胡塞尔沿着传统哲学认识论的方法论又试图超越它的“方法论的唯我论”，而发展出现象学方法的“明证性的原则”。在“明证性的原则”基底上，从客体的构造分析过渡到其他主体的构造分析，从单个主体扩展到复数主体，并试图为诸如“生活世界”“社会世界”“客观世界”和“文化世界”等这样一些与人类现实存在有关的世界提供本质说明时，这种“绝对的理论明察”仍然未摆脱传统哲学的理论意义，在本质上仍然是康德所说的那种“纯粹理性的规律”，仍然与黑格尔所提出的“自身意识的实现”思想并行不悖。“交互主体性”理论所意在说明人类社会历史、社会现象的实践目的，则在“绝对的理论明察”的认识旨趣中，失去了对“人类此在的整个实践的全面改变”，对“整个文化生活的全面改变”的现实的、直接的兴趣。其哲学在本质上如同传统哲学一样，只是说明世界而不是改变世界。

显而易见，追求方法“明证性的原则”，是胡塞尔对“交互主体现象学”研究的第一个法则，而坚持方法的“明证性的原则”，又使其囿于“绝对的理论明察”而难于克服传统哲学“认识论的唯我论”。因此，对胡塞尔事关先验现象学成败的课题：“交互主体性”的论证分析道路以及它所达到的目的，现代西方哲学家普遍认为是不成功的，其观点也遭到来自现象学阵营内部和外部的哲学家的批评。胡塞尔的门生阿尔弗莱德·舒兹说：“胡塞尔按照先验自我意识的作用来说明先验交互主体性构成的尝试没有成功。”① 哈贝马斯的批评则反映了来自现象学阵营外部大多数哲学家的看法，他说：“胡塞尔本人（在《笛卡尔的沉思》中）曾试图从自我的单子论成就中推演出主体之间的交互主体关系，这些主体在它们视线

① ［美］弗莱德·R. 多迈尔：《主体性的黄昏》，万俊人译，上海人民出版社 1992 年版，第 72 页。

的相互交叠中得以相互认识并且构造出一个共同的世界视域，但这种尝试失败了。”[①] 总之，无论胡塞尔怎样努力用“先验的单子共同体”的设想来消除人们对他一再所做的先验唯我论的指责，他最后仍然没有根据他的笛卡尔前提达到这样一个目的，即将本我与其他本我事实地、共同地并列在一起。显然，从“先验的自我”推导出所有认识与思维的交互主体性，这是任何一门认识现象学都具有的极其难以解决的基本问题。

诚如雅斯贝尔斯所说的那样：“哲学就意味着：在途中。它的问题要比它的回答更根本些，而每一个回答都会成为新的问题。”[②] 如果说胡塞尔只是提出了“交互主体性”问题，而没有解决这个复杂的问题，那么在此，他的哲学正体现了“哲学家的本质不在于掌握真理，而在于寻找真理”的意蕴。在他的哲学探索中，“正是这个‘先验自我论’的缺陷才导致了在胡塞尔以后的现象学家那里产生出改造他的理论的关键性动机，并且也导致他自己不断地做出各种‘更原初地’思考他人问题的尝试。进一步得到发展的现象学加强了这种趋势，因为它将理性解释为在具体生活中的意义构成”[③]。因此，继胡塞尔之后，哲学家们一方面力图拆除他交互主体理论中的那种自我学的支撑点，另一方面又继续着他在意向性研究中所体现的对整个人类理性发展的再反思、再批判的工作。海德格尔首先“背叛”了其师胡塞尔的“正教”，在摧毁传统哲学主体形而上学的灰色理论，建构现代生活的常青生活之树的激情中，谱写出了理性与激情、思维与生活融为一体的“现象学变调曲”。经由伽达默尔、哈贝马斯的继承与发挥，在20世纪形成了德国哲学的两个重要的思想运动：海德格尔基于“此在”原初层次上的“此在现象学”；伽达默尔基于语言理解的视域基础上的“哲学的解释学”的异曲同工的非自我学的现象学运动和哈贝马斯立足于“大型号的主体”——交互主体的共存与对话基础上的西方马克思主义运动。在这个意义上，胡塞尔不仅为自己的“交互主体现象学”找到了理论建构的

① 倪梁康：《现象学及其效应》生活·读书·新知三联书店1994年版，第153页。

② 同上书，第170页。

③ 同上书，第154页。

“阿基米德点”，同样，他的“交互主体现象学”也成为以后哲人批判并建构形形色色哲学的“阿基米德点”。

（原载于《吉林大学社会科学学报》1999年第4期）

走出传统哲学的自我中心困境

在笛卡尔及其随后的哲学里，“我思”这个小小的“阿基米德点”，不仅是哲人解决主体—客体关系的认识的出发点，同时也是他们建构和发展形而上学的前提和根基。然而，西方传统哲学这一囿于“方法论的唯我论”的“主体性凯旋”定式则在海德格尔对“此在”生存状态的缜密分析中发生了动摇，使之步入了“主体性的黄昏”。

走出传统哲学唯我论的狭隘圈套的努力，发轫于海德格尔对其师胡塞尔的交互主体性理论中存在的自我学观点的认识和不满。他不满把排除了一切实体性、客观性因素，而只具有意向性、构成性的我思主体作为架构“主体际性的世界”的出发点和支撑点，认为这种循着“我思”之路来试图走出自我中心困境的哲学努力，无论从理论的方法论原则，还是从日常生活的现实看都是行不通的。首先，假若对“一种个人的存在”问题没有明白无误的论证，那么就容易把自意识当作预先给定的孤立的主体，而把给定的孤立的自我主体作为通向根本不露的其他主体的桥梁并产生“共鸣”。这不仅仍囿于“思维主体”，未从根本上动摇传统哲学的唯我论，而且，一个人作为“此在”对其本身的关系是如何向他人为之他人展开出来仍是一个未解之谜。其次，在日常生活中，根本不存在所谓既定的无世界的纯粹主体，同样，谁也不能把自我作为一种无他人的既定的孤立的自我。如果这样，当我把自己一厢情愿地投射“到一个他人之中”去时，他人作为自我投射的“复本”或虚构的存在，与我的实在自我的同一仍是一种幻想；即使我可以构造并设定他人当下的存在，设想和同感他人的存在本质，但他人对我来说永远无法成为我的绝对的“这里”，而始终是绝对的“那里”；永远是不同于我的“他”，不同于“本己自我的陌生人”。因此，设想从一种绝对的单子式的孤立主体出发，并通过主体自我的“移情作用”，进入他人以其知觉包裹起来的原初的领域，通达“别人的灵魂生活”，形成一个既不同于我，也不同于他人且被共享的“主体际性的世界”，仅仅是一种理论上的专题铺展。这种理论铺展的可悲之处在于志在消除主体自我独白的这种哲学努力，最终又召唤出一种具有意向性、构成性的“先验自我”的幽灵。

拆除胡氏交互主体性理论中的自我学的支撑点，克服传统哲学的自我中心论，这就要求在理论原则上应从生存论存在论来弄清“一种个人的存在”的源始存在方式；从方法论原则上，采用显露的根据的展示方式，而放弃那种“用关于纯粹现成东西的某种理论认识的毋庸置疑的确定性”来进行论证的推导方式和简单地诉诸非理性的做法。这就是说把源始开展活动之可能性给予“此在”本身，让“此在”自己解释自己。“这类方式应当像此在首先与通常所是的那样显示这个存在者，应当在此在的通常的日常生活中显示这个存在者。”[①] 从此在的日常生活入“问”，就可以揭示“此在对其本身的关系向他人为之他人开展”出来之谜，以及揭示“存在者之存在”。

基于这一理论的方法论原则，海德格尔在理论架构上，以“此在”取代了胡氏的“先验的自我”，并做了很大努力去剥离人的主体性内涵。他将人的自我性变成了“在世的存在”，将人的理性认知构成性变成了现身的情态和领悟的开放性，将封闭不露的“思维主体”变成了在其现身状态、在其言谈的“说”与“听”中道出自身的“共同领悟”和“共同存在”。易言之，海德格尔力图用一种“在世”的“有情绪”的“言谈的动物”来取代那种超世的抽象的“理性的动物”，用对“此在”的生存分析取代基于“我思”的逻辑推论，以超越传统哲学的主体性哲学。

首先，海德格尔不是从自我学的前提出发而是从前自我学的，不是从理性而是从非理性的维度来界定“此在”。在他看来，假如把自我性看作“此在”的主要特征，那么自我性在本源意义上既不是自我的物质性，也不是自我同一的主体性，同样也不是灵肉综合的精神，而是生存。因此，研究自我问题的“唯一适当的通道”是“此在在世”及其“存在样式”。因

---

① ［德］海德格尔：《存在与时间》，陈嘉映等译，生活·读书·新知三联书店1987年版，第21页。

此，就自我作为“此在”是“一种在世的存在”而言，表明人并不首先是一个孤立的认识主体，首先理解自己的存在，然后寻求对客观世界的证明。“人从来就不是简单地原初地作为具体主体与世界并列，无论人是单个或群体，都是如此。他原则上不是或不是一种其本质存在于主体—客体关系中的意向地指向客体的（认识论的）主体。相反，人在本质上是首先存在于存在的开放性中……”① 所谓存在的开放性，意味着“此在”在他的原初存在中，早已总是“有情绪的”无所反省地委身任情于、现身于他所烦忙的“世界”，从存在论上组建着此在世界的敞开状态。世界、共同此在和生存都在“此在”以情绪方式的源始开展中被同样源始地展开了。所以，必须把人们“最熟知和最日常的东西：情绪和有情绪”这种现象视为此在的基本生存方式。因为相对于情绪的源始开展来说，认识的各种开展之可能性都太短浅，只有在情绪中，此在才会被托付给不得不在的那个“此”。“恰恰是在对‘世界’的这种不衡定，随情绪闪烁的看中，上手的东西才以其特有的世界发生显现出来，而世界之为世界没有一天是一成不变的，理论观望已经把世界淡化到纯粹现成东西的齐一性中了。”② 所以，从存在论原则上看，实际上必须把原本对自身、世界的揭示留归“单纯情绪”。那么，此在作为一种有情绪的造物，必须借助于他被抛入的现身状态，寻视而烦忙着让某某东西来照面而具有牵连的性质，使世界在结构上显现为各种存在的领域或各种存在模式，即通过“忧烦”与他物打交道的环境世界，通过“忧心”与他人打交道的共在世界。由此可见，世界的这种属于“在之中”的先行展开状态是由此在的现身参与规定的。同时，此在在有情绪的现身参与中也获得了它的“存在结构”。从这个存在结构出发，此在的特征至此也便昭然若揭了：“无世界的单纯主体并不首先‘存在’，也从不曾给定。同样，无他人的绝缘的自我归根到底并不首先存在。”③ “此在本质上

① ［美］费莱德·R. 多尔迈：《主体性的黄昏》，万俊人等译，上海人民出版社 1992 年版，第 43 页。

② ［德］海德格尔：《存在与时间》，陈嘉映等译，生活·读书·新知三联书店 1987 年版，第 169 页。

③ 同上书，第 143 页。

就是：存在于世界之中。”① 世界内在地渗透着此在；人和世界的关系是一种非理性的、前反思的同样源始地展开的相互包含、相互渗透的关系，而非一种理论的反思的“由静观来发现的”主客体相互矛盾、相互对立的关系。

其次，从一种生存论上的共在方式来规定“此在”与“他人”的“主体性质”，而不是从“方法论的唯我论”出发来逻辑地设定无世界的主体；并在前者的维面上阐明了“共同领悟”的生存论基础。在海德格尔看来，“在世的存在”作为此在的基本机制，同时也表明“此在本质上就自己而言就是共同存在”。共同存在并不是从存在者状态上断称：我实际上不是独自现成地存在，而是还有我这样的他人摆在那里。共同存在不是靠许多“主体”一同出现并现成地摆在那里或存在在那里则变为现实。如果“此在的在世本质上是由共在组建的”这一命题就是指这种意思，那么，这种每次都根据他人的出现而定的共在，即使有 10 个人以及更多的人现成地摆在那里，也消除不了我的“独在”。消除“此在”独在的共在只能从一种生存论的意义上来理解，即借此在具有世内照面的存在方式来理解“共在”。在海德格尔看来，此在只有在它所经营、所需用、所期待、所防备的东西中，即首次被烦忙地从周围世界上随手触及的东西发现“自己本身”。同时，此在又在日常生活情景及操作设备的劳作过程中遇到融身于烦忙中的他人。他人和我的此在一样，按照作为此在本身存在这样一种存在样式，既不是“在手的也不是应手的”，而是在他们有所烦忙的“烦神”中来同我的此在“照面的”。这表明我与他人、他物的关系缠绕并产生于日常事务和对具体器具的日常实践中；表明世界之为世界的结构意蕴着：他人不能简单地被联想到一个首先只是现成的物件上，也不能作为飘飘荡荡的主体现成地摆在其他物件之侧，等待着我单方面去发现它们，去与之打交道；也不等于说是在我之外的其余的全体余数，成为自我—他人的对立，然后作为一种兀然特立的主体的派生物而被置于集体中，他人是以他们烦忙于周围世界的存在方式及世内上手的东西一同“在起作用”并显现出来。相互共在就源生于人们共同从事同样事务的存

① ［德］海德格尔：《存在与时间》，陈嘉映等译，生活·读书·新知三联书店 1987 年版，第 17 页。

在样式，唯有如此，即使“出门在外”，“即使他人实际上不现成地摆在那里，不被感知，共在也在生存论上规定着此在。此在之独在也是在世界中共在”[1] 的存在方式。唯有如此，才会使认识或知识成为可能。因为“此在同他人一道在周围世界中寻视着有所发现有所烦忙；按照作为共同存在者而在世界的最近的存在方式来看，自我识认首先就活动在对上述这些被发现被烦忙的东西的领会中。有所烦神的烦忙是从被烦忙的东西方面而且是随着对烦忙的东西的领会而得到领会的。所以，他人首先是在有所烦忙的烦神中展开的”[2]。此在对自身对他人的领悟，都不是一种由认识得出来的结果，而源自于一种生存论上的共在方式。因此，并不是“共鸣”组建起共在，相反，倒是“共鸣”要以共在为基础。

再次，将言谈作为“此在”的展开状态的存在论机制，而不是作为表达主体心灵的现成工具，使“此在”从传统言说的主体降为在语言中道出自身的“言说者”，以至发展为“存在的家”即语言的“守护者”。海德格尔认为，“言谈同现象、领会在存在论中是同样源始的”[3]。“作为此在的展开状态这一生存论机制，言谈对此在的生存具有构成作用。”[4]所以，人表现为言谈的存在者，以语言道说出自身，但这种语言的“道说出自身”，或者说以语言来揭示世界和此在本身的传达活动并不是或从来不是把某些体验（例如某些意见与愿望）从这一主体输送到那一主体内部的事情，而毋宁是此在作为言谈着的“在之中”的整体展开状态已经道出自身。正如海德格尔所说：“此在言谈着道出自身，并非因为此在首先是对着一个外部包裹起来的‘内部’，而是因为在世的存在已经有所领会地在‘外’了。道出的东西恰恰是在外，也就是说，是当下的现身（情绪）方式。”[5] 这证明此在作为在世的存在一向已经逗留着寓于世内在手的东西，而绝非寓于“感受”，仿佛这团纷乱的感受先须整顿成形，以便提供一块跳板，主体从这块跳板起跳，才好最终到达一个“世界”。实

① ［德］海德格尔：《存在与时间》，陈嘉映等译，生活·读书·新知三联书店 1987 年版，第 148 页。

② 同上书，第 152 页。

③ 同上书，第 196 页。

④ 同上书，第 197 页。

⑤ 同上书，第 195 页。

际上，此在作为“在世的存在”已经在现身的“在之中”通过言谈公布出来，已经在共同现自和共同领悟中公布出来，这一公布的语言所趋向的目的在于把存在者据为己有的生存展开出来。在后期，海德格尔对反映在《存在与时间》中的存在语—言—人的关系又做了很大的改进。当他说“存在在思中形成语言。语言是存在的家。人栖居在语言所筑之家中。思者与诗人是这一家宅的看家人”时；当他说“语言说而非人说”；“静之声（语言）不是人弄成的。相反，人是……由语言的言说而成的”[①] 时，《存在与时间》中“此在”作为“存在的意义”追究问者及语言的表达者所涵蕴的传统哲学主体性的危险性在此得到了“消解”。人不是存在者的主人，而是语言这个“存在之家”的“看护者”，对人这种定位，已远不是居有优先地位的“此在”了，同样也不是人类中心论和主体形而上学的人了。

最后，用“本真的存在”样式去唤醒沉沦在世的“常人”，用“言谈”的敞开状态去去蔽“起封闭作用的闲谈”，使存在者的“生存”依“存在之命运”开显出来并看护着存在之真理，由此说明人作为本真的存在样式在世存在的真义，以及人是存在的牧羊人而不是存在之命运的主宰。海德格尔认为，共在虽在生存论上规定着此在，但却可使此在显现为非本真的存在和本真的存在两种样态。如果此在把本己的自己完全消解在“他人”的存在方式中，并从随手可及的事务和“常人”来拉平和降低自我，放弃个人的责任和具有的权利，那么，自我便会因缺乏自我意识、缺乏对此在与他人关系的觉识而处于非本真的状态。处于这种状态的此在“因为言谈丧失了或从未获得对所谈及的存在者的首要的存在联系，所以它不是以源始地把这种存在者的据为己有的方式传达自身，而是以人云亦云，鹦鹉学舌的方式传达自身”[②]。因此，这种从“公众意见的制高点”而不是从“对存在的当下领悟”的言谈就会变成无根的“闲谈”，闲谈实际上是把此在的展开状态扭曲为封闭、锁闭了的在世，掩盖了在世内存在者的“本真的存在”。对人来说，重要的是在日常的杂然共在中，了悟自

① 徐友渔等：《语言与哲学》，生活·读书·新知三联书店 1996 年版，第 155 页。

② ［德］海德格尔：《存在与时间》，陈嘉映等译，生活·读书·新知三联书店 1987 年版，第 205 页。

身本真的存在，开显“存在之真理”。“解放的焦虑”和对“死亡的预期”是海德格尔早期为人通达此种境界提供的阶梯。通过把此在置于“先行向死亡”这种“极端化”或“激进化”的边缘处境来使此在返璞归真，使此在在其不同的和内在可能性中完全逃避“常人”的限制操纵和支配，“使此在个体化，并使此在选择性地回到它自身”中，从而破解此在之存在意义。然而值得注意的是，即使在死亡这种非关系性的极端境况中使此在个体化，也并不意味着把此在从其所在的世界中孤立出来，变成单子式的存在，或者把此在与“他人”分离开来，变成一种自由飞翔的自我。而毋宁是此在在趋向他自身潜在性的同时，让共同现在的他人在他们最深处的存在之潜在性中“在”，并帮助他们通过预期性解放的焦虑来泄露这种潜在性的可能性，“使得此在成为感觉到他人之存在的潜在共在”。因而，在趋向本真这个层次上，“本真的自己存在并不依栖于主体从常人那里解脱出来的那样一种例外情况；本真的自己存在是常人的一种生存变式……”[①] 本真生存着和自己的自一性，与形形色色的体验中始终保持着人的那个我的同一性完全不是一回事。所以，此在的焦虑性和对死亡的关注，并不影响人们之间的相互作用和真诚的关心，并不排除相互共在是此在的一种基本存在结构。因此，趋势向本真的存在，非但没有使自我学的幽灵从隐匿状态脱颖而出，相反却使其沉没在一种面向存在的相互焦虑、相互关注的意愿中。如果说前期海氏更注重用此在的有情绪的生存状态来问此在存在的意义，注重把此在作为询问的主体来追问“存在的意义”，那么，后期海氏则注重的是此在作为“言说者”“看护者”去“答”存在，契合存在和看护存在。主张人的本真言说在于须从存在本身的言说，回应“存在的无声之道”；主张被存在本身抛入存在之真理中，从而如此这般生存的人应看护存在之真理，以便存在者在存在之光亮中作为它所是的存在者显现出来，以邻近于存在之真理。而人则在这从“问”向“答”的视角转变中，愈来愈失去了他的“主体性质”。

毋庸置疑，海德格尔对于主体性的重新界定，超越了传统的主体性哲学，突破了胡塞尔未能挣脱的自我学的樊篱。这表现在：

① ［德］海德格尔：《存在与时间》，陈嘉映等译，生活·读书·新知三联书店 1987 年版，第 160 页。

首先，海德格尔将“在世的存在”和“共在”作为“此在”的规定性，突出了个人的非主体性、非构成性和非占有性。人不再是由他的理性能力与意志行为先行反省自身，然后通达他人他物的逻辑起点，而毋宁是早已总是被抛入或投入世界之中必须关涉他人他物的造物。“在世的存在”和共在的关系性作为人之存在的构成模式，必然使其与他人他物发生关系，使器用世界在人的实践牵涉中成为人的存在要素，使与他人的共在成为此在的本体论的生存结构。由此表明人与世界是一种原初关系，而非一种构成和被构成的关系；人与器具都是一种统一生活情景中的因素，而非一种主体与客体的对立、相合关系。这一原初的、统一的生活情景塑造着人及其类似的器具，而人则只有在这一“空白地”伸展出来，显露本己的“存在”根据，因而人与世界也非一种占有和被占有的关系。可以说，海德格尔正是在对“此在”这种前自我学的、前认知性的规定基础上，在某种程度上克服了传统哲学遗留给当代形而上学的思维方式——先行设定的思维主体以及由此必然产生的主体与客体的两极对立，将自我从他孤独的、无世界的封闭状态中解放了出来，使世界在主体的活动中存在，使主体在世界的场所中展开；没有主体世界，或没有世界的主体，都是不可能的。

其次，海德格尔将有情绪的现身、领悟和言谈作为“此在”源始的生存机制，突出了此在的开放性、现实性、具体性，并用情、知、言开显的生存状态取代了传统哲学知、情、意封闭的理论推理模式。在海氏那里，由于有情绪的现身、共同领悟和言谈的传达并列而为此在开展自身的三种基本方式，所以这就表明此在“这个存在者在它最本己的存在中承担着非封闭的性质：‘此’这个词意指着这种本质性的展开状态。通过这一状态，这种存在者（此在）就会同世界一道，为它自己而在‘此’”①。由于“这个存在者在它最本己的存在中承担着非封闭的性质”，这就决定了存在者必然要沉湎于现实的世情物态，在与他人他物的具体交往中展开自己的生存状态，通过各种各样的日常活动来识认自己、识认他人，并且“言谈着道出自身”，把自身公布出来。因此，此在的展开过程和世界的

① ［德］海德格尔：《存在与时间》，陈嘉映等译，生活·读书·新知三联书店1987年版，第160页。

见出过程以及对他人的识认过程是同步的，世界和人是统一的整体。而世界和人的同步性、整体性，则有赖于存在者的开放性、实践性，即有赖于存在者在现实活动中的具体展开。

最后，就海德格尔哲学的指向由人作为追问“存在的意义”的主体变为守护“存在之真理”的看护者而言，又使个人从现实的主人，降为“存在的牧羊人”。当海德格尔将“在世的存在”和“共在”作为此在的规定性，超越了主体自我的主观主义时，并不是要停留在人与世界“共在”的客观主义，而是要深入比主客观分野更为原始的“存在”境界。因此，人的实存在海德格尔那里，仅仅是一个间接的研究问题，或者说只能是通达存在意义的探询主体和存在之真理的言说者。这一探询主体和言说者被镶嵌在某一世界情景中并通过自身显现和言说来开显存在的意义和“存在之命运”的过程，虽弱化了人的形象，但人并未遭受任何损失。相反，却因被置于一种与他人、与世界共同存在的更为广阔的生活境遇中，而使得合理的理解存在的真理和对存在的尊重成为可能，使存在者达到真、自由、天道的统一的本真状态成为可能，为日常生活中的人设定了一个崇高的理想境界。

海德格尔试图走出传统哲学的自我中心论，将人从主体自我的纠缠中拯救出来的这种哲学尝试，不仅启发了法国哲学（特别是法国后期的结构主义），而且直接影响了所谓“后现代主义”，及至“人的消失”“主体的死亡”等成为时髦的口号，使笛卡尔开始的主体性观念受到了强烈的批判和冲击，主体性观念愈来愈失去它的统摄力量。

（原载于《人文杂志》1999 年第 2 期）

评析伽达默尔的语言理解游戏

海德格尔以现象学为方法，以“存在”为本体的“此在”共在理论，不仅超越了胡塞尔所设定的哲思范围，而且“扭转”了它的研究方向，使之由先验意识的意向性结构转向此在的本体论的生存境况，为伽达默尔的哲学解释学或解释学的实践哲学奠定了基础。但是，伽达默尔的哲学目的并不在于维护海德格尔相对于胡塞尔的独创性，转向“在世存在”的“此在”和共在，探询它的“存在的意义”，而是另谋哲学解释学研究的新视界，转向“理解”的社会实践领域。在胡塞尔的现象学方法、海德格尔式的本体论的哲学背景下，独树一帜，以《真理与方法》这部解释学的经典巨著，系统地论证了理解的普遍性、历史性、语言性，阐发了举世公认的当代人文理解理论 。

一

理解是何以可能的？伽达默尔在解答这个哲学问题时，并不是孤立地进行的。胡塞尔现象学的方法和海德格尔“现象学的解释学”，兼容并蓄，如影随形地相聚在伽达默尔的哲学中，并在某种程度上对他的“思想常常起着决定性的作用”，乃至伽达默尔曾产生过“就好像在我写作时，海德格尔总在我身后看着我写”的晦暗心理。[①] 但是，胡塞尔、海德格尔哲学作用的事实性，并未完全将伽达默尔束缚在胡氏与海氏综合哲学的禁脔中，相反，从积极意义上则成为促使伽达默尔超越胡塞尔与海德格尔哲学，拓展自己哲学之维的铺垫和“历史的准备”。首先，当伽达默尔

① 倪梁康：《现象学及其效应》，生活·读书·新知三联书店 1994 年版，第 258 页。

赞扬胡塞尔的“意向性研究是一次关键性的突破”，即发现了自然科学的真正基础——精神科学，发现了自然科学的独立方法——现象学的本质直观时，并未盲从胡塞尔将其绝对化为可以由之演绎出一个无所不包的认知大厦，而是限定了现象学对研究“理解”现象诸如此类精神科学有效性的相对性，运用于对“此在”生活世界的研究。其次，当他把捉住海德格尔“理解”是“此在”本身的存在方式和普遍规定性，并将其作为哲学解释学的出发点时，也未滞留在同一哲学水平上，即只是将“理解”作为“此在”存在论的一个环节，去理解、释义、言说乃至守护非显现、隐藏着的“存在”。在他看来，理解是“此在自身的存在方式”，但并非主体的一种行为方式。因为“理解”作为既受制于又参与被理解的东西的存在，是主体与客体发生关联的原初领域，它既规定着有限的、历史的“此在”的限度和基本受动性，也规定着“此在”的认识限度和全部世界经验的范围。在此意义上，理解具有本体论上的优先地位。理解也不仅仅是坚持追求最终的问题，而是着眼于真正直接所予的现象，即主体与客体相关联的最基本的世界经验；着眼于此时此地，可实行什么，什么是可能的，什么是正确的现实问题。理解的全过程也并非只是去理解与阐释，还必然包括着实际的应用，包括着人与人之间自由、充分地交换意见与对话。理解是一切人的实践行为的基础，对话是实践活动的基本模式。在此意义上，理解又是朝向实践的。

正是在上述基础上，解释学的人文理解与展开于主客体关系中的自然科学的理解活动不同；又与探讨词、语句和文本的意义，煞费苦心地创造一种理解的技法或技术的古典释义学不同。与前者相比，他的理解理论不是把握与人无内在关联的客观对象的本质的主体认知活动，而是领悟与人的经验直接相连的同世界的各种关系及人的自身存在意义，将生活世界的经验和领悟，展开于人与人之间的对话与沟通。因而，它的功能不在于引导人们去追求关于客体存在规律的科学知识，以改造、征服自然进而控制社会，而是引导人们在传统、历史和世界的复杂经验整体的关联中，达到对自身存在意义的深刻体验、对主体间的相互理解及对历史和对世界的释义学解释，以在“理解”的“教化”中，促进人类自身的完善与和谐，促进社会和政治问题的解决。同后者相比，他的理解理论不再是要提供一种关于解释的一般理论和对解释方法的独特说明，而是要揭示所有理解方式都共同具有的东西。强调理解的理论作为释义学，首要地就在于它并非各门科学的一种方法论，而是与人的、社会的“此在”所具有的根本大法有关，而这意味着释义学并非什么方法学说，而是一种哲学。作为一种有关理解的哲学，它试图理解人文科学在超出它们的方法论的自我意识之外时究竟是什么，是什么东西把它们与我们的世界经验的整体联系在一起，是什么使人团结一致。如果说“理解的能力是人的一项基本限定，有了它，人才能与他人一起生活”，才能与传统、历史与世界联系起来，那么，运用现象学的方法，分析、研究人类此在生活领域中的“理解”现象的普遍性，则为伽达默尔“解释学的哲学”之重。这种哲学的新定向，便在否定、扬弃胡塞尔现象学方法的绝对性，自然科学二分法的主体认识论，古典释义学关于理解的方法论及海德格尔的形而上学的本体论中，实现了解释学从方法论向本体论的转变，从形而上学的本体论向实践论的转变。

二

“理解就是此在的存在方式”，“理解就是人类生命本身的原初存在特征”。①假如这种奠基于海德格尔哲学基础上的哲学定向，从本质上界定了“此在”在世是由解释或理解构成，并是从事解释和理解的在者或理解者。由此出发，伽达默尔则进一步在汲取海德格尔关于理解的前结构，尤其是“前有”和“此在”存在的时间性的思想观念的基础上，以一种乐观主义的态度，将海德格尔后期哲学中的探究方向，以新的方式来达到海氏所想完成的工作，即将冥冥之中的存在天命观念具体化为效果历史概念，将永远无法企及的彼岸现实化为对理解者敞开的历史流传物，将人作为总是在“传统”或“成见”的“先定结构”的历史“处境”中展开理解的在者，揭示了“理解历史”和“历史理解”及其关系，并对蕴含在二者关系中的传统与成见、时间间距、视界融合、效果历史和释义学循环等方面做了系统的探讨，揭示了理解的前提条件、理解的框架、理解的无限可能性，彰显了理解现象的历史性。

① 陈嘉映：《海德格尔哲学概论》，生活·读书·新知三联书店1995年版，第227页。

首先，强调“传统”或“成见”是理解得以发生的前提条件及其积极性，表现了伽达默尔有关理解理论的非主体构造性、接受性，也表现了在对理解的无成见性的要求与理解的有成见结构的主张的对立中，伽达默尔选择了海德格尔，而放弃了胡塞尔。依照胡塞尔原本性的要求：最初的、无历史的、无过去的直接直观视域是理解的前提或出发点，依照海德格尔“理解的此在”，“此在就是理解”，理解具有“在先”的结构。“在先拥有”或“前有”、“在先看到”或“前见”、“在先把握”或“前设”，构成了此在理解的“前提”或“解释学处境”。在这个问题背景下，应当说伽达默尔运用了胡塞尔的视域概念，而发挥了海德格尔的解释学思想。他把无历史、无过去的当下视域看作只是一个无法理解和把握的设想或一个哲学家的良好愿望，而主张任何当下的视域，永远也不会是那种混沌初开的世界，而是一个流传给我们的世界。任何直接明证性的直观都含有在先意指、在先判断的成分。因为人作为理解者，他在展开理解之前，已存在的社会文化背景、传统风俗习惯、知识价值观念等“前有”，构成了他在理解任何文本时不可避免地要受其影响的“传统”或“成见”。所以，他说：“我们存在的历史性产生着成见，实实在在地构成我们全部体验能力的最初直接性。成见就是我们向世界敞开的倾向性。”“它们是我们据以经验某事，即我们遇到的东西据以对我们说什么的条件。”① 没有过去，当下的视域是无法构成的。那么，人们想要获得的那种自为的历史视域也就不会存在。没有“传统”和“成见”，理解就不可能发生。一方面，表明历史性对理解的制约性，也表明无论认识者，还是被认识的存在物，都不是“在本体论上”的“现存之物”，而是“历史性的”，也就是说，它们都具有历史性的存在方式；另一方面，也表明“传统”和“成见”是理解的一种积极因素，而非古典释义学家所认为的那样，是有碍正确理解，获得客观知识，因而应克服的消极因素。“传统”和“成见”是认识者和被理解对象、历史视域和当下视域开放、沟通以及据以经验、理解事物的先行条件和基础。

其次，在前者的基础上，从释义学循环、时间间距、效果历史和视界

① 王炜、周国平编：《当代西方著名哲学家评传》第一卷，山东人民出版社 1996 年版，第 405—406 页。

融合等不同的维面来铺展理解，填补了海德格尔只是提及而未给予发挥的“共鸣”的空白，构建起了理解理论的框架。第一，既强调传统和成见在理解中的作用，同时也强调解释主体的积极性和能动性，把“理解描述为传统的运动与解释者的运动之间的一种游戏”。在这种游戏中，人们在成见中去理解历史文本的意义，同时在倾听历史文本的“诉说”中，参与历史文本的意义生成，使之处于永远开放的确定性中。所以，理解表现为从成见出发又超越成见的“释义循环”。在这种理解的循环中，并不意味着理解是“解释者的主观性”从外部施予文本意义的“客观性”的一种主观认知行为，也非一种部分与整体互相规定，并在整体中理解文本的意义的方法论，而毋宁说是表现了一种关系，即自己和他者的统一关系。在这种关系中，同时存在着历史的实在以及历史理解的实在，说明理解本身是联结与支配着文本和解释者双方视域的“本体论的结构要素”。

第二，强调时间间距对理解文本意义的重要作用，“把时间间距看作是理解的一种积极的、产生性的可能性”。在伽达默尔看来，“理解的循环”展开于时间之中，历史时间间距无疑会造成历史文本与解释者的分离，但时间间距不但不会像古典释义学者所认为的那样掩盖文本的意义，引起解释者对历史文本的误解。相反，它会过滤掉某些不利于理解对象的成见、预设以及功利性看法，不只使新的错误源源不断地被消除，真正的意义从那遮蔽它的一切东西中透滤出来，并且在源源不断出现的新的理解中，揭示出文本的意想不到的意义。所以，“促成这种过滤过程的时间间距并不是一个封闭之维，而是本身就经历着不断的运动和扩展。随着时间间距所造成的这种过滤过程的否定方面的出现，还有它的肯定方面，这就是它的理解的价值。这不仅使那些具有特殊性和有限性的成见逐渐消失，而且使那些导致真实理解的成见清楚地浮现出来”①。因而，时间并不是一个张着大口的深渊，而是充满着习俗与传统的连续性，靠着这种连续性，所有流传下来的东西都向人们呈现出来。在此，伽达默尔关于时间不再是一种由它造成分离而有待沟通的鸿沟，相反是植根于理解的循环中的支撑基础的思想，实际上是“海德格尔对此在的存在方式做出时间性的

① 王炜、周国平编：《当代西方著名哲学家评传》第 1 卷，山东人民出版社 1996 年版，第 409 页。

解释之后”的继承与发挥。

第三，强调效果历史积极的、生产的可能性，主张“理解就是一种效果历史的关联”。强调理解的开放性和达成共识的可能性，同时又未忽视理解的相对性和有限性，主张理解始终就是视界融合的过程。“效果历史”实际上就是解释学的处境。在这种处境中，解释者与正被理解的传统发生关联，并在传统的制约与理解的超越相互作用中，形成了“历史的现实和历史的理解”的现实的统一。所以，效果历史的实现，实际上是两个视界的融合。视界融合并非将自身移出当下的视界置于历史视界之中，或设法使当下的视界与历史的视界相融合，而是总是已经拥有了这个视界，把自己置于一种更为广泛的境域之中。这种自我置入，并不是一个个体对另一个个体的移性共感，也不是把我们自己的标准应用于另一个人，而总是包含着另一种更高的普遍性的获得。这种普遍性不仅克服了我们自己的特殊性，而且克服了那个他人的特殊性，表达了试图有所理解的人所必须具有的宽广的、优越的视域。从宏观上看，这个视域融合又是一个无止境的“理解的循环”过程。一方面，文本的视域向着理解者开放着，通过效果历史影响着理解者的成见和视域；另一方面，理解者的视域也向文本开放着，把自己的理解融入效果历史从而影响着文本的视域。在这种“理解的循环”中，两者的视域不断融合，扩大为一个更高层次的、更为普遍的视界。更高层次、更为普遍的视域的不断赢得，不仅意味着理解可能性的不断增长，同时也意味着历史的意义在不断增长的理解过程中日渐明晰与丰富。所以，任何一个人的视域都绝不会完全地固着于任何一点上，因而也就绝不会有一种封闭的视界，毋宁说，人的视域就是随着我们的理解而运动着的东西。由于视界融合处于不断变化与发展的历史过程中，那么，对于有限的、历史性的意识来说，理解对象的历史视域（事物）与作为理解行为的当下视域的融合与统一，永远无法达到绝对的统一。因此，理解的可能性与相对性、开放性与建设性、动变性与现实性，是理解活动所具有的共同的本质特征。

三

在传统的哲学中，乃至胡塞尔向生活世界转向的现象学的展开中，语言问题始终未争得一个中心地位而处于被彻底遗忘、被遮蔽状态。语言问题在哲学领域中的凸显，始自于海德格尔对传统形而上学疏离化的概念方式的摧毁，把词语引回到它们已经失落了的不再具有的希腊语言的天然词义上去，并从词语的探源中重新复活希腊思想及其对我们的感应力量。在海氏哲学的“回归步伐”中，他首先在对此在的分析基础上，将言谈结构提升为此在的本体论的生存论环节和基础，将语言和含义说植根于此在的本体论中，而不是“植根于具体知觉的意向性研究的一个较高层面”上。伽达默尔在继海德格尔之后，把语言问题看作哲学的中心课题并融入理解问题，从会话中寻求自我构成的共同语言出发，来摆脱传统哲学实体本体论的沉重遗产。在理解的问与答的对话逻辑中，开启了一个理解或解释的新维度，揭示了理解与语言、语言与世界的内在关系。在理解、语言与世界三者的统一关系中，阐述了“语言是理解得以实现的普遍媒介”。“语言就是我们存在于其中的世界起作用的基本方式，是世界构成的无所不包的形式。”①将语言与理解的根本关系确定在人的生活实践上，使历史、实践、理解在语言中得到了统一。将海德格尔“语言是存在的家”引申为“能被理解的存在就是语言”，使作为存在根据的语言本体论变为解释学的被理解的语言存在的本体论。

首先，在语言与理解的关系中，强调理解过程与语言活动的同步性，语言对理解的支配作用。理解起源并实现于语言中而非所谓心理移性。一方面，理解始于语言已预先规定了的理解内容和视域。历史文本凭借语言的媒介才得以超脱作者意图和当时的历史事实，成为“永不改变的生活表现”而得以流传，以语言为其存在的历史方式成为理解的对象和视域。另一方面，理解又束缚在语言上，因为理解是一种用语句来进行思维的行为。思维意味着思考某物，而思考某物则意味着言说某物，解释某物。一切理解都是解释，以解释为其完成方式，反过来，一切解释又都是在语言媒介中发生与展开。所以，语言媒介使对象成为文字，然而它同时又是解释者自己的语言。理解则实现于理解与文本之间的对话。

其次，强调语言的问答逻辑，以理解的问答逻辑逾越了自然科学用语

① 王炜、周国平编：《当代西方著名哲学家评传》第1卷，山东人民出版社1996年版，第418页。

言固定下来的抽象化、概念化和逻辑化的陈述，同时也超越了海德格尔的语言独白。由于海德格的哲学情趣始终是存在的意义问题，所以，他注重的不是人际语言对话与沟通，而是人的言说对存在语言的倾听与回应。因而从根本上说，语言只是独白，“它独自与自己说话”。在伽达默尔看来，语言只存在于对话中。理解过程犹如日常生活的对话，是解释者与被理解文本之间的对话。对话总是关涉到文本对解释者提出问题和解释者回答问题这样一种关系。理解文本就是理解问题，理解一个问题就是提出这个问题。理解一种意见就是把它理解为对一个问题的回答。理解的问答不是为了找到一个原始问题，而是通过文本的内容，促使理解者在说出的东西和“无限多未言说的东西”的探索中，不断扬弃某处未知领域，超越文本的历史视域，使之与我们的视界相融合，使我们自己的视界不断地被每一个相继出现的视界所更新。在这种过程中，语言起着主导作用。对话“不是用语言进行游戏，而是语言本身在游戏，语言向我们言说，建议和撤销、发问和自作回答”①。所以，在理解的过程中，人与人之间真正的相互归属关系必然是：每一个人首先都是一个语言圈，这些语言圈相互接触并一再地相互融合，取得共同语言，承受并推进了文本的效果历史。那么，由此而生成的始终是语言，在词汇和语法中的语言。这种语言永远带有在每一个这样的谈话者与他的伙伴之间进行对话的内在无限性。正是在此意义上可以说，在理解中发生的视域融合乃是语言的真正成就。

最后，在语言与世界的关系中，强调通过语言“拥有”世界，世界在语言中显现，主张语言与世界的统一，从理解和人类世界经验的语言性揭示了“语言的普遍本体论意义”。语言不是单纯的符号形式，而是在其中可以发现精神的历史生活或经验生活的整体，是世界向我们显现的唯一媒介。人通过语言拥有世界，意味着人拥有一种“世界观”或“经验生活的整体”，反之，“经验生活的整体”具有“绝对”的语言性。语言与世界的基本关系并不意味着将语言作为一种工具或一种手段的装置，去理解成为语言对象的某个处于语言之外的“自在的世界”，而毋宁说是已被语言的世界所包容。语言和世界的关系是二而一的关系：世界之所以成为世界，只是由于它进入语言之中；语言之所以具有它的真实存在，也只是

① 徐友渔等：《语言与哲学》，生活·读书·新知三联书店 1995 年版，第 178 页。

由于世界再现于语言中。思维与存在、主体与客体的对立，消解并统一在语言中。语言与世界的相互衔接，形成了一个被称作“语言世界”的基础层次，在先规定了人们的认识与交往的可能性。因此，语言不仅构成实践的行为，又是实践的基础和条件。历史、实践、理性在语言与语言的交流与沟通中获得统一。

四

伽达默尔通过阐释理解的普遍性、历史性和语言性，系统地阐发了人文理解论，揭示了理解的对象、理解的框架、理解的维度等，使人文理解论在摧毁与解构、继承与发挥的破旧立新中，以语言“解释”的全新维度，崭露于世。然而，正如金无足赤一样，其理解理论也存在着尚需探讨的问题与不足。

首先，伽达默尔通过语言，将世界与理性统一起来，通过语言的对话，将其确定并体现在人的生活世界与实践中。由此把解释学的语言哲学引申为实践哲学，把解释学的方法论问题引向哲学的实质性问题，不仅拓展了解释学的理论内涵，而且为它奠定了新的基础。但是，这种实践指向和哲学转向的偏颇在于：其一，它的实践哲学同以往任何一种实践哲学一样，本身既只是一种理论，同时又是人类诸多实践活动系统中的一个环节。那么，将实践问题理论化，既不能够切实有效地解决社会的或政治的现实问题，同时又潜存着充当先知、走向独断论之路的危险。将实践活动的一个环节片面地夸大，就易成为现代唯心主义哲学。其二，当解释学由方法论转向哲学，由探讨词、词句或文本的意义转向以语言为对象来研究理解、理解与世界经验的关系时。这种转向，虽深刻地揭示了理解的本性，扩大了解释学的研究维面，充实了解释学的哲学内涵。但是，正是源自于这种优点产生了它的缺点，即轻视甚至否定理解的方法论，导致他对理解具体文本的正确与否，未能提出一个有效的客观标准。当然，尽管伽达默尔理解的目的不是重建文本的原初意义，而是“要在流传物中发现对于人们自己有效的和可理解的真理”。从理解过程的主观与客观不可分这样一种“解释学处境”出发，经过时间间距的过滤，视界融合，将理解的有效性标准定位在理解者精神发展和人类文化发展的整体有效性这样一种理解结果上。但是，问题是形成这一理解的有效性仍然隐含着伽达默尔所面临的困难，即时间间距在区分真假问题时，虽设定了文本具有某种最低限度的客观意义的内容。然而，一方面，理解的真假仍然存在一个判断标准的问题；另一方面，时间间距的检验也不能提供直观的结果。所以，仍为不同的理解或解释留下了广阔的余地。这样，当理解自以为把握了文本的客观内容时，仍然不可避免地注入自己的主观主义倾向。为此，他首先遭到解释学内部成员的批评，即批评他不关心可行性标准的主观主义倾向，同时也批评他的反方法论立场。实际上，即使把释义学的任务规定为探索文化、历史和人与世界的各种关系，这里仍然有一个方法论的问题。也就是说，这种研究必须遵循一定的理解或解释的程序或采取一定的方法。

其次，伽达默尔十分强调理解的语言性，强调语言在理解和解释中的普遍性及其本体地位。语言是人遭遇世界的基本方式。人永远以语言的方式拥有世界，世界在语言中构造。“语言的世界构造”在“这里绝不含有任何语言相对主义”。正是基于语言的“绝对”，他批评“当黑格尔把辩证法归入一个关于知识和方法的概念时，他实际上掩盖了辩证法自己本身的来源，即它在语言之中的本源”[①]。在海德格尔“语言是存在的家”的基础上，又未循规蹈矩地恪守海德格尔的语言本体论，而是从语言的存在走向了语言的对话逻辑，使一切哲学问题都变成了语言理解的问题，因而都能在语言的对话中得以解决。在确定与高扬语言的构造作用和本体地位的同时，又犯了夸大语言作用和地位的大忌。在强调语言理解和解释作用的同时，又忽略了它的反思与批判作用，因而遭到了哈贝马斯的无情批判。

总之，尽管伽达默尔的哲学理解论有着这样或那样的缺陷，但是它的产生却具有划时代的意义。在克服传统唯我论的认识论、超越科学认识论说明性的独白、科学主义与实证主义排斥人文理解论的普遍价值倾向的哲学努力中，它完成了从胡塞尔哲学的“意识分析”到“语言分析”的“语言转向”，从海德格尔的语言存在本体论到语言实践哲学的转向。正是于此，哈贝马斯与伽达默尔“相逢了”。尽管哈贝马斯与伽达默尔有着

---

① ［德］伽达默尔：《摧毁与解构》，《哲学译丛》1991 年第 5 期，第 27 页。

共同的哲学问题和语言实践论倾向，但是前者强调语言的反思与批判的交往行动理论，同后者强调语言的理解和解释的人文理解论之间，则存在着很大分歧。这种分歧表现为伽达默尔“倾向于对传统权威的承认”的怀旧情结与哈贝马斯“坚决反对传统权威的压抑”，展望未来的解放旨趣之间的对立。由此，在20世纪的德国哲学中展开了两个重要思想运动的继续：现象学运动和西方马克思主义运动。

（原载于《长白学刊》2001年第4期）

生产、语言与交往

——马克思与哈贝马斯

当现象学大师胡塞尔依旧盘桓于德国传统意识哲学的王国，用“自我意识的理性范式”来消解主体自我的独白，建构他的“主体际性的世界”，而终未能够摆脱唯我论的幽灵时，马克思与哈贝马斯则将哲学的研究视角从“纯粹精神”的领域，转向了现实生活的世界。他们从“地上”这同一场所，先后从两种截然不同的基点出发，循着各自不同的理论发展轨迹，以“生产和再生产的范式”“语言理性的范式”来解说人的社会行为和人际交往，形成了马克思基于物质生产活动的交往思想，以及哈贝马斯以语言为本的交往行动理论。

严格来说，马克思并没有以交往为定向的综合研究理论，而是在阐释社会存在的现实基础及其历史变迁、发展的社会根源时，提出交往概念，论及交往问题，而哈贝马斯则把交往作为他的哲学研究主题之一，并将它作为架构合理化的生活世界的支柱，促进社会进化的契机，和重建马克思历史唯物主义的理论基石。由于交往问题在马克思、哈贝马斯的社会哲学中分别占据着不同的地位，扮演着不同的角色，所以，二者有关交往的见解，理论内涵便存在着很大差异。而这种理论上的差异，首先则源自于二者观察问题的立足点和解决问题的思维方式不同。

实践观点是马克思理解人、理解社会及其发展历史的新的哲学思维方式。这种新的哲学思维方式克服并超越了两种最通常的传统的观察历史的方法：抽象的经验论者只是诉诸“一些僵死事实的搜集”而倾向于还原主义的解释原则；唯心主义只是诉诸“这种或那种意识”而倾向于思辨的原则或理性的规定性的解释原则。实践观点的前提是人，但不是处在某种幻想的与世隔绝的、离群索居状态的人，而是处于一定历史条件下从事实际活动的，可以通过经验观察到的发展过程中的人。实践的思维方式就是从人之为人的自身存在根源去理解人，“从现实的、有生命的个体”的基本生存活动去理解人与人之间的各种社会交往现象及其多义属性，从人的历史地生成变化中去把握交往形式的历史制限性及其变迁。一切社会交往现象都可以从从事实际活动的诸个人作为参与者的物质生产和再生产的活动方式中，从生产力和分工的历史发展中得到解释。易言之，实践的思维方式也就是立足于活生生的具体的和现实的人，并在其最基本的物质生产活动的广阔历史背景中来理解和把握社会的交往现象。社会批判诠释学是哈贝马斯理解理性、社会结构与社会进化的社会探究方法。这种方法作为对各种不同的，以社会为对象的理解方式考察、批判的结果，作为实证论的因果解释，诠释学的意义理解与意识形态批判的辩证综合，一方面，它反对脱离经验成分而囿于纯思辨先验形而上学玄想的主体性哲学的方法论；另一方面，它又试图从原则上消除和超越只从消极意义理解理性和语言而囿于单一的解释性理解那种直接形式的经验分析的社会探究模式，主张把历史——释义学的侧度和批判的侧度合为一体，同时以历史为指向并具有实践意图的社会理论。和马克思一样，哈贝马斯同样认为哲学应隶属于它所反映并必须回到现实世界。内在于哲学的种种观念不可能由思想本身来实现，但是，他进行社会批判的实践现实化的前提条件则是情境性介入的“实践理性”。由于实践理性的各个向度——认知与行为都须透过语言来表现，并在主体间的往返对话中既展示理性超越自身主体性格局的开放性，同时又保持其批判性和统一性的双向功能。所以，这种方法的规范——理论性基础则定位于使人类超出自然并渗透在日常生活中的语言。社会、文化、个人、政治、道德、理性以及一切至关重要的社会问题都可以在人们日常话语的交往结构中得到解释；现实与批判、理性与实践、社会与进化、理解与解放交织并统合于对话的合理性重建中。概而言之，这种基于语言交往结构的理解方式，可以说是经验的，但对社会现实的分析又不是坚持在经验给定的东西上面；是哲学的，但又不是按全部知识的意义或原理从整体上解释、批判经验上变动不定的现实；是历史的，但又非历史主义的探讨曾经是、现在是、将来是人们整个“生活世界的普遍结构”或揭示“理解”的普遍先验条件；是实践的，但又不是在经济的、政治的“强制”性意义上来论证社会文化革新的目的和一体化的产生、检验和协调，以及造成自主的、负责的和成熟的人，实现人类解放的前提条件。

不同的思维方式，不同的观察视角，必然形成不同的交往思想或理论。从哲学的定向看，马克思以劳动——物质生产实践为基础的社会交往思想，实际上就是从人与自然的物质交换关系来揭示人与人之间的诸种社会交往关系，以及由此形成的市民社会。马克思认为，人是一种类存在物，“人的类特性恰恰就是自由的自觉的活动”①。人改造对象世界的活动不仅使其在天然本性上区别于动物种的存在，而且使之成为一种融在普遍关系中的存在。人在改造无机自然界的劳动过程中，不仅生产出他同自己的对象和生产行为的关系，同时也生产出其他人同他的劳动和他的产品的关系，以及同他人的关系，而人同自身的任何关系也只有通过他同他人的实际交往关系才能得以表现。所以，人的类本性表明：人只能存在于同他人内在统一的一体性关系中，也只能存在于同对象世界的内在统一的一体性关系中；人同自身“对象性的，现实关系”，人同他人、他物的“实际交往”不是外在于而是内在于人对自然的改造过程中。人的类特性——劳动本身就内含有并表现为双重关系：一方面，是人与对象世界的自然关系；另一方面，是人与他人的社会交往关系。在此意义上，劳动本身就决定了人是关系中的类存在物，决定了人们的物质和精神交往的诸种形式与特质，决定了民族与民族、国家与国家之间交往的历史制限性和交往的地域性。因此，一定个人所从事的现实劳动和积累起来的劳动，是人们社会交往、社会结构的产生和发展的前提条件。与马克思不同，哈贝马斯则另辟蹊径，沿着“一条迄今还没有充分考察过的，可能引向另一种（正好相反）方向的道路”② 铺陈出了他的社会交往理论。哈贝马斯批评马克思把注意力过于集中在物质生产的实践上，以致忽略了社会主体的规范性结构并非简单地遵循着再生产发展所走的道路而是有着某种内在的历史，忽略了实践与进化不能完全化约为技术；理论与知识不能完全化约为有目的的或工具式的理性；忽略了人的交往行为或相互作用领域内的理性化过程既不能还原为生产领域中的理性化过程，也并非后者的直接产物。这种化

① 《马克思恩格斯全集》第 42 卷，人民出版社 1979 年版，第 96 页。

② ［德］哈贝马斯：《交往与社会进化》，张博树译，重庆出版社 1989 年版，第 158 页。

约的结果，使得“马克思主义社会理论的规范基础方面，从最初起就缺乏某种明晰性”[①]。在哈氏看来，劳动和语言同作为精神的“中介”，相比之下，对于人这种“存在于口语交往结构中的生物种”来说，语言更具有普遍的、无可回避的、先验的约束性力量。如果说存在的先天性使人的实际生活成为可能，思想的先天性使人的科学知识成为可能；情感的先天性使人的深层交往成为可能，那么，存在、思想、情感的先天性均蕴含在语言的先天性中，正是语言的先天性使人类的文化再生产、社会的交往、社会的整合与进化成为可能。从人类的个体发生学来看，人的话语行为使每个个人所具有的普遍资质（认知、语言、相互作用三种结构性侧度）不是作为孤立的单子，而是必然要成长并进入“生活世界”的符号化结构。人的话语交流或符号互动不仅使说者与听者在其中相遇，同时又将每个参与者置于与世界的关联中：置于与可能的事实的“外在世界”的关系中；置于与任何一个独特的主体才能认知的“自己的”内在世界的关系中；置于与主体相互肯认的“我们”共享的社会生活世界的关系中。凭借语言在主体间的往返对话，使得每个参与者能够相互理解，凝结共识，构成某种先于行动又指导行动的“情境界定”或“知识背景”。而这种背景关系则以参与者相互认可的语言的普遍有效性要求为基础，即要求人们的陈述具有真实性，要求人们的规范和价值具有道德—法律的正确性，并且也要求人们的美学的自我表现具有真诚性。每个个体都会在真实的、正确的，真诚的语言交往与沟通中被埋进相互期望、理解和肯认的社会交往的网络中；每个个体经验的客观性都会在语言的沟通结构性中，一开始便结构性地与主观的、客观的、社会的三个“世界”相关联；与文化更新、社会的整合和个人社会化的需求交织在一起，形成具有高度文化要求的一体化和整体行动的世界，而一切所谓社会劳动则无一例外地运作于这样的交感背景下。因此，尽管生活世界的物质再生产领域与生活世界的符号再生产领域在社会演化的进程中各自有其自身内在的发展逻辑，但是系统的物质生产的功能整合应该以生活世界的符号再生产的社会整合为其组织化的前提条件。因为物质生产或劳动作为人们的工具行为、战略行为和有目的的的——理性行为，每一个主体都会遵循着他已经为自己确定

① ［德］哈贝马斯：《交往与社会进化》，张博树译，重庆出版社1989年版，第100页。

的偏爱和决策准则，并且这种偏爱和决策准则又是独白式的，完全不顾及是否与其他主体的一致性。所以，由有目的——理性支配的战略行为系统必须以语言交往的方式被嵌入主观际的约束性规范中，以产生一体化或团体化的效果；由工具行动理性选择所形成的系统机制或制度化组织必须以符号互动架构起来的生活世界的理性化，即以“认知世界之理性化”为其分化的起点和前提。如果脱离了生活世界的理性化，脱离了社会整合的协调机制，那么，沟通理性以语言为整合媒介的协调共识就会在工具理性日益膨胀的选择中均被纳入“非语言化”的战略行为系统的单向思考的操纵机制中；生活世界的社会整合就会在物质再生产能力的扩大、系统复杂化增加的功能整合中萎缩成次级系统，直至形成“系统对生活世界的殖民”和宰制。因此，生活世界的再次解放端赖于“沟通行动理性”的重建。沟通行动理性的交谈活动可以恢复生活世界的再生产动力，强化理性的力量，重新协调符号再生产和物质再生产之间的失调现象，使再语言化的互为主体性往返动力，重新扩展为社会演化的基础。由此可见，主体的行为交往和互动一致，以及由这种协调一致所形成的文化再生产、社会整合与个人社会化，进而由它所推动的社会进化，不是有赖于诸如物质生产实践的经济力量和阶级斗争的政治力量（阶级斗争只能建立起某种混乱的，未加充分分析的联结），而是有赖于人类有机体的先天装置——语言能力，有赖于凭借语言来进行的交往模式，有赖于这种交往模式所形成的真正生活世界的理性化。

由上可见，马克思的交往思想和哈贝马斯的社会交往行动理论，从根本上说就是二者观察问题的视角不同，从交往共同体的物质——事实和一般交往规范——理想的对立之中，必然使得二者的理论架构具有不同的意蕴和特质。马克思基于物质生产实践的交往思想，注重的是人与自然的物质变换过程中所形成的人与人之间的生产关系、经济关系、阶级关系以及由此决定的社会关系，凸显的是个人与个人、民族与民族、国家与国家之间的物质交往、利益交往和阶级交往关系以及所采取的与之相应的敌对和统治、贸易和战争等诸种交往形式。而哈贝马斯基于语言互动规范结构的社会交往行动理论，注重的则是人与人在话语交流过程中所形成的主体间在思想观念、语言符号、道德价值等精神方面的联系，凸显的是主体间的精神沟通、视界融合、道德同情等交往关系以及在相互肯认语言有效性前提下的话语交流形式。马克思把现实的劳动和积累起来的劳动作为人类所有交往活动发生与发展的前提条件，同时也揭示了基于物质生产活动基础上的诸种交往活动的历史制限性，以及在生产力和分工的特定历史条件下，物质交往的第一性和基础性，交往在政治与经济方面所表现出来的不平等性、差异性、强制性和交往的地域性。而志在“重建历史唯物论”的哈贝马斯则把语言符号的互动沟通模式作为包括劳动在内的人类“普遍行为”和社会进化的背景基础，寻求构建自我发展的一般理论，“揭示理解”的普遍条件，以及强调语言“互动”或“沟通”在范畴和本体论原则上的优先地位，交往在语言方面的平等性、同一性和对话性，以及基于个体发生学基础上的语言交往模式的普遍性、规范性和非历史性。在马克思看来，“普遍交往”和理想“共同体”的实现归根到底有赖于“生产力的巨大增长和高度发展”，而不是理论演绎的结果。生产力的普遍发展是使狭隘地域性的个人为世界历史性的、真正的普遍个人所代替，各民族突破原始闭关自守状态向世界各民族人民之间的普遍交往、历史向世界历史转变的物质基础。生产力的普遍发展以及在此基础上建构起来的世界交往的普遍性是消除异化，达到人的全面发展和解放，实现共产主义的现实前提。哈贝马斯也认为理想的交往共同体既不是玄思或科学预见的产物，同样也不是“马克思现实抽象的概念”的结果，而是情境性介入的实践理性的结果。他认为生产力实质上不受控制地盲目增长和发展只能造成人类与自然、人与人的对立与冲突；生产力和破坏力的相互紧密交叉，只能造成“传统生活世界的错位和后传统生活世界的破坏”和社会进化的一元化短路。因此，理想的交往共同体必须寄希望于一种理想的语言交往规范——沟通理性。沟通理性凭借主体间话语交流的往返动力是社会活力的起搏器。所以，不是物质生产力和分工决定着社会的交往和社会的发展，相反，在生活世界的符号再生产和生活世界的物质再生产的双重发展中，前者更具有决定性的作用。建基于口语交往结构上的“社会交往不仅是现存发展方式的再生产过程中的动力，而且也是社会发展模式改变的动力”；理想的语言交往模式是“重建历史唯物论”的规范性基础，也是实现人类“解放的旨趣”的前工具性的先验前提。

如果说马克思基于“生产和再生产范式”的交往思想突出的是交往活动的物质生产的客观性、历史性、经验性和现实性，那么，哈贝马斯基于“语言理性范式”的交往行为理论突出的则是交往行为的理论的规范性、超时空的逻辑性、超经验的先验性和超现实的理想性。由于马克思注重的是揭示社会存在和社会发展的历史根源，所以没有或极少系统地论述主体自我如何在其物质生产实践中逻辑地通达其他主体，以及在对社会形态做实践改变的语境中个人之间的社会“交往”或“联合”的形式，在对主体自身本性做社会文化同化的语境中个人相互之间的“交往”形式，在特殊的“文化生产”语境中“精神活动”和“语言游戏”的形式等。但是，这并不等于说马克思未对这些问题得以科学的阐释提出了它的现实的、理论的基点，换言之，这并不影响跨学科的交往理论的建构恰恰能从物质生产实践的现实基点上得到普遍的解释。哈贝马斯基于语言本体的社会交往理论，从基本理论上综合了当今社会出现的一些根本问题，其理论在国际上引起了很大的反响并占有举足轻重的地位。但是，他用“交往范式”来取代马克思的“生产范式”，既是建立在对马克思基本观点的错误的解释上，又是建立在他的片面的、浪漫的、理想的交往模式上。哈贝马斯在对马克思主义的诠释过程中，常常是以自己预先铺陈的理论架构来批评、修改和取代马克思的历史唯物主义，因此，在他“重建历史唯物论”的宏伟蓝图中，始终带有马克思主义研究中的两种修正的互补性的特征，即带有经济主义的和实践哲学的修正的互补性。他反对劳动和阶级斗争的片面的主客体思想，最后又使其陷入了以语言为中心的主体间性的片面性。这种试图通过人们内在的活动，即学习、思维、辩论等主观因素来参与当代社会生活、推动社会发展的交往行动理论，从论题上忽视了当今社会面临的严峻的生态问题，忽视了社会同外部自然的社会经济的发展关系，忽视了社会性的个人所固有的自然界所占有的社会文化，忽视了由劳动和阶级的历史所决定的社会交往的历史局限性和非语言的交往的可能性（诸如战争、物质交往的诸种形式），从而使其理论构思呈现出了相当浓厚的“方案”色彩。当然，尽管我们不能像哈氏那样完全来个倒转，但是，他研究的全方位性和探讨方法的独特性，实质上在当代社会科学和社会思潮领域里似乎是无可匹敌的。“在探讨个体发生和种系发生的过程及其意蕴方面，他的著作吸收而丰富了诸如心理学、社会学、人类学和政治科学的治学方法。”① 他对主体交往行动的特殊规律或语言逻辑结构所做的跨学科的研究，对现代社会中文化革新的目的和一体化的产生、检验和协调具有某种直接实践的参考价值。更重要的是，这能使我们意识到探讨、研究主体交往行动体系理论的和现实的必要性与紧迫性。

从理论上说，如果说马克思没有以交往为定向的交往行动理论，但却为主体交往行为的科学阐释奠定了现实的基础——实践。人以实践为基础在改造自然的过程中同时又产生了人与人之间的交往关系，如果说人的交往关系不能完全由人与自然的生产关系来说明，那么人与人之间的互属互动关系在改造自然的过程中，其作用又将是怎样的呢？它有没有自身独特的逻辑发展规律？如果说人总是结成一定的关系和自然发生关系，那么，这种关系作为人与人之间有意识的交往，其主体是如何展开的？如何构成主体关系和自然打交道？人为什么会在共同意识支配下去改造自然？如果说人的实践既包括了人与自然的关系，同时又包括了人与人的关系，那么，我们不仅要研究人与自然的关系，同时也要研究人与人的关系；不仅要从人与自然的关系来说明人与人的关系，同时也要从人与人之间所结成的有意识关系来说明人与自然的关系。因为人与自然的交往总是在人与人的背景下进行的，而人与人交往的构成又应有其主体内在根据，因此，说明人如何从其自身发展出来的逻辑的和现实的基础，揭示在此基础上和他人的社会关系、和自然世界的物质生产关系以及由此所形成的生活世界的存在结构和发展是不可缺失的。换言之，实践所包括的人与自然和人与人之间的两种关系，实际上是天人、人伦之间的关系，人与自然之间的协合关系即天人合一关系，归根到底来自于人与人之间的协合关系，即人伦合一关系。从逻辑上说，只有有了人伦合一才能实现天道合一，人只有从单个的原子走向类似于莱布尼兹的那种精神和谐的单子，才会有一个和谐的大同社会，也就是说人在逻辑上首先有了类意识，才会有人的类存在。

从现代社会或世界看，对某一国家、民族来说，世界在扩大，每个国家、民族逐渐从封闭社会走向开放社会。它的政治、经济、文化诸方面的疆域和界限，随着同其他国家、民族的相互交往与渗透，开始向外扩展、

① ［美］费莱德·R. 多尔迈：《主体性的黄昏》，万俊人等译，上海人民出版社 1992 年版，第 292 页。

延伸。而从整个世界来看，随着工业的全球化，以及诸种交往带来的政治、经济、文化等方面的全球化，整个世界正在变成一个大家庭，社会又在变小。在某种意义上说，世界正在进入一个新的全球化的战国时代，呼唤“孔子”的到来，以建立一个适应于全世界地球村的“道德秩序”。从社会历史的发展看，当人类社会从群体本位，中经个体本位向类本位转变，从必然王国走向自由王国时，面临着如何把个人主体提高到类主体，人类如何逐渐摆脱多个有意识的活动但却受一个看不见的手的支配的尴尬局面，而形成在实践基础上的人与人之间的意识沟通和共识，并由此克服人与自然、人与他人和社会的异化力量，实现人的类意识和类存在的问题。因此，无论从理论上还是从现实看，不能不说对马克思的交往思想和包括哈贝马斯在内的西方各种主体间性理论进行比较研究，从宏观和微观相结合的角度对交往体系做跨学科的研究和建构，是未来社会哲学发展所面临的最具挑战性的并具有前沿性和交叉性的研究课题。

（原载于《社会科学战线》1999 年第 4 期）

萨特的他者理论研究

萨特的哲学可谓是多种思想灵感的合流，因而常常被认作是一种没有原创性的“无新意的哲学”。然而，作为一位哲学家，萨特的原创性就在于对其所借用的概念重新给予了深入的解读，并且使得各式各样的因素在他的他者理论中得到了最好的说明。在萨特的他者理论中，既表现了对法国笛卡尔哲学传统的继承，从“我思”出发来探索存在，以期消除存在与意识的对立，建立一种现象学的一元论；同时，当他用一种合并的方式把胡塞尔、黑格尔、海德格尔等多种主题混糅在一起时，又显示了一种首创的综合力量。他既把“我思”的虚无性、否定性与超越性作为自我绽出，以及生成我与他人之间关系的本体论基础，又力图用此在的存在遭遇，而不是认知的方法来表现自我与他者之间的冲突。

一

《存在与虚无》一书旨在对存在或人的实存进行探索，其方法论原则是德国现象学家胡塞尔所提出的“回到事物本身”。“回到事物本身”实际上就是回到“我思”，回到一种不可还原的“反思前的我思”。“反思前的我思”作为“纯粹虚空”，其内在本质的否定性、超越性，不仅未使自我限囿于自身而成为自己的囚犯，反而为自我的自由绽出，以及生成我与他人之间关系奠定了本体论基础。

“我思”是探索存在或人的实存的逻辑起点。在此，萨特与胡塞尔一样，都认为在哲学探寻的起点上，“我思故我在”是意识的绝对真理。但是，他同样与胡塞尔一样，并未沿着笛卡尔之路走下去。当胡塞尔批评笛卡尔“我思”的哲学旨趣是他的客观主义，而转向对意识的本质直观时，萨特则指责笛卡尔的“我思”作为一种认识性的“我思”，实则是将意识抛到时间和世界之外，从而不仅生成了意识与存在之间的二元对立，而且也造成了意识的实体化，步入了唯心论的泥淖。为此，萨特不得不对“我思”进行改造，这种改造的基本立场深受其师胡塞尔的影响，即追求“纯粹意识”的彻底性。基于这种哲学取向，他不仅对近代哲学的认识论几乎给予了全面的批评与否定，而且还批评柏格森力图通过意识的创造性来统一意识与事物的努力，不仅使问题变得“永久性的模棱两可和永久性的转变”，而且意识的绵延也混淆了意识与事物，意识变成了一种“凝结的”实体。他称赞胡塞尔的意向性概念，不仅找到了意识与事物之间“明晰的”区别，而且让意识从世界的干扰、侵犯中解脱出来，使意识获得了自由。但是，在萨特看来，胡塞尔虽然避免了笛卡尔的“实体本体论的错误”，但他仍然关闭在“我思”之中，“胆小地”止于对“我思”功能描述的层面上，因而未能避免“事物幻觉”，陷入了“纯粹的内在论”，因此，胡塞尔的现象主义与康德的唯心论之间有着异曲同工之处。所以，哲学的首要步骤就是要把一切异于意识的东西从意识之中驱逐出去，回到“反思前的我思”，以净化意识，恢复意识与世界的真实关系。

回到“反思前的我思”，实际是对胡塞尔现象学加以彻底化的一种尝试，显示了萨特对于意识的一个根本状态的诉求，即在“我思”的存在中探讨“我思”。从“我思”的存在中探讨“我思”，表现了从“我思”的功能状态到“我思”存在状态的过渡。这种过渡的方法无疑继承并显示了胡塞尔本质还原的遗风，其导引则是纯意识的意向性，或“反思前的我思”。“反思前的我思”有别于胡塞尔的超验的自我，因为它既是回到这个意识的反思前的自我在场，同时也是具有为一个见证人而存在的“纯粹虚空”。在这里，意识本身就是虚无，就是变化本身，就是存在的联系。一方面，“反思前的我思”作为“纯粹虚空”是实存的源泉，因为任何意识都不是一个可以容纳诸如观念、印象及意象之类东西的容器，同样，意向性作为意识的最基本特征，意向中的客体也不是由意识构成而依赖于意识的存在，相反，意识的所指物是与意识严格分离并独立存在的。但是，意向性作为意识的最基本的特征，它不仅具有摧毁内在性观念的功劳，从而将事物从意识中排除出去，同时，它又总是对某物的意识，从而又揭示了意识的存在，即“自在的存在”。另一方面，意识的构成结构不是超验性，而是否定性与超越性。意识的否定性使其与存在截然分开，进而维护了自身的同一性；意识的超越性使其永远不满足于自身而趋向存在。总之，回到“反思前的我思”，回到这个意识反思前的自我在场，这便在意识中引入了一种“距离—虚无”。这种“距离—虚无”无疑是不可还原的，然而恰恰是在这种“纯粹虚空”的意向性基础上，从否定性出发理解意识的所有在场，同时也揭示了意识向着诸物、向着自我的超越性。因此，“不存在是在场的本质结构”。

“非个人”的意识之流是构成自我及世界其他现象的基础，可谓是萨特对胡塞尔现象学感到特别自豪的重大改造。依萨特之见，虽然胡塞尔对意识的本质结构给予了逐步深入的阐明和出色的描述，“但却从来没有提出本体论问题，也就是意识的存在的问题。同样，关于世界的存在的问题仍然悬而未决。我们从来没有从现象学还原回到世界上来”①。为此，解决意识与存在的关系问题则为萨特哲学的基本目标。在这个问题上，尽管萨特从来没有明确地反对过关于超验世界的学说，但是意识基本上是“介入”一个具体的世界的观点，则表现了他放弃超验领域，以及对意识的“世俗化”的转变。在这里，自我不是意识的原有结构的一部分，而是意识构成行为的超越性的结果。这样，以前作为现象学轴心的东西现在被转移到了人的存在世界之中；自我不是从现实之中撤退到超验主义的庇护所下，而是世界中许多现象当中的一个现象。正是这种转变，使现象学的研究完全建立在“人的存在层次上”，并且关注的是出现于具体的人的存在环境中的现象。那么，自我出现在“人的存在层次上”，但并不意味着意识的存在与它自身完全重合，因为意识从本质上就是虚无与变化，永远不能被规定为与“自我”重合。所以，自我作为“自为的存在”的存在方式，有别于“自在的存在”的存在方式。“自在的存在”是存在的一种充分与充溢，表现为存在是其所是，其中没有任何些微的二元性的显露，它把无限的致密性集于一身。而“自为的存在”是自我规定自己的存在，它总是“在它的不是其所是和是其所不是的存在过程中，在不断要与‘自我’重合的无限中，‘自我’在事实上已经消失，让位于同一的

① ［美］赫伯特·施皮格伯格：《现象学运动》，王炳文、张金言译，商务印书馆1995年版，第657页。

存在。…… 所以，‘自我’代表着主体内在性对其自身的一种理想距离，代表着一种不是其固有重合、在把其重合设定为统一的过程中逃避同一性的方式”①。因此，意识作为自为的存在即人的内在结构，意味着人是由虚无来到世界上的存在；意味着自为总是要不断地脱离自身，超越自身，因而人的存在永远处在变化之中，永远不能实现自己最终的本质。

总而言之，萨特重新回到意识，并不意味着萨特对意识的看法与笛卡尔、胡塞尔如出一辙。因为他不是从反思的我思出发来进行存在的本体论证明，而是立足于“反思前的反思”的存在来揭示意识的本质、变化与存在的联系。更为重要的是：清理我思，是为了反抗唯我论，来说明他人的存在，说明他人与我的存在的存在关系。这样，从意识出发，不是通过现象学的悬搁离开这个世界，相反，通过意识“纯粹的虚空”回到世界，回到由“自为的存在”的自由活动开显的现象世界。在这个意义上，萨特的直接实在论是有关他者理论的本体论基础。

二

从意识出发去探询人的实存，并进而揭示他人的存在，以及自我与他人存在的存在关系，可谓《存在与虚无》一书中独居匠心的论述部分。在对这“两个完全不同的令人望而生畏的问题”的回答中，既展现了萨特与黑格尔、胡塞尔、海德格尔之间千丝万缕的勾连，也表现了萨特哲学的标新立异。

依萨特之见，现代哲学中一个无人问津的经久问题是：“他者意识”问题，对实在论者而言，他人的存在理所当然，因而当他企图通过世界对思想实体的作用来进行分析认识时，既从未真正为他人问题感到不安，也不关心建立各种思想实体之间的直接和交互的作用。唯心论者，如康德事实上只是致力于确立主体性的普遍法则，因而他既没有涉及个人的问题，也没有把他人的问题列入他的理性批判之中。事实上，在他人存在问题的起源上，实在论与唯心论共同的先决条件是：他人，不是我自己的那个自我，于是由这种否定便成了他人之存在的构成性结构。这种构成性的否定

① 杜小真：《存在和自由的重负》，山东人民出版社2002年版，第141—142页。

是一种外在性的否定。因为“他人，就是不是我和我所不是的人。这不是指有一个虚无是分离了他人和我本身的特定的成分，或说在他人和我本身之间有一个进行分离的虚无。这个虚无不是起源于我本身的，也不是起源于他人或他人与我本身的相互关系的；而是相反，它作为关系到的最初的不在场，一开始就是他人和我之间的一切关系的基础。事实上这是因为，他人在对一个身体的感知之上经验地对我显现，而且这个身体是外在于我的身体的一个自在；统一和分离这两个身体的那类关系犹互相之间没有关系的事物之间的关系，犹由于被给定而是纯粹外在性的那样的空间关系”①。因此，实在论者相信通过他人的身体把握了他，并认为作为一个身体的他人与另一个身体是分离的。唯心论把我的身体和他人的身体还原为一些客观的表象系统。其结果是：由于他人在一个空间世界中向我们揭示出来，所以，也正是实在的或理想的空间把我们与他人分离开来。如果以两个分离的实体的角度去看待我本身和他人，那么，唯我论也就不可避免了，而导致近代哲学步入唯我论的方法论基础则是：肯定我与他人的基本联系是通过认识来实现的。

逃避唯我论，触及他人问题，可谓胡塞尔、黑格尔与海德格尔哲学努力的目标之一。在萨特看来，尽管胡塞尔对古典唯心主义特别是在认知方法上，对康德哲学有重大的发展，提出了一种交互单子式的平行论以及他人是“一个世界之构成所不可或缺的条件”。但是，由于胡塞尔依循着纯粹的意向性的—被意向的程序，因而他人不过是“空洞的意向对象”，作为在“原则上是被拒斥和逃逝着的”对象，唯一的实在其实只是“我的意向性的实在”。因此，他像康德一样不能逃避唯我论。与胡塞尔相比，黑格尔的辩证法优势在于：在一种本体论层面上设定了一种人类内在的相互独立性，并论及了交互主体性问题。在《精神现象学》中，黑格尔认为：“事实上，他人的显现对构成世界和我的经验‘自我’不是必不可少的：对我的作为自我意识的意识的存在本身才是必不可少的。”② 因为自我意识作为纯粹自身的同一性和纯粹的自为的存在，是通过排斥一切他人

① ［法］萨特：《存在与虚无》，陈宣良译，生活·读书·新知三联书店 1987 年版，第 308—309 页。

② 同上书，第 314—315 页。

而与它本身同一的。黑格尔的天才直观是：人类的“诸种意识是在它们存在的相互交错中直接互相依持着的”。因此，“黑格尔在这里不是站在从我（通过我思被理解）到别人的单向关系的基础上，而是站在他定义为‘一个在另一个中的自我把握’的相互关系的基础上”[①]，揭示了意识的问题，以及他人的问题。不过，当萨特赞赏黑格尔的学说是对自我学的自我封闭的矫正时，他同时也指责黑格尔在认识论和本体论两个领域都犯了乐观主义的错误。在认识论上，黑格尔没有意识到自为的意识存在之间的冲突，而且在黑格尔那里，自为的意识存在是作为另一个我的一种知识对象而出现的。萨特认为，“如果他人首先是作为我的对象，我就不能在他人中认识自己，而且我同样不能在其真实的存在中，就是说在其主观性中把握他。任何普遍的认识都不能得自诸意识间的关系。我们正是称这为它们的本体论分离化”[②]。在本体论上，黑格尔只是通过“大全”或绝对知识的一元论来考察他人，这便使他看不到个体的本体论分离。结果是：诸意识的离散和斗争仍然是其所是，我们所能发现的只是它们真正的地基。其实，超越唯我论，就要把我和他人的关系，归结为存在与存在的关系。这种关系，既不是胡塞尔所主张的认识与认识的关系，也不是如黑格尔所认为的认识和存在的同一。

如果说萨特受胡塞尔、黑格尔的影响，表现为从消极意义上拒绝从认知的角度来说明他人的问题的话，那么，他受海德格尔的启发，则表现为从积极的意义上按照一种“存在关系”来说明人的实在及其与他人的相互关系。依海德格尔之见，“（1）诸种‘人的实在’的关系应该是一种存在关系；（2）这种关系应该使诸种‘人的实在’在其本质存在中互相依赖”[③]。因此，海德格尔是在表现人的实在的特征的“在世的存在”中发现：“交互主体性是人的此在的一种基本结构的相互关联，所以他把交互主体性视为在世的存在；而且此在和另一个我之间的关系，包含着一种内在相互性和交互独立性——这种交互独立性此时此刻‘并不是从一种外在的和黑格尔式的总体主义的观点建立起来的’”，而是以“共在”或

① ［法］萨特：《存在与虚无》，陈宣良译，生活·读书·新知三联书店 1987 年版，第 315—316 页。

② 同上书，第 324 页。

③ 同上书，第 326 页。

“与——一起存在[①]”的存在方式成为在世的。所以，最能象征海德格尔的直观的经验形象，不是斗争的形象，而是队的形象。别人和我的意识的原始关系不是你和我，而是我们，而且海德格尔的共在不是一个个体面对别的个体的清楚明白的位置，它不是认识，而是队员和他的队一直隐约的共同存在。正因如此，虽然萨特认为海德格尔以一种“存在关系”来解释人的交互共在是可取的。但是，因为他过分强调了共在，因而忽视了存在的遭遇和人类主体间的对抗；也因为他把共在作为此在的绝对结构，所以也就抹杀了另一个我的特性，以及具体经验到的他人的独特唯一性。这样，一种本体的、先验的共在，就难于与“一种具体的人的实在的实体性”联系起来，从而使其孤立起来。因此，他的逝离自我，作为其存在的先验结构本身，像康德对我们的经验的先验条件的反省一样确定地使之孤立起来，从而使其要同时超越一切唯心论和一切实在论的努力成为徒劳。

毋庸置疑，唯我论是应该被抛弃的，因为“我思”证明了我总是知道他人存在着，关于他人的存在并不是一个空幻的臆测。萨特认为，笛卡尔虽然没有“证明”他人的存在，但事实上我总是在实践着我思，我也总是知道我存在，所以，一种关于他人的存在的理论只应该在我的存在中向我拷问、阐明和确定这一肯定意义。那么，从“我思”出发描述人的实在，虽具有一种逻辑必然性的分离性和无共同尺度的“意识的复合性”，但这并不影响顺着这条路线发现自我“在自身中严格保持为自为”，同时“要求自为为我们提供为他”，以在我本身的更深处发现不是我的他人的身体。萨特认为，“在反省的范围内，我唯一能遇到的意识是我的意识。但是他人是我和我本身之间不可缺少的中介：我对我自己感到羞耻，因为我向他人显现。而且，通过他人的显现本身，我才能象对一个对象做判断那样对我本身做判断。因为我正是作为对象对他人显现的”[②]。所以，通过我思或“自为向我们释放出他为”的取向，便使他人的存在具有了本体论的必然性。因为就每个人的内在性而言，都具有一种绝对的超越

---

① ［美］弗莱德·R. 多尔迈：《主体性的黄昏》，万俊人等译，上海人民出版社 1992 年版，第 109 页。

② ［法］萨特：《存在与虚无》，陈宣良译，生活·读书·新知三联书店 1987 年版，第 298 页。

性。通过这种内在的绝对超越性的“释放”和“抛入”，必然会将我思和另一个他我联系起来。不过，这种“释放”和“抛入”不是用理智型的认知程序来湮没另一个他我，因为那样只能把他人作为“空洞意向的客体”，无法把“自己与他人内在地同一化”，由之也无法逃避唯我论。“释放”和“抛入”就是将自身置于“存在遭遇”中，通过羞耻的意识样式，“自我推到为他”，使他人的存在成为一种“偶然的和不可还原的事实”；使我在和他在的存在关系成为“一种不可化约的事实”。如果说我思与他人的共在是一种“偶然的必然性”，那么，通过他人，即“一个对我的存在‘感兴趣’的自我”，我不仅“能象对一个对象做判断那样对我本身做判断”①，同时，我也认识了我的身体。因此，他人不只是向我揭示了我是我，还在一种可以支持一些新的质定的新的存在类型上构成了我。从存在论的层面上看，意识与身体的关系就表现为：我使我的身体存在的作为自为的存在的身体；他人的身体对我表现为我对其而言是对象的主体的作为“他为”的身体；以及我的身体被他人认知作为我的为他人的身体。如果说身体的三维论确定了我与他人的基本的原始关系，那么，通过对待他人的诸种态度——爱情、语言、受虐色情狂和冷漠、情欲、憎恨、性虐待狂——所显示出来的诸种关系类型，则是这些原始行为的多样化。

三

从意识出发并不是循着认识路线去探询人的实存，而是置身于“存在的遭遇”之中，通过特定的情感或情绪去领会“他人的存在”，体会我们自身的基本真相；通过“注视”这样一种“魔术般的”功用，把社会关系解释为一种基本相互冲突的关系，“他人就是地狱”便是这样一种主体际关系的精辟概括。

人际间的“存在遭遇”，主要表现为人们彼此间的相互注视。当我在某种特定的场合注视着他人时，他人是作为一种具体而明确的现在既定给我的，他人就是“是”，是我无法从我自身或从认识意义上推导出来而只能忍受的无法怀疑的事实，对于这个确定事实，我同样不能对它

① 杜小真：《存在和自由的重负》，山东人民出版社 2002 年版，第 215 页。

进行客体的现象学还原或任何其他的“停止判断”，而只能把它作为“同一世界内有离心力的与分离的‘滑溜物’来体验”。然而，当我注视着他人时，他人也必然会以同样的方式指向我的注视。在他人的注视下，我突然意识到自己是一个“为他的客体”，我的“超越”变成了一种纯粹的“被超越的超越”，我所原有的无限敞开着的、难以形容的潜在性、可能性，在他人的注视下被凝固化和异化，变成“某个人”而交付给他人来评价。这样，他人便成了一种我不能驾驭、不能客观化的自由主体，而我却降为“一种无力护卫自由的存在”；他人成了这种境况的主人，而我则成了他人的“奴隶”并被统合于他人的世界中。所以，他人的注视不是对我的主体、自由、能力的肯定，而是折损。但是，他人注视的奴役，并不是绝对的、无可救药的，他人的注视并不能剥夺我内在的超越性和我将我的注视投向他人而重新恢复我的主体和自由的能力。我可以重新把自己推向我的可能性，冲破被注视的羞愧和畏惧，拒绝把自我与他人同一化而相助于他人的唯一性。相反，要使他人在我的注视下，变成一种“纯粹被沉思”的客体而统合于我的世界中，变为“我的各种工具中的一件”而“包括在我给这些工具所强加的秩序之中”。但是，尽管我以这种方式恢复了我的主体和自由，在这一瞬间消灭了他人并逃避了他人。然而，他人内在的可能性和超越性也依然如故，同样也可以重新“使他自己成为他人”，并再次超越我的主体和自由。因此，每一客体他人都是“一种爆炸性的工具”，各种环境随时可能“使他爆炸”，而这种爆炸性又会使我突然体验到这个世界离我而去，体验到我存在的异化。由此可见，人与人之间的存在关系归根结底表现为：不停地从注视物变成被注视物，在这种交替循环中，每一个自我都会有秩序地因另一个自我从其毁灭中的复活而坍缩。这种人际关系的不稳定性表明：“冲突乃是为他存在的原始意义。”①

与这种本质冲突密切相关的是公共的共存样式或“我们”。尽管“我们”包含着互相承认为主观性的众多主观性，但是“我们”的经验不能成为我们对他人意识的基础，也不能构成一种“人的实在的本体论结

① ［美］弗莱德·R. 多尔迈：《主体性的黄昏》，万俊人等译，上海人民出版社1992年版，第118页。

构”。换句话说，“我们”不是主体间的意识，也不是一个以社会学家们所说的集体意识的方式作为一个综合整体超越并包含意识各部分的新存在。相反，“我们”是在非必然的、特殊的情况下，在一般为他的存在基础上产生的某种特殊的经验。由于“我们”的派生地位，“我们”可以在两种完全不同的经验形式中，即以“进行注视的存在”和“被注视的存在”方式来表现它自己，或者说以作为主体—我们和作为对象—我们之积极意义与消极意义上来表现自己，并以这两种存在方式构成自为与他人之间的基本关系。萨特认为，对象—我们生成于第三者的注视，第三者的注视包围了我与他人。这不仅使我与他人间的冲突消失在第三者的世界中，同时，我在其中与别人不再有区别的共同组织成为一个不可分割的对象整体。于是，一个与别人们共同在的“我们”的人，感到自己混杂到无数陌生的存在中间，共同地被观察、被判定、被超越和被使用，从而体验到了一种令人悲痛的“羞耻和无能”，无可救药地彻底被异化了。这种境况同样发生在工业劳动者的工业劳动中，特别是在压迫阶级与被压迫阶级的关系发生尖锐对抗的时候尤其如此。压迫阶级“作为第三者”的地位，不仅使被压迫阶级在压迫阶级对它的注视中发现了它的统一，而且在被压迫阶级那里，阶级意识的显现相当于在羞耻中假定了一个对象—我们。所以，“在这些不同情况下，我们总是看到对象—我们是从一种具体的处境出发而被确立的‘人类’的一部分松散整体排他地陷于这个处境中。我们只在别人眼中是我们，并且正是从别人的注视出发，我们才把我们作为我们承担起来”①。在这个意义上，这个人类的“我们”不过是一个空洞的概念，所展示的只是一种“外在可能”。

与对象—我们相关联的是主体—我们。主体—我们是在某种集体活动中，感觉到我自己被统合在一种“无差别的”、走向一个统一目标的超越性。然而，这种感觉或主体—我们只是心理学的体验而非本体论的体验。在这里，主体—我们如同富有节奏感的士兵队列行进的意义一样，只是“在一种为我所致力于创造的共同节律中”参与了他人，这种“我们的节律”是经验到主体—我们的动因。在这个意义上，主体—我们既不是

① ［法］萨特：《存在与虚无》，陈宣良译，生活·读书·新知三联书店 1987 年版，第 543 页。

“自为”的实在统一，也不是来自于对“自为”的超越性的真实体验。进而言之，主体—我们的体验也不是“对待他人的一种原始态度”。因为在共同的活动中，我仍然是独立的个体。这就如同面对着车站候车室的“出口”等标志时，我加入了人群，形成了一个主体—我们。虽然“出口”成了目标，表示了我与他人的联系，但是，“当我把对象当作‘出口’来使用的时候，我并不是屈从于对象本身：我是迁就人的秩序；我用我的活动本身认识了别人的存在，我建立了与别人的对话”①。对于这种现象，应该说海德格尔已经出色地将其描述为“共在”现象，不过，与海德格尔不同，萨特认为，这种“共在”现象并不是原始的：“我”这个个体作为“自为”才是最根本、原始的。因为要把一个对象显现为被制造的，他人应该首先以某种方式表现出来。如果事先并不认可他人之所是的单独的某个人，那么，即使可以说“我与……共在”，却与谁共在？所以，对象—我们能够形成一个联合统一集团，而主体—我们则是不可能的。这表明所谓“人类的我们”，即在我们之中，主体间的整体意识到它本身是一种被统一的主观性不过是一种理想。这样的理想只能是由一种在零碎的、严格心理经验的基础上向着极点和绝对的过渡而产生的梦想而已。

总之，尽管萨特竭力想用一种存在本体论来取代胡塞尔的理智认识性哲学，但他对存在遭遇的描述却弥漫着各种认识论的范畴和观点。他对主体自我与客体他人的区分，以及对“我们—客体与我们—主体之间的划分，特别是对主体自我与另一个自我在存在选择中所表现出来的各方都通过否认自己是他人来构成自己”的相互内在否定，以及由此而必然形成的“我与他”的存在，以及认识者和被认识者之间相互分离、相互敌对的外在存在关系的描述，都表现出对认识论两分法的执恋。而由这种执恋所建构起来的共在理论，仍然面临着唯我论的困境。此外，当萨特把传统的唯心论和实在论将为他的存在视作外在否定转变为“在否定他人当中我是我自己”的内在否定时，这种遭遇之中的相互否定所形成的共在或“复合存在的事实”，并不是一种自在的存在层次上的实体丛，而是一种

① ［法］萨特：《存在与虚无》，陈宣良译，生活·读书·新知三联书店1987年版，第548—549页。

外在性的幽灵。因为如果主体他人的注视必然使我由主体变成客体，继而我的超越性的恢复又必然使他人遭受同样的命运。那么，这种一瞥便可使我或他人化为乌有的人际关系，怎么会使我感到的他人或他人所感到的我可以相互认知，并同作为主体而共存于一个社会中呢？因此，即使他晚年在《辩证理性批判》一书中修改了他的共在理论，从个体实践出发，描述了社会总体实践的各种样式及其可理解性，但他从来没有抛弃他对个体主体性的依赖，也没有抛弃他对主动与被动、内在与外在的两分法，这样，因其哲学中的两分法痼疾和理论的个体性基础，便使得早期理论中的哲学难题仍未得到根本解决，解决这一难题的后继努力则表现在梅洛-庞蒂的共在理论之中。

（原载于《陕西师范大学学报》2016 年第 2 期）

梅洛－庞蒂："他人与人的世界"

萨特的《存在与虚无》一书问世后不久，梅洛－庞蒂便在其《知觉现象学》一书中，继续探讨了交互主体性这一问题。与萨特一样，梅洛－庞蒂也依赖于海德格尔的"在世的存在"这一概念，力图超越那种纯粹的理智认知型的思维方式，把人的相互作用表述为一种存在的遭遇。然而，当萨特关于存在的见解仍然限囿于认识论的范畴时，梅洛－庞蒂则从一开始就强调了海德格尔这一术语的本体论意蕴，同时又重新解释并赋予了这一概念新的含义。他以身体的肉体知觉来观察主体，不仅远离了"我思"这一中心，绕过了传统认识论的各种二律背反，而且也修正了习惯的主体与客体、内在与外在的划分，以身体现象学取代了意识现象学。由于梅洛－庞蒂的现象学哲学取向是从纯意识水平到具体的生活世界，关注现身于情境中的我思或肉身化的主体，以丰富且有生机的"知觉"为基点，来探索与描述"人与世界、与他人、与自己的"各种关系。这种哲学努力，不仅推进了交互主体性问题的研究，而且开启了法国的生存现象学。

一

"现象学是关于本质的研究"，同时也是一种"把本质重新放回到生存中"的哲学。当梅洛－庞蒂的知觉现象学诉诸肉体知觉时，便为它从纯意识水平转向具体的生活世界，将现象学在人的个人实存和社会实存中具体化做好了准备。对它来说，从认识论转向生存论，把我变成复数的我的方法论前提是：思考之前，世界、他人总是作为一种不可剥夺的"已经在此"。所以，一切从头做起，将自己安置在从未被加工过的经验中，既表现了后期现象学对前期现象学的超越，同时从前反省层次，而非反省层次的诸种样式出发，来说明"他人与人的世界"的感性关系的哲学努力，是其哲学的独到之处。

梅洛－庞蒂的现象学是从认识论进展到生存论。对梅洛－庞蒂而言，尽管胡塞尔主张"回到事物本身"，提出"生活世界"的概念，并力图通过"先验的还原"来解决世界与他人的问题，但是由于还原被描述为回到先验意识，因而在我的意识与世界、他人的纯粹意识的关系中，跨越先验唯心主义的窠臼而通达世界与他人不过是难以克服的"悖论"。因为凭借纯粹反省所显示的最初意识之光，对他人的心灵和世界一无所知，因而自我与同样没有此性、定位与身体的他人，在真理的世界中只不过是一个心灵的统一体。在这里，如果说胡塞尔的现象学是一种先验的哲学，并通过反思的分析忽视了世界与他人。那么，梅洛－庞蒂与萨特一样，都试图从"在世的存在"，即从人的身体出发来说明人对世界的具体涉入。萨特在社会现象学中，不仅从存在论出发分析了人的肉身化三维，而且也试图从身体的三维来说明我与他人的基本关系。但是，萨特哲学的一个要害之处在于：他坚定地确信我的身体是我的意识的结构，因而身体作为意识处于世界之中的一个独特的、偶然的存在，只不过是我的行动的途径，或表现工具，所以在身体与意识的关系中，身体只是处于从属地位。在这个意义上，萨特的哲学还带有笛卡尔主义身心二分法的况味。与之不同，梅洛－庞蒂的哲学旨趣不是纯粹意识的主体，而是现身于某一情势中的主体。在他看来，要彻底摒弃笛卡尔主义的遗产，且使"他人与人的世界"获得意义，必须用一种肉身化的在世存在，或位置性的在世存在来取代抽象的我思，因为只有在我在不再被还原为"赤裸裸的存在意识"，而是作为"我的在某种自然之中的化身"的存在时，他人的问题才能作为一个严肃的哲学问题显现出来。因此，对于这两位现象学家来说，虽然都诉诸海德格尔的"在世的存在"，把人之间的相互作用表述为一种存在的遭遇，并由之超越一种纯粹理智认识型的观点，但是在二者的探究中，萨特的观点仍然继续依赖于认识论的范畴，而梅洛－庞蒂从一开始便强调海德格尔这一术语的本体论意蕴，并试图通过知觉或"实践场的我的身体"，将所有我知觉到的物体、他人划入我的生活领域。

可以说，胡塞尔、萨特与梅洛－庞蒂都关注生活世界与他人的问题，但问题的关键在于："'我'这个词怎样才能成为复数的我？如何形成一种我的一般观念？我怎样才能谈论一个不是我自己的我的我？又如何才能知道存在诸个他我？怎样才能用你的样式并通过这一样式来以'一个人'的样式去把握意识呢？——这种意识在其本性上并作为自我认识处于这个我的样式之中的。"①毋庸置疑，要解决这一疑难，既不能从传统哲学——理性主义与经验主义——汲取可资借鉴的理论资源，也不能从胡塞尔、萨特的哲学中找到有效的路标。对于前者，传统哲学基于主体与客体、意识与实在的两分法，根本无法解释"另一个我"的存在之谜。"按照这种传统，我对世界的经验和对他人的经验只不过是'赤赤裸裸的意识与它所想象的客体关联物系统之间'的一种遭遇而已，因而主体的内在性与思想着的事物与其思想是统一的，这样，他人的存在不过是无法解答的'一种困境与耻辱'。"对于后者，无论胡塞尔，还是萨特，都与传统哲学共有一种倾向，即将主体与它的客体分离开来，甚至对立起来。胡塞尔以先验的主体性"构造"对象世界，结果身体只是一个"冷漠的旁观者"，而非世界的存在物。萨特虽然涉及身体，但是"人的实在性首先就是它本身的虚无"，因此，便不得不习惯性地借助我的内心体验来解释他人的行为，或靠类比性的推理来构想我与他人的交互关系。由之可见，二元论的共同缺陷在于：自我作为我思，它与世间的广延没有任何共同之处，因而没有尘世的居所。与之不同，梅洛－庞蒂强调哲学家的自我与所有的人共居一个世界上，因而他以海德格尔"在世的存在"为筏，从胡塞尔意识哲学内部找到了划向生活世界的航道。对梅洛－庞蒂而言，当人们根据常识的独断论或科学的独断论重返自我时，他所找到的不是内在真理的源头，而是投身于世界的一个主体。真理不仅仅"寓于内在的人"，更确切地说，没有内在的人，人在世界上存在，人只有在世界中才能认识自己。在这里，跨越唯我论的关键步骤是重新估价我思。"真正的思维"，或"我思"既不是一个完全在知觉之外的纯粹反思，也不是一个具有源生力量的构造者，"我思"是与身体和事物联系在一起的能知觉的主体，所以，"我思"应当在处境中发现自我。诚如梅洛－庞蒂所说："真正的我

① ［美］弗莱德·R. 多尔迈：《主体性的黄昏》，万俊人等译，上海人民出版社 1992 年版，第 137 页。

思是把我的思维当作不可剥夺的事实，取消各种各样的唯心主义，发现我'在世界上存在'。"① 我思"在世界上存在"，在活动中展开，这种反思方向的改变将证明这样一个基本事实：超验主体不再是在任何地方又不在任何地方的独立实体，它的中心就是我们的个人的实存；"介入意识"是在世界之内的，因而与其说我明白了我思的存在，不如说我感受到了我自身，知觉到"实践场的我的身体"。正是"实践场的我的身体"把我与本己身体的关系、与他人的关系、与世界的关系纳入一个整体结构中。

二

"实践场的我的身体"，既表征着无论是"我"，抑或是"他"作为主体，都应该包含着"在自然中的肉身化"，同时身体作为"世界的肉"，也彰显了梅洛－庞蒂把肉身化作为嵌入存在的证据，以及他基于肉体知觉的反二元论倾向。同时，在肉的普遍可知觉性这一公设上，通过身体的肉体知觉，它所揭示的既不是一种物理行为的相互关系，也不是精神状态的相互关系，而是一种相互性的在世存在，一种"人与世界、与他人、与自己的活生生的真实关系"。

在梅洛－庞蒂看来，谁也无法脱离身体、超越时空地去观察一切，所以，任何哲学既不能避开对身体的描述，也不能把身体分割成："这里是思想、意识，那里是物质、客体"。实际上，"在身体中有一种深层的循环性，我把这称之为肉"②。"肉"交织着灵性化与肉身化的双程进程，使得视觉与可见的东西，触摸与可触摸到的东西，语言与对语言的理解形成了一个网络系统，在肉这一可感知的知觉公设上，最终将身体提升到了存在论的地位。所以，肉区别于生理学意义上的一个人"经验肉体或可感知的肉"，而类似于一个古老术语，即古代先贤们所谈论的水、土、火那种意义上的存在"元素"。肉作为在世的存在，即使另一个人出现在他的现象性肉体表面，被赋予了一种"位置性"（locality）成为可能，同时，

① ［法］莫里斯·梅洛－庞蒂：《知觉现象学》，姜志辉译，商务印书馆 2003 年版，第 9 页。

② 《杨大春讲梅洛－庞蒂》，北京大学出版社 2005 年版，第 154 页。

肉作为存在于这个世界中的共同的内在属性，又是形成主体和主体间性的介质。在这里，与萨特所持隐匿的共存是以他人主体性的先验经验为前提条件的观点不同，梅洛-庞蒂强调肉身化不是一种我思的具体表现，他人的肉体也不是一个为我的客体，同样，我的肉体也不是一个为他的客体。相反，肉身化或“肉的存在”是人之行为的表现，它既显示了对可见性参与的证明，又显示了可传递的意义，从而创造了一种“共同的情形”。因为我在看，我本身也是他人能看到的；我的一只手触摸另一只手，一种共存的现象便产生了。从此以后，这两个肉体也就同时居住于这种永远更新着的生命足迹之中。与此同时，也不再有一种自我核心。自我与他人之间的关系，既不是一种构成性虚无的内在统一性，也不是一种两个相互平行的、相互敌视的外在否定性，而毋宁是在现实的朴实无华的生活中，两个圆圈、两个旋涡、两个洞穴、两种开放性和将要发生某种事情的两个舞台之间的一种本体论的相互依赖、相互涉入、相互缠绕及可逆性。

显而易见，在考察感知的世界时，我的身体、我的肉体知觉向我提供了进入世界的入口。身体以其含混性超越了透明性，所实现的整体不是被理智占有的观念统一体，而是凭借某种所及范围的我的动作，向着无数视角开放的整体，因而身体的一切活动都伴随着经验的张力。依循这种新的出发点，我已然被卷入知觉之中，并在我的空间体验中也发现了这种实存的卷入。因而在进行认知探询之前，我经验到至少存在着一种历史处境的可能性，因为我不仅感知到我生活在地球、空气、水等这样一个自然宇宙中，而且还感知到围绕在我周围的村庄、种植园、街道、教堂，以及我日常所使用的各种器具等文化积淀物。同样，“我感觉到在一种隐匿的幕纱下他即近的现在”，发现了“在一种文化世界形式中所沉积的”各种行为模式。所以，事物作为对我变化着的显现的客观一极，其实存型式是与我的身体、器官和生活定型性相关联的。事实上，他物是“我们的身体和我们的生活的相关物”①；他人作为每个事物的可能视景的形式的组成部分，也合并在我的知觉的图画中。因而，我与他人的关系实际是“共同在世”；世界不过是知觉向我揭示的世界。在这里，身体和他物、他人在

① ［美］赫伯特·施皮格伯格：《现象学运动》，王炳文、张金言译，商务印书馆 1995 年版，第 770 页。

一个生活世界中相互交织，因而世界的统一性不过是我身体统一性的相关物。我通过我的身体在世界中存在，并用我的身体知觉世界，由于世界与知觉经验而非知性的判断关联在一起，世界恢复了它的神秘性。

总之，"人只是世界的一束关系"，人与世界的知觉关系是一切关系的基础。当梅洛－庞蒂主张知觉作为"介入的意识"是"在世界内"，强调从人的身体出发来理解"人和世界的本质"，强调"在思考之前，世界总是作为一种不可剥夺的在场'已经在此'"时，便说明了现象学的核心既不是先验主观性问题，也不是意识活动对于意识对象的问题，而凸显了关注身体，回到知觉的基础地位。在这里，"肉的存在"可谓取代"我思"的相当有独创性的方法，这种中性的材料最终不仅在认识论未能填补的主体与客体的裂隙之间架起桥梁，而且表明我与他人的共在是不能直接意向的，只能通过沉浸于世界之中来侧面地接近它。这种转变把各种认识论的矛盾推到了幕后，不仅给一种人类经验的知觉遭遇开辟了舞台，而且表现了梅洛－庞蒂对意识哲学不断深入地清算，而这种清算的基础恰恰是所谓"未加工的存在"或"野性的存在"：肉及其可逆性。"我思"存在于世界之中，我不可能飞跃我的肉体知觉范围，"我参与"的呼声响彻他的遗著。

三

当把注意的焦点从认识论的范畴转移到前反省经验和隐匿的文化遭遇上时，自我就不再是"闭锁于他们自己的内在性之中的我思者"，而是被他人的世界所超越，并最终很可能为彼我相互之间都超越了的"在一体化样式中的人的共在"。如果说通过"肉的存在"证明了我与他人遭遇的必然性和共在，那么，语言则恰如其分地证明了自我与他人、我与社会相互共在的内在属性，以及通过语言交流所生成的"交互世界"。

身体与言语是梅洛－庞蒂知觉现象学中的两个主题。不过，身体与语言之间密切相关，表现为自然世界与文化世界之间的内在相关性。在《世界的散文》与《知觉现象学》一书的《作为表达和言语的身体》一节中，梅洛－庞蒂分别描述了这一主题。他说："一个人的身体和心灵不过是他的在世的方式的两个方面，同样语词和它指示的思想不应该被看作是外在的两极，语词支撑其含义，就像是某种行为的肉身化一样。”① 在他看来，身体不是一个物体，不是自在的微粒的集合，也不是一次确定下来的过程的交织，与之相应，身体既不是它之所处，也不是它之所是。身体作为一个自然主体，具有一种自然表达的能力，这种能力表现为身体把某种运动本质转变为声音，使一个词语的发音方式展开在有声的现象中，从而使我们能够看到说话行为的真正外貌。说话或言语是一种动作，也是我们生存超过自然存在的部分。因为在说与听的主体之间，语音动作实现了某种体验的结构，某种生存的变化，一如我的身体分泌出一种不知来自何处的“意义”，并把该意义赋予我周围的物体和传递给其他具体化的主体一样，言语的表达活动构成了一个语言世界和一个文化世界。总之，身体经验本身就是一种表达，一种“语言”，“语言”表达不过是其派生的表达形式。

如果说肉身化是主体遭遇及共在的基础，那么，语言则更进一步加强了这种共在的可理解性。在《世界漫笔》中，梅洛－庞蒂再次强调自我与另一个我交互共在的内在性，并认为这种内在本性构成了社会性的基础。这部手册主张，语言是一种“永无止境地更新同一性与他性之间中介”的能力，是形成使遭遇得以理解的关键基质（matrix）。通过语言的交流，即使另一个我“可以在一种更彻底的意义上既显现为他人，也显现为自己”，同时也会生成一个交互世界。因为在这个经验谈论的世界中，“‘存在着他人和我自己之间已构成的一种共同的基础：我的思想与他的思想相互交织成一个单一的结构，我的语言和我的对话者的语言都是为这种讨论的气氛所唤起的，而且也都涉入一种我们两人都不是其创造者的共同参与的操作之中’。在此所产生的是一个交互世界，或者是‘一种双重存在，在这种存在中，他人对于我来说已不再是我先验领域中的点滴行为，而我也不是他人先验领域中的纯粹的点滴行为；相反，我们都是一种圆满的相互性中的相互合作者’”②。在这一交互世界的背景中，语言实际上是知觉经验的升华形式，是我自身的多种

① 杨大春：《杨大春讲梅洛－庞蒂》，北京大学出版社 2005 年版，第 87 页。

② ［美］弗莱德·R. 多尔迈：《主体性的黄昏》，万俊人等译，上海人民出版社 1992 年版，第 142 页。

经验的交汇，是我的经验与他人经验的交汇，一如我的身体感知到其他人的身体，并发现在那里有某种类似于我自己的意识不可思议地延长的东西一样，语言交流所生成的共存，也体现着我们个人实存的在这个自然世界本质上的延长。在这个意义上，梅洛－庞蒂同在维特根斯坦影响下的语言哲学家们不同，他既不只是专注于符号、符号系统，以及符号之间的种种区别，也不只是倾心于研究不同的语言游戏以及它们各自的规则，而是感兴趣于"盒子里的甲虫"。对他而言，"言语是一种动作，言语的意义是一个世界"①。

共存的基本样式，既不是如萨特所以为的那样：是同伴间的冲突（至少不是自我发动的冲突），也不是如海德格尔所说的那样：是非本真的存在。对于前者，我们既不能把自我与他人和绝对的内在性、构成性的虚无同一化，也不能把自我与他人视作两个相互平行的、彼我在注视中都受到同样致命打击的自为存在。相反，必须使所有的人相互组成一个"系统"，或相互可以感受到的一个自为的星座，以便使人们认识到，"他人具有使我不再成为中心的力量，具有把他的中心与我的中心对立起来以反对我的力量，他之所以能够这样做，只是因为我们两个人都不是已被安置在两个自在宇宙之中的虚无，我们是不可相互比拟的，但我们俩都是存在的入门口，一方都为另一方进入，而这之所以对于他人来说是一种实践的权利，是因为他们两人都属于同一存在"②。所以，他人不仅给自我带来伤害，更一般地说，他人也是一个证人。在这种共在的世界里，自我与他人的关系不再是："要么是他，要么是我"这样一种两个意识（自为）之间的冲突关系，而是两个经验彼此吻合，作为知觉的匿名主体的参与者。在这种共存的世界中，虽然彼我的经验不能永远保持永远的一致，但至少是来源于同一个世界。对于后者，梅洛－庞蒂并未停留在海德格尔所谓非本真的共在范畴。但他看来，虽然反省的努力会引起主体自我意识的兴起，并陷入唯我论。此外，交流的中断也会使每个人在各自私人的领域里活动，重返传统哲学的我思领域。但是，倘若为了回避自我学的中心

---

① ［法］莫里斯·梅洛－庞蒂：《知觉现象学》，姜志辉译，商务印书馆2003年版，第240页。

② ［美］弗莱德·R. 多尔迈：《主体性的黄昏》，万俊人等译，上海人民出版社1992年版，第157—158页。

论，而用一种为某种复数的人所共享的经验来消除自我与他人之间的差别与隔阂，这样不仅会把一种非个人性的主体引入主体性的心脏，同时也会在一种普遍性的混淆中，将自我与另一个我一并解除，以至在这种集体意识或复数意识中，重陷以为已解脱的困境之中。在梅洛－庞蒂看来，尽管共在至少存在于两个个体经验之中，但是共存在并不妨碍孤独这一事实，甚至不妨碍“唯我论”的相对“真理”。某人与他人交流，交流与孤独并不是绝对排斥的两方，而是一种现象的两个因素。事实上，它们是互相依存的，因为如果自我没有关于他人的体验，就不能谈论孤独，甚至不能断言他人是难于接近的。所以，主体意识获得我的意识这一资格的前提条件是：它必须对同类人敞开大门。因为自我与另一个自我之间的相互认识、相互交流，正是依赖于反省主体这种无可怀疑的、趋向于他人的开放性、流动性的特征。如果说我的身体作为我立足于世界的系统，建立起了我与他人的共在，那么，语言对话则使我的思想与他人的思想，“在不是我们之中任何人制造的共同操作中”彼此嵌入共同的基底中。语言交流不仅使我们能够突破我们的直接材料而达到现象领域，而且表明我们自己的世界是如何悄悄地过渡到更庞大的共存在的世界；表明我们的世界从好几个方面向它开放，不仅在我们自己的身体之中，而且在文化表现的世界之中。

总之，“梅洛－庞蒂的现象学是人的现象学；它是关于人的不可能完成的事业的现象学”[①]。尽管梅洛－庞蒂的知觉现象学并不完备，因而被批评家费迪南·阿尔吉耶称作“暧昧性的哲学”。但是，“梅洛－庞蒂的哲学并不是一片朦胧的暮色，而是一幅具有明暗对比的图画”[②]。所以，它所具有的自身价值是不容置疑的。概观梅洛－庞蒂的知觉现象学，其创新性与独特性在于：以一种始终如一的精神，力图将传统哲学一直坚守、细心划分的一些范畴，诸如主体与客体、意识与身体、本质与事实等纳入一种新的综合。这种新综合的贡献基于这样一个事实，即他总是从对传统哲学的观点、方法的批判开始，然后以知觉、身体、“肉的世界”的前反

① ［美］赫伯特·施皮格伯格：《现象学运动》，王炳文、张金言译，商务印书馆 1995 年版，第 786 页。

② 同上书，第 748 页。

省经验，取代了传统哲学的二元论与本质主义的研究方法，从而显示出一种在科学创作的传统和风格中成长起来的人的精神气质。当然，要说梅洛－庞蒂的知觉现象学是完美无瑕的，也似有些过头。但是，瑕不掩瑜，就他对反思主体的扬弃、对传统主客两分法的批判，以及试图尽可能如实地审查并描述生活世界的现象，它确实改变并扭转了现象学的研究路向。正如美国哲学家赫伯特·施皮格伯格在《现象学运动》一书中所评价的那样："如果说没有梅洛－庞蒂，如果没有他的学术风度，现象学就很难如此迅速地取得这样的声望，是他通过他的宏大的业绩为现象学赢得了这种声望。"①

（原载于《人文杂志》2015 年第 12 期）

① ［美］赫伯特·施皮格伯格：《现象学运动》，王炳文、张金言译，商务印书馆 1995 年版，第 783 页。

现代交往哲学中的实用主义之声

西方哲学曾表现为分析的、语言学的、逻辑实证主义的主流哲学，在贤哲学人的狭小圈子中对形式化的问题进行分析与研究。然而，在20世纪中叶，美国哲学实践的巨变突破了主流哲学的狭隘圈子，从重哲学方法和目标分析出现了重新思考并重铸理智与主体，并将其与哲学方法相联系的哲学发展。在“实用主义复兴”话语下的主体—交互共同体彰显出哲学必须回答那些无法适应于分析程序的问题，必须眷顾那些曾为主流哲学与科学哲学所忽视和曲解的交往哲学。

一

实用主义的特色在于以改良为目标，其思想传统着重于实践中改善人类的生存条件。因此，实用主义哲学强调实践而非理论，以实践形态构建理论本身。在哲学实践方面，实用主义的研究兴趣既非传统哲学所谓的本体论前提，也非与之相应的“描述”“解释”方法，而是人的认知与理解过程所需要的可能性条件、探寻者在对自然理解过程中以交往为特征的动态学习过程，以及由之所形成的交往主体如何拓展了人类的认知探索。

激发实用主义对交往哲学关注的动因是多方面的。首先，缘起于对传统基础主义及其方法的反思与批判。在诸如皮尔士、杜威与詹姆士这样一些“经典实用主义者”的哲学中，就表现出明显的反笛卡尔主义倾向。在他们看来，哲学首先并不需要任何形式的本体论前提，既不应该，也不需要先行考量有关“我思”的先验性，换言之，不应该、不需要先行确定主体“我思”的理解方式“是”什么，然后再去说明主体的认知行为方式“应当是”如何，而是应当和需要在主体现实的认知行动过程中，来探索人的理解方式和具体认知行为是如何具备各种可能的条件，从而得以具体展开的。实用主义的哲学取向表明，并不存在“我思”之“是”的先验性优先于主体认知行为的“应当是”，因而也不需要为哲学实践寻求现象学或逻辑方面的绝对基础。哲学研究应该从一个新的着眼点来探寻人类理解方式的可能性条件，即应该和需要关注的是主体当下所正在进行的具体认知行为和过程，在这种正在进行的“应当是”中，来真实地描述人类理解方式的展开过程，人类理解过程所是的一切就是该过程所需要的可能性条件。

与之相应，在哲学研究的方法论方面，实用主义既反对分析方法，也反对“描述”“解释”的方法，因为这两种传统都把哲学理解为提出并解决关于事实或价值的理论“问题”。所以，自希腊以来的哲学理论都一直沉迷于对超时空的抽象价值、确定性的知识、永恒真理以及不变实在的求索，但是这并不意味着实用主义不关心认知。相反，它把认识视为实践的、批判的以及探寻者的追求；把认识过程视为认知主体参与到所研究的事件中，在一个特定的需求语境中认知“事实如何”，以及了解“什么是善”的过程。认知主体本质上是社会性的，在与他物、他人的实际境遇中辨识、描绘价值和概念，并依据结果进行检验，而不是把价值和概念归结为关于预先存在的实在的事实或命题。杜威与米德在对心理学研究的基础上所提出的行动—再调整回路模型正是这种思想观念的解证。行动—再调整回路模型标志着告别了从洛克心灵白板说那里延续下来的被动反应的机械论模型，放弃了心向外求、心灵如何与外界事态相符合为目标的认知观念，而青睐于“有机体的主动性”在与环境动态的关系中，以连续的方式拓展、协调和整合自己的行动，并形成对事实和价值评判的真正有机论的模型。彰显出实用主义的方法是放弃与主体行动相隔绝的抽象的理论研究，避免包括本质主义在内的一切封闭的研究纲领，挑战占统治地位的非生产性的、再现性的元叙事，通过在本质层面上反省自我的批判性实践，鼓励创新性的新的行为习惯的形成，从而重建关于自我的概念体系。由此可见，实用主义的原初力量在于：发展与根本性地检验认知事物的新方法，由之推进社会变革和人类发展的方法论。

其次，同上述哲学转向相呼应，缘起于对语言交往能力的研究。实用主义认为自休谟、康德的认识论起，便揭示了人的认识不再是“自然之镜"，但是人的认识并不是发生在一个单独的有机体内部，而是发生在一群不同的有机体之间的有组织行动。因为人的理性与心灵既不是"白板"，也不是某种自治的领域，这个领域为各种各样的灵活的、动态的、组织化的"意象图式"所填充，并在组织自身经验的过程中形成"相同的意向图式"。所以，认知与理解实质上是一种以交往为特征的动态学习过程。我们的经验世界是以"家族相似"的方式，而非以数学的公式构造起来的动态结构；"视界融合"才能使得我们对对象的理解成为可能。要达成以相同的意向应对世界，必然涉及符号及其应用。实用主义认为，符号并不是单纯地描述一个既存的事实，或刻画一个既存的本体论性质的世界的工具。应用符号不仅可以使人们在说与听的交流中，形成一个相互协助、相互指引的共识语境，而且还可以在语言交往中，自我在把当下的意义赋予一个关于过去和可以预期的未来的一致叙事的过程中，逐渐形成自我，拓展自我的意义世界。因此，语言的核心不在于"表达"预先存在，而在于交流，在于建立活动中的协作和交互主体。由此可见，同诸如洛克、卡尔纳普、早期维特根斯坦和塞尔等经验主义者不同，实用主义在对语言及其应用的分析中，紧要的不是通过逻辑的或语言学的概念分析，发展规范语言，最大限度地限制自然语言内在的歧义性，实现清晰明确的语言交流，以避免语言对思想的误导，而是聚焦于语言的交往，以及语言的社会交往对建构理智与自我的重要作用。换言之，实用主义哲学不是把对话的产物——语言当作自己的研究主题，而是把语言的对话这样一种活动与反省、行动与制造的当下过程当作探索的目标，因为在他们看来，"心灵生成于交流"。

随着实用主义把主体理解为在交往实践中呈现并进行有效反思的交互主体，它对于交往哲学的独特价值也清楚地显露出来。理性认知被理解为以交往为特征的动态学习过程，互动交往的认知论优先于对一个客观存在事实描述的认识论，"有机体的主动性"、互动性的实践对话模型取代了独立性、被动性的符合实际的因果模型。这种从因果模型到对话模型的转变意味着，与那种把主体、观察和反思从客体、参与和直接经验中分离出来的传统的、"作为旁观者的知识论"不同，新的认识模型不仅通过看和写，而且通过倾听和谈论的方式，在有他人参与的交往实践的互动世界中构建意义。总之，实用主义要做的是从"描述"到"交流"的转换，感兴趣的是主体共同体借以形成、呈现和实现对自然理解的持续进行的交流过程，以及交往过程如何拓展了人类的认知，而不是把人类的认知局限于为所谓的本质反映提供论据。在这个意义上，实用主义的交往哲学既是对传统哲学的批判与超越，也是一种重新建构。它发展了另一种关于人的概念，即把认知主体界定为在以交往为基础的探寻—评估的过程中所呈现出来的交互主体。

二

实用主义并没有一个统一的有关交往的理论。然而，这并不意味着实用主义者内部没有共同关注的主题。当实用主义者各自从不同的研究方向，探索交往的语言境遇、交往的“现金价值”、交往的民主模式和交往实践的理想等问题域时，却犹如从不同的边缘域朝着一个圆心、一个共同关注的主题前进，从而使得交往哲学在实用主义哲学家的不同话语中汇成一种和声。

就实用主义的交往哲学而言，皮尔士的普通符号学似乎与交往实践的实际特征并不相干。然而，凡是想从实用主义视角研究交往实践的人，都不应也不能忽视这位符号学领域中的坚定的实用主义者。这不仅在于他发现了语言的重要性，并探讨了语言应用的逻辑结构，而且在于他对符号的内在模式及其符号理想化的使用方式的研究，既发掘出研究实践和解释实践的共同基础，也为解释交往实践提供了丰富而精微的方法。

皮尔士的普通符号学与其实用主义犹如一枚硬币的两面，因为他的实用主义本身就是一种对符号进行系统研究的符号学学说。他的符号学明确地将人类对语言的使用与自我的主体性概念联系了起来，其理论目的是阐明交往实践的生成与演进的各种语境，阐明自我意识、自我批判、自我控制的生成、保持与深化何以可能的规范化因素。所以，对皮尔士来说，关于交往过程的解释，现象学的描述与规范性的反思紧密相关。现象学的描述在于解释人类心灵如何以普遍的范畴形式突破主体性的直接性界限，而规范性的反思则在于以理论的形态揭示人的符号行为何以构成、批判与修改主体自身。在皮尔士看来，诸如指称、断定、解释和探寻之类的过程实际上是人类自我控制的行为模式，更确切地说，语言能力是自我控制的一种表现形式；符号行为是支撑自我作为主体参与并生活于这个世界中的路径。在这里，皮尔士同柏拉图一样，认为“思想总是表现为对话”。所以，当皮尔士的符号学对符号过程的内在模式进行研究时，他将符号的特征抽象化为直接性（第一性）、对立面（第二性）、中介（第三性），以解释自我与他者之间的交往过程和交往实践的方式。皮尔士认为符号既可表现为思维的理性控制，也可以定义为一种“交往的中介”。凭借符号行为，自我在与他者的“授—受”的交互影响过程中，既被抛到自身之外，超越实际的此时此刻，超越当下的位置和视角，同时自我与他者之间的僵硬对立也得到协调，因而交往既是一个使最初无意识地参与了符号行为的自我“不断深入的自我意识、自我批判和自我控制”的过程，也是一个我与他者多样性的视角相互包容的过程。由此可见，皮尔士的符号学揭示了交往实践是不同个人展示自身框架、自身维系和修改自身及其行为方式的舞台。所以，它在强调人类理智的有限性的同时，也认识到人类理智的超越性，尤其是人类超越实际的或历史的实践经验的限度的能力。在这个意义上，符号学与“实践”概念相互勾连，彰显出皮尔士的符号学不在于使理论服从于实践，而在于把理论本身视为一种随之而生的实践。

与皮尔士不同，詹姆斯的符号现象学研究的焦点是符号与符号行为过程中的经验，其目的在于避免规范性的研究所导致的经验与交往、认知与行为相割裂的二元论，揭示人、符号与世界的三位一体关系。因此，符号现象学作为詹姆斯的彻底经验论的一个衍生理论，它的方法是直观和经验，它的目标是描述和批判。

詹姆斯在《实用主义是什么》中，把语词的共同特质称为实践的现金价值。“现金价值”这个根植于经济学语言中的隐喻显示：语词必须要产生后果。交往的“现金价值”则在于它不仅是使人类活动的多样性整合成为可能，而且也是实现人类目标的最佳方法。对詹姆斯来说，交往绝不能仅仅归结为一种“主体行动”，因为行为的适当性同时也是一个社会理解或意识问题。交往是一个言谈背景（经验意识）与表达行为（语用学）融合为一的过程。在这个过程中，主导因素与其说是行动，不如说是经验意识。经验意识并不仅仅局限于对存在的表达，而且包含着感知与表达、人与世界的双向关系，是一个社会关系和语言关系纠结在一起的网络。在这个意义上，经验意识本身就是一个交往事业。由于交往根植于人的经验世界，那么，经验世界的多元性、不确定性与复杂性，也决定了交往不是一种单一的、统一的规范化的整合方式。人类经验的多元性、歧义性与模棱两可性，本质上只有在交往实践的视野中，才能相互妥协、相互包容，达成共识。在此，交往实践的视野既是社会的，同时也是个人的。因为每个言谈者的言谈总是在文化环境和社会环境的参数之中展示其行为，并内在于这些参数之中，所以每个人的行为目标都是社会建构与个人评价的综合统一。由此可见，詹姆斯的交往哲学较之皮尔士而言，其基本方法程序更具有现象学的特点，这种研究纲领与生活经验密切相关，立足于交往的现金价值，他所期待的不仅是交往行为的后果，而且更关注交往的源头。也就是说，他所研究的不仅是在经验意识多元视角下的，通过言谈所达到的合作，而且更关注自我系统的经验结构。应该说詹姆士的交往哲学既非对象和行动的哲学，亦非观念的哲学；它是关于经验意识和主体参与的行动哲学，表现了实用主义对于语用学和现象学的重视与复兴。

如果说皮尔士专注的是交流的语言，那么，杜威关注的则是语言的交流。杜威对交流的兴趣远胜于对语言的兴趣并不是偶然的。后冷战时代美国生活中所凸显出来的民主问题，是其民主交往理论的政治语境，如何拓展一种交往主义的民主模式，营造一种民主的生活条件是其交往哲学的诉求。

杜威的民主交往理论是在对启蒙主义的民主模式的批判中，发展出来的一种交往主义的民主模式。两种民主模式的根本区别在于：是以理性自律，抑或是以“社会理智”为基础。依杜威之见，由笛卡尔肇始，并为洛克、休谟、康德等人传承的启蒙主义理性观是错误的，因为理性并不是以自明性原理为基础的先天的、非历史性的、确定的普遍性，所以，建基于以自明的自我自律之上的启蒙主义的民主模式，从未获得过人类学探寻的支持。为此，他提出了“理智重建”。“理智重建”的认识论基础是他所提出的“行动—再调整回路模型”。这种模型引导杜威形成了一种完全不同于启蒙主义的理性模型。它强调理性不是一只固定的眼睛，仅仅瞄准一个不变的视角，而是如同多面棱镜，处在动态的、多元视野的中心，以想象力对问题创造性地处理，由模糊的、悬而未决的情境，向可修正的、有确定答案的情境转化的过程本身；自我不是一个与世隔绝、与语境无关的抽象的理性统一性，而是在与他者的语言交流过程中，把自己展示给他者，也展示给自己，逐渐形成一个独立自我的过程。交往是神奇的。在交往中，事物不是被以外部的传递方式，而是在话语“推—拉的平面”交流中，重新调整、重新排列与重新组合，并获得新的意义与价值。所以，交往过程不是谈论事物，或单纯地显示事物，而是在活动与反省、行动与制造的“艺术”创造过程中，包容、整合不同视角，变形自己的经验。交往的目标不是对话，而是在对话这样一种相互关爱、相互支持的多元民主的语境中，孕育并生成民主生活。民主生活是共同体的生活，而维系共同体生活的基础是语言交往。在共同体内部，自我并不是迷失在匿名的“他们”之中，而是作为一个处于共同事业中的独立个体的参与者，凭借想象力和爱心把自己置身于他人的视角，去体会他人的经验与世界，参与他人的行动。通过话语交流，不只是简单地传递信息，还在于通过协作行动，共享经验，使每个成员融入文化，接受那些维系人类生存的价值观，培养出一种具有审美力量的集体理想。这种集体理想以审美的方式，而非单纯的认知方式把共同体成员的各种视角、各类活动整合进一个连续的、方向日渐明确的经验之中，发展出一种可靠的价值体系，建构起一个共同目标，依据行为的共同目标，来引导、诠释、调节和评估各参与者的特定行为，来确保共同体成员之间的情感与理智交流，以维系一个社会的稳定与延续。总之，杜威的交往哲学表现了对语言交流的深切关注，这种关切使之与皮尔士，以及那些把语言仅仅作为分析对象的语言哲学相区别。对杜威来说，语言的核心不在于“表达”存在，而在于改造社会生活的交往功能。所以，他把语言与实际的“行”与“做”作为一个整体来思考，并使内在于这个整体中的一切与人类事务相关的相与相度获得展开。语言交流既生成了心灵，也孕育了社会共同体据以建立的那种民主交往，从而使得多样性的见解、社会想象力的培育和相互关爱的普遍氛围成为民主社会的固有品质。

三

毋庸讳言，实用主义的交往哲学是杂陈而不统一的，因而任何试图要把实用主义的交往哲学统一为一种声音的努力都是狂妄的。但是，如果我们希望在人类对话中恢复实用主义的声音，就应当忠实于美国实用主义的多元主义特征，在聆听与鉴别实用主义交往哲学的各种声音的同时，捕捉与研究它们所共同关注的主题，以及它们对当代交往哲学所做的贡献。

实用主义作为一种美国本土化的哲学，同样具有近代西方哲学向现代西方哲学转变的基本精神特征。当实用主义的交往哲学指向那些以前被贬斥到哲学边缘的问题时，就意味着美国哲学正处于一场哲学变革之中。在这场哲学变革中，如果说皮尔士的符号学理论是对交往实践的抽象与概括，并旨在阐明交往实践及其发生与演进的各种语境的话，那么，就詹姆斯和杜威的交往哲学而言，他们的哲学论题相对来说则更现实、更具体一些。他们更侧重于关注人类的心理、意识、经验，以及具体的社会、教育、民主等问题。尽管皮尔士、詹姆士和杜威的交往哲学所探及的问题域各有侧重，然而，他们的交往哲学则是在批判传统哲学的理性主义程序基础上的重新建构。这种建构的共同旨趣是交往的本性和能力等基本问题，其问题的核心是截然不同的交往行动的条件及其后果是什么？在探及这个核心问题时，实用主义交往哲学独树一帜的研究方式，使之同那些在抽象的形式中对语言进行理论化研究的语言哲学不同，而是把意识与行动、语言与语言的使用融合在一起来进行思考。在这个前提条件下，语言与言语被理解为创新性的而非再现性的，一切与人类事物相关的不确定性——私人的或公共的——都得到了重新探索。感知与表达、理智与民主、自我与社会等都在语言交流这样一种“诗歌的功能与实践功能混合”的艺术交往中生成、变化与发展。所以，实用主义的交往哲学的理想化策略不是追求语言对“存在”或事物的精确描述，而是在对语言与语言交流的实际关切中，揭示影响主体、心灵生成、保持与深化的构成要件与功能，以说明人与人之间的多元视角何以能够成功地达成协调与共识。因为在他们看来，现实世界的“疾病”——问题、错误和失败来源于人们之间相互疏离、对立与冲突，而非源自于信息的不确定性和判断的不准确性。而交往则是与他者沟通、影响公众能力、树立与实现共同目标的最佳方法。

总之，实用主义交往哲学的贡献是围绕着对语言交流的关注而形成的。语言交流内在于社会和个人的进化中，而实用主义者对这种进化的探寻所表现出的独特音调，既显示了实用主义对语用学和现象学的重视与复兴，也表现了实用主义以实践构建理论的共同取向与传统，更展示了一种关于人在语言交流中生成经验并分享其结果的交往主体的转向与创新。实用主义的声音在这些音调中歌唱。

（原载于《人文杂志》2010 年第 6 期）

符号、自我与交往

——皮尔士的交往符号学理论

就实用主义的交往哲学而言，皮尔士的普通符号学似乎与交往实践的实际特征并不相干。然而，凡是想从实用主义视角研究交往实践的人，都不应也不能忽视这位符号学领域中的坚定的实用主义者。这不仅在于他最早发现了语言符号的重要性，并被视为语言学转向的先驱，而且在于他探讨了语言应用的逻辑结构。他对符号的内在模式及其符号理想化的使用方式的研究，既发掘出研究和解释实践的共同基础，也为解释交往实践提供了丰富而精微的方法。因此，在对实用主义交往实践的研究中，忽略皮尔士的符号学是令人遗憾的。

一

皮尔士的符号学是研究符号的理论。这种符号理论不仅与其范畴理论是统一的，而且在数学、现象学中有其存在的根据，并在规范科学中得到了解证。

当皮尔士致力于建立一个真正普遍、广泛的符号学理论时，他对这个目标的追寻，既受来自逻辑学和科学两方面兴趣的启发，也受洛克、索绪尔哲学的影响。就前者而言，作为现代数学逻辑的创始人之一，在皮尔士看来，数学与逻辑、逻辑与符号不仅具有内在的相关性，在某种意义上，逻辑与符号甚或是等同的。就后者而言，他既汲取了洛克在《人类理解论》中有关符号学的任务“在于考察人心为了理解事物、传达知识于他人时所用的标记的本性”等观点，同时也赞同索绪尔关于符号学是研究符号的理论，将展示符号由什么组成，并遵循什么法则的基本立场。但是，这一共同点并不能掩盖二者符号学之间存在着的根本分歧。对索绪尔来说，符号学是一门特殊学科，依赖于诸如物理学和心理学这样一些更一般的特殊学科的结果。所以，他强调的是符号的任意性，认为“完全任意性的符号比其他的符号更能实现符号学过程的理想”[①]。但对皮尔士而言，符号学是一门基础性学科，植根于数学，且只利用现象学，因而他强烈反对把逻辑建立在心理学的基础上，并十分注重自然符号体系，以及协议性符号对自然符号体系的适应性。在这些分歧的前提下，通过对出现在心智面前的“表象”“地基”或符号的反思，与索绪尔认为符号不过是把指示者与被指的东西联系起来的双价观点不同，皮尔士坚持符号的三叉性观点。在他看来，一个符号通过作为符号载体的中介把一个对象和一个意义联系起来，这样符号便表现为与它的对象及意义的双重关系。符号在与对象的关系中，符号是被动的，但在与意义的关系中，符号则是主动的。换言之，对象决定符号，符号又决定意义，而意义又可以在新的符号关系里成为对象，由之符号则会不断地产生新的符号。在这种无限制的“符号行动”中，它包括“三个主体的合作行为，例如一个符号、它的对象以及它的意义；这种三个联系在一起的影响在任何意义上都不能化减为成对之间的行动”[②]。因此，符号行动不仅在本质上是三合一的，同时，符号也是主体生成意义、制造联系、标示差异的方式。

皮尔士的符号理论与其范畴理论是统一的，所以他的符号学只有在他的学科分类体系中才能得到正确的理解，因为它不仅在数学、现象学中有存在的根据，而且在规范科学中得到了解证。受康德基于先验逻辑而构建起来的范畴体系的启发，皮尔士寻求范畴的目的，就是要挖掘出对一切对象具有普遍有效性的定理。不过，皮尔士推导范畴的过程，则异于康德从先天综合判断中演绎范畴的方法。对皮尔士来说，真正普遍适用的、不能化简的全部范畴只能导源于数学，因为数学是所有学科中最基础的学科，其旨趣是假设事态，而不是事物的实在性。所以，他寻求、推导范畴的过程，既不是基于心理学，从主体的心智如何运行来推导范畴；也不是依循于语言学，从人的语言结构中抽象出范畴，而是运用数学的绘图方法，即

① ［美］科尼利斯·瓦尔：《皮尔士》，郝长墀译，中华书局2003年版，第96页。

② 同上书，第101页 。

用表征关系的点和线来推导范畴，同时又将康德范畴表中的十二个范畴减化为更为基本的三个范畴，即第一性（firstness），某物；第二性（secondness），其他；第三性（thirdness），中介。对皮尔士来说，“这三个范畴是按等级排列的，而且它们是渗透的。没有无第二性的第三性，没有无第一性的第二性。再者，第一性产生了第二性，它又引起一种中介，或第三性”①。在这里，范畴的一、二、三，不仅具有毕达哥拉斯派意义上将数看作自然法则的普遍实在性，因而适用于一切存在的或不存在的事物，同时范畴所表现出来的三元关系，也是构成更高级次关系的必要条件。在这个意义上，皮尔士的范畴理论应该被理解为数学中的一个公理，这个公理为理解所有知识提供了一个基本定理。

皮尔士的算法理论既推导又预设了他的范畴理论，但他并没有直接将数学的范畴应用于现象，而是在对令人惊异的心智现象的研究中推导出现象学的范畴。依皮尔士之见，如果说三个数学范畴及其相互关系是在自然界中有待发现的普遍原理，并具有自然法则的实在性，那么，它们一定适用于任何可能的对象，也一定适用于现象学的对象。对皮尔士来说，现象学作为哲学，在本质上是一门经验的科学，它的任务就是要悬置对于“应当如何认识”“应当如何做”的考虑，仅仅通过观察、辨识每时每刻出现在我们意识面前的现象的要素，去探究和发现什么种类的因素在所有现象中是普遍的，它们的特性是什么，以及这些因素是如何相互联系的。最后，在对意识现象的观察、辨识中推导、制定出一个范畴的目录，并证明它们是自足的而不是多余的。确切地说，皮尔士现象学的范畴推导不仅同其数学的范畴推导具有同样等级式的结构，同时又在这种推导中从哲学的维度解证了三个范畴的普遍性。他从对出现在心智中最简单的因素：显现性或任何简单的感觉观察出发，断言显现在心智面前的知觉对象都具有某些一般的特性，即都隐含着第一性、第二性和第三性。现象学的范畴：第一性，即定性的直接性，是与任何事物都无关联的、绝对自由的“直接感觉”；第二性，即原始对立，是与另外一个事物相对或连接的他在性、非持续性和最后性；第三性，即不可消除的中介，连接着对象与对象之间的关系。皮尔士确信，所有显现在心智面前的现象或经验都包含着这

① ［美］科尼利斯·瓦尔：《皮尔士》，郝长墀译，中华书局2003年版，第17页。

三个范畴。这三个范畴中的每一个都标示着我们在经验中可能遇到的普遍因素，它们引导着我们在实际世界或想象世界中应当从什么方向观察，并预期什么关系。因此，皮尔士不仅把有关美、正确与真理的规范科学——美学、伦理学和逻辑学看作根据这三个范畴对于现象思考的结果，而且在未完成的《猜谜》一书中，在诸如形而上学、心理学、生理学、物理学、生物学、社会学以及神学中追踪现象学的范畴，说明现象学的范畴在每一个学科里会以不同的血肉之躯显现。所以，正如美国新实用主义者罗蒂所评价的那样，皮尔士最笃信康德主义，他坚信哲学能够为人们提供一个无所不包的超历史的语境，而所有其他学科均可以在这个语境之中寻得恰当的位置和等级。

如同洛克所主张的那样，人们如果要考察人类知识的全部，就应当考察观念和文字，而在适当地考察与清晰地衡量了它们以后，它们可能会给我们提供一种论理学和批评学。毋庸置疑，皮尔士在对“表象”或符号未反思的观察中所生成的现象学的范畴，不仅为理解所有的知识提供了一个基本框架，也为理解自我与交往实践提供了一个理论基础，这或许就是皮尔士改造整个逻辑理论、建构符号学的初衷。

二

皮尔士的普通符号学与其实用主义犹如一枚硬币的两面，因为他的实用主义本身就是一种对符号进行系统研究的符号学学说，对符号的意义、效应以及可能有什么实际的关系之类的过程进行研究，其目的就在于揭示人的理智、自我对各种形式的符号行为的深刻而广泛的依赖，使人更敏锐地专注于人类行为的条件和后果。

皮尔士在符号学领域中是一名坚定的实用主义者。他的实用主义既是一种弄清任何概念、教条、命题、词和其他符号的真实意义的方法，同时又注重符号的意义与效果。在对符号的研究中，他表现出了强烈的反传统基础主义的倾向。对于皮尔士来说，哲学虽然不像特殊科学那样依赖于特殊的观察，但是它却研究每个人都可以接触到的东西，即“每个在他醒着的生命里的每一小时所接受的如此多的经验”。依照对哲学的这种定位，皮尔士的实用主义在证实词语或概念意义的过程中，既竭力避免陷入

“理性主义”的先验方法，同时又在符号诉求的标准上与笛卡尔鲜明地区分了开来。皮尔士坚信“对于一个概念的完全的定义所必需的，仅仅是确定‘证实或否定那个概念所隐含的所有可以想到的实验现象’”①，所以，他在证实概念的意义时所采取的方法是科学的实验方法。对皮尔士来说，有意义的符号并不仅仅局限于词语和句子，而是认为“任何可以作为符号的东西都可以有意义，无论它是一个词、一句话、整个一种文化，还是像风标一样的物体”②。根据实用主义准则，所有事物或各类符号的意义完全是被可以想象得到的效果决定的。那么，这就意味着符号不仅具有它所指的直接意义，而且会产生影响将来的理性或思考行为的经验效应，并在思想有了足够的发展以后，符号会在人心里产生实际的效果。在这种意义上，实用主义的准则只是一种意义标准，因而它既不同于笛卡尔所追求的概念的真理标准，也不同于逻辑实证主义的证实原则。因为一个符号或陈述句是否有意义仅仅在于由之可以想得到的实际效果，而不在于它是否清晰明白，是否被经验证实。正由于实用主义的意义标准关注的只是符号对人的理性或思考行为所产生的经验效应，所以这种哲学取向所产生的严重后果即是：哲学家应该放弃发现事物的真实面目的努力，因为科学的本质不在于所谓的“无偏见”地发现真理，而在于试图去跟踪实际的真理制造的过程，为不懈地追求真理而奋斗。

如果说任何符号的意义是它想得到的实际效果，那么，皮尔士的符号学所关注的只是孕育实用主义意义上的理智。根据这种理解，理智不在于从我思的视角体悟，而在于专注于一个行动方式的条件与后果。这种哲学动机缘起于力图摆脱由笛卡尔肇始的有关心智的现代哲学的认识论成见，重新深入领悟人的理智与自我。皮尔士反对现代哲学强调自主的个人是知识基础的传统观点，认为它既暗示着心智是被限制在人的身体里的某种东西，同时也混淆了自我与心智，形成了自我的自主心智这样一种“最庸俗的虚荣的幻觉”。在皮尔士看来，当我们以理智的方式行动时，其行动的条件和后果，总是以某种方式和程度超出了我们的意识和理论，所以，只有专注于人类行为的条件与后果，才能更全面地理解理智与自我。在皮

① ［美］科尼利斯·瓦尔：《皮尔士》，郝长墀译，中华书局2003年版，第9页。

② 同上书，第39页。

尔士看来，无论是知识或真理的获得，还是信念或自我人格的形成，都不限囿于单个人的范畴，而属于一种社会活动。就前者而言，知识的探究或真理的获得，是一个典型的公共过程，探寻者的独断意志或其他的个别特性，会在足够长的时间中，通过把进入心智的任何事物的意义取决于可以想象得到的实际结果这样一种原则，而最终达成一个“最后的意见”。这个过程表明“真实”的东西可以被修改，承诺了可错论。而可错论并不排斥“对知识的真实性的高度信心”，相反，恰恰说明知识的“真实性”是一个无限的共同体在无限的时间内能够达到的东西。就后者而言，信念或人格不是个体的身体特质或肉体欲望，而是无数代人的共同经验逐渐建立起来的被生活习惯连在一起的心智或“一束习惯”。但这并不意味着心智或“一束习惯”的统一性，一定是和自我意识的统一性相互对应，它很可能存在于与他者的关系中。因为在社会活动中，自我应该接受他者的权威，相信且依赖于他者的“证言”。当我们通过无知和错误的经历达到了对自我的认识时，完善的知识将过滤掉自我的特异性，克服自我的片面性。这个过程表明自我不是生来具有，而是在与环境的互相作用中生成、后天得来的；表明自我的概念是一个流动性很强的概念，心智所涵盖的领域要比仅仅一个自我大得多，因而思想不可能被分配或限囿在个体的心智里。事实上，人的心智“就像我们说一个物体在运动而不是运动在一个物体里，我们应该说我们是在思想里，而不是思想在我们里面”①。所以，正是我们在心智的表面浮游并且属于它，而不是它属于我们。因此，与笛卡尔的怀疑论相比，皮尔士将其探究的注意力不是放在人为的不可动摇的基础的开端，而是放在了探究的目的的终点。他否认存着作为“我思”起点的个人，以及把人看作一个自足的和自主的个体的现代观念，而强调人的心智与自我的生成、演进与社区的观点。在他看来，“社区，而不是个人，是真理的所在地。——文艺复兴时期巨人的时代结束了”②。

基于上述思想，皮尔士进一步将自我发展为思想的符号理论。在《对于所谓的人所具有的一定官能的问题》一文里，皮尔士吸纳了柏拉图在《诡辩家》中所主张的——思想是灵魂与自己沉默的对话——观点，

① ［美］科尼利斯·瓦尔：《皮尔士》，郝长墀译，中华书局2003年版，第120页。

② 同上书，第54页。

认为人只有在应用符号时才思想。对皮尔士而言，人类与其他物种相比，最重要的优势在于人类控制自身的行为，具有“更高等级的自我控制水平”，而人类自我控制的最大优势则在于应用语言的能力。如果人只有凭借词或符号时才思想，那么这恰好证明：一方面，语言与自我密切相关。每一个思想都是一个符号，不仅意味着思想应该被理解为一个动态的和持续的符号行为过程，而且意味着人也是一个符号。因为“我的语言就是我自己的总和，因为人就是他的思想”。“人所用的词或符号是人的自身。因为把每一个思想是一个符号的事实与生命是思想的列车的事实联系起来，我们可以证明人是一个符号，因此每一个思想是个外在的符号，证明人是一个我在的符号。”①人所使用的词或符号不仅就是人自身。另一方面，思想也不是什么个人私有的事情，而在本质上是公众的。思想不是限囿在个体自我的头脑里，而是居住在人们用来交流的公众符号的结构里。因此，当一个个体的心智成为它的符号载体后，每个个体的思想是外在的，只是到后来才是内在化的。由此可见，在语言与主体的关系上，皮尔士试图说明自我与语言符号之间的内关联，以证明人的理智或行为是由符号定义的，在思想与语言的关系上，皮尔士不仅颠倒了自笛卡尔以来思想是私有事情的观点，而且颠倒了思想是内在的，只是为了交流才把它外在化的传统观点。事实上，正是这些观点与颠倒，既揭示了影响理智、自我与自我行为模式的条件，同时也展示了他的独到的人的符号学理论。

三

皮尔士的符号学理论实际上是对人类交往实践的抽象与概括。这种抽象与概括的目的在于：不仅说明人类的符号行为是人类行为的最显著方式，以不断拓宽与加深对于人类自我控制的行为模式的理解，而且阐释人类交往实践及其发生与演进的种种语境，以发现自我作为世间主体参与这个世界的途径。

毋庸置疑，皮尔士明确地将人类对语言的使用与自我的主体性概念联系了起来，其理论目的是通过人的符号行为，揭示自我意识、自我批判、

① ［美］科尼利斯·瓦尔：《皮尔士》，郝长墀译，中华书局2003年版，第117页。

自我控制的生成、保持与深化何以可能的规范化因素，揭示交往实践作为不同个人展示自身、修正自身及其行为模式的舞台。在皮尔士看来，语言能力是自我控制的一种表现形式；符号行为是支撑自我作为主体参与并生活于这个世界中的路径。因此，对交往的符号学解释，便构成了皮尔士符号学讨论中的最基本的术语之一。在皮尔士的大量文本中，他不仅将符号定义为"那种通过它获得更多知识的东西"，而且认为"一个符号是交往的一种中介"。[①]那么，把符号描述为交往的中介，在最传统的意义上，它表示在一个种群内部，符号是一个有机体与另一个有机体交往的工具和中介。在通常意义上，表示当心灵缺席的时候，符号依然起着一种中介的作用，诸如像书籍这样一些文本等。然而，严格地说，在皮尔士的交往符号学的意义上，符号作为交往的中介，既表示符号是判断者达到对判断过程和解释过程进行充分控制与施加影响的手段，也表示主体自我通过参与符号行为而成为实践主体，以及交往实践何以可能。

交往过程是一个主体参与的过程，因而也可以称为一种实践。交往实践作为一种符号行为，符号不仅是自我的不同阶段之间的对话形式，也是唤起一个反应，并在参与者的反应中嵌入他者视角的中介。应该说，皮尔士与柏拉图有英雄所见略同之处，他们都把思想视为一种对话。如果我们的内在生活是自我的对话，那么自我与他者的差异不仅在于社会性，也在于主体性。然而，对皮尔士来说，符号既可表现为思维的理性控制，也可以定义为一种"交往的中介"。人们凭借符号行为，在自我与他者的"授—受"的交互影响过程中，既被抛到自身之外，超越实际的此时此刻，超越当下的位置和视角，同时，自我与他者之间的僵硬对立也会得到协调，因而交往既是一个使最初无意识地参与了符号行为的自我"不断深入自我意识、自我批判和自我控制"而成为反思的、审慎的自我的过程，也是一个我与他者多样性的视角融汇为一个更加相互包容的过程。所以，皮尔士在强调人类理智的有限性的同时，也意识到人类理智的超越性，尤其是人类超越实际的或历史的"可能的实践经验"限度的能力。在这个意义上，符号学与"实践"概念相互勾连，彰显出皮尔士的符号

① Lenore Langsdorf, Andrew R. Smith, *Recovering Pragmatism's Voice—The Classical Tradition, Rorty, and the Philosophy of Communication*, State University of New York Press, 1995, p. 35.

学不在于使理论服从于实践，而在于把理论本身视为一种随之而生的实践。在这种交往实践中，“交往是一个子宫，作为个人的主体从这里出生；交往是一个舞台，各种演员在这里表演”①。换言之，交往实践是不同个人展示自身框架、自身维系和修改自身及其行为方式的舞台。

哲学在原则上是不可能没有理论预设的，皮尔士坚信这一点。事实上，关于交往实践的真正皮尔斯式的解释，必须依赖于他的现象学描述和规范性的反思。他的现象学描述不仅将视角聚焦于现象或现象的组合，并且推导出现象学的范畴，解释了人类心灵如何以普遍的范畴形式突破主体性的直接性界限；他的规范性反思则以理论形态揭示了人的符号行为何以构成、批判与修改主体自身，从而为解释内在于交往实践中的规范和理想奠定了理论基础。所以，对皮尔士来说，关于交往过程的解释，现象学的描述与规范性的反思紧密相关。因此，如果我们想要理解人类的有意识生活和交往实践，就必须通过意识不可还原的维度：第一性、第二性和第三性来进行探寻。因为意识不可还原的维度，同样也是人的语言交往的不可还原维度。如上所述，现象学的范畴：蕴含了不可说性质的第一性、蕴含了斗争的持久性的第二性，以及蕴含了自我的开放性和理智提升的第三性。实际上，皮尔士的第一性、第二性和第三性的范畴的主要价值并不在于对这些纯粹形式概念进行抽象的陈述，而在于发现直接性、他者和中介限定交往过程和交往实践的方式。从这些抽象的现象学范畴的内涵看，如果说第一性的原始冲动的定性是我们的实际意识和实践会话中的一个显著性质，那么通过第二性对理智的挑战的不可避免性所提供的与他者的差别性或“延异”，则在第三性不可消除的中介中，使自我卷入某种形式的对话的过程中。在对话的交往过程中，自我唯有通过他者才能获得与深化。在这里，他者永远不是交往过程的一个终点，而是含义不断变化的条件，通过这个条件，“内嵌在言说中的意向性”或诱导作用，使自我与他者、同一与差异不断地在其中得以实现与更新。同时，自我意识、自我批判和自我控制的能力也不断地得以提升。所以，一方面，交往过程在原则上并不存在一种决定性的、不可错的方法来确定起点和终点，因为起点与终点

① Lenore Langsdorf, Andrew R. Smith, *Recovering Pragmatism's Voice—The Classical Tradition, Rorty, and the Philosophy of Communication*, State University of New York Press, 1995, p. 42.

都是由参与者的对话确定的；另一方面，任何一个可以指涉自己存在的参与者，实质上都以对话的方式参与并构成一个探寻者共同体，但是这个共同体永远无法到达绝对知识或全面实现理想化共识的终点。由此可见，当皮尔士把符号的特征抽象化为直接性（第一性）、对立面（第二性）、中介（第三性）时，现象学的范畴绝不是强求事实与之相符的先验模型，而是从现象学探索中所推导出的范畴视角，来解释自我与他者之间的交往过程和交往实践的方式。在这个意义上，皮尔士对交往的符号学解释，首要关注的不是人类对符号的实际使用，而是符号在探寻中理想化地使用的方式。

皮尔士的交往理论对符号过程的内在模式的思考与解释，目的旨在揭示影响主体性的获得、保持和深化这一问题的规范性，揭示交往实践充当着人作为世界主体展示自身及其行为模式的不变条件。在这种探索中，尽管皮尔士的交往理论明显地专注于语言应用的逻辑结构而忽视了实际的交流过程，因而使得他的符号学为理解交往活动提供了深刻而富有启发性的理论资源没有得到应有的认同。但是，他的现象学范畴：第一性、第二性和第三性不仅提供了令人深省的直接性、他者和中介所展现出来的交往过程的全部复杂性，而且启发与引导人们以最丰富、最包容的方式去研究、探索和解释实践的共同基础。正如科莱皮特（Vincent M. Colapietro）在《直接，对立与中介——皮尔士论交往过程的不可还原方面》一文中所评价的那样：“皮尔士哲学探寻的体系论概念不应被理解为试图勾勒出一种使得‘各种其他种类的讨论都能在其中找到正确的位置和等级’的全面的、一劳永逸的框架。我们也不能把它理解为一个可以挖掘出丰富概念的知识源泉。实际上，皮尔斯的体系论概念的核心在于整合一系列的启发性线索。这些线索不仅提供了探寻者应当选择的前进方向，而且提供了探寻者可以汲取的源泉（即探寻者可以从中获得启发的学科）。特别是皮尔士的现象学和符号学，当我们在交往之初建立探寻过程和实践时，皮尔士的现象学和符号学是无价之宝。”① 因此，皮尔士独特的交往符号理论，引起了那些想从实用主义视角研究交往实践的后继者的关注，而皮尔士本人

① Lenore Langsdorf, Andrew R. Smith, *Recovering Pragmatism's Voice—The Classical Tradition, Rorty, and the Philosophy of Communication*, State University of New York Press, 1995, p. 47.

恐怕没有想到，一群哲学家和交往理论家会以他的著作为基本启示，开拓一个新的研究领域。

（原载于《吉林大学社会科学学报》2012 年第 2 期）

威廉·詹姆士：超越主客对立的交往哲学

实用主义虽然是皮尔士创始的，但通常被称为“实用主义之父”的却是威廉·詹姆士。他反对学院式的研究，而刻意用常识的语言表达，使其思想影响超过了任何一位美国思想家。詹姆士的实用主义表现为对一个人的整体生活经验的关注，并力图从中发现交往媒介的共同特质。所以，当他把凡是真实的经验活动必然是有效力的称作“实践的现金价值”时，就意味着交往不仅只是一个行为问题，更是一个社会理解或意识的问题。因此，詹姆士彻底经验论的研究焦点是人类的经验意识，以及符号与符号过程的经验。它以直观和经验、描述与批判的方法，不仅揭示了规范性的研究如何割裂了交往的经验，而且从现象学的视角，说明自我、符号（经验）与世界的三位一体关系，避免了自我与世界、认知与行为相割裂的二元论。在这个意义上，詹姆士的兴趣旨向是交往的源头，而不是局限于研究抽离出来的交往行为。

一

在探索交往时，人们常习惯于聚焦行为，而遗忘了自我与经验。实际上，交往不仅是一个行为问题，更是一个社会理解或意识问题。当我们把存在对象化为信息或行为时，经验既是人类意识的反思性条件，也是引导我们日常行为的风向标。在这种意义上，经验在某种程度上是可靠的，意识可以是一致有效的，所以自我的系统不容被忽视。以自我的系统研究为基础，可以从经验的、解释学的与批判的三种范式来研究交往。如果说伽达默尔解释学的范式试图解释和理解他人，哈贝马斯批判理路的范式试图影响社会的变革，那么，詹姆士经验主义的范式则试图阐释交往的源头，即在探究“纯粹经验”生活之流的前提下，发现交往的“现金价值”。

哲学家对世界做出的理性解释有清晰性的优点，但是它必须根植于经验世界。这种世界观必须意识到自身对“原初的体验之流”的依赖，才能避免空洞，这既是詹姆士同理性主义路线划清界限的标尺，也是他“彻底的经验主义”的出发点。“彻底的经验主义”作为一种镶嵌的、多元事实的哲学，在经验的本质上，与休谟及其后继者们的哲学一样，是用个别经验来解决哲学问题的方法。这种方法既不把经验事实归于实体，为它所固有，也不把它们作为一个绝对精神的造物。但是，彻底的经验主义既与休谟、穆勒等人的“普通经验主义”相区别，也与理性主义相对立。与“普通经验主义”强调事物的各种分离不同，它既坚持经验的彻底性，也坚持事物之间的连接性关系。它反对理性主义，因为在方法论原则上，它坚持对经验的观察，用个别经验、殊相来解决哲学问题，而不是依靠思想的虚构，用抽象的原则，或永恒的共相来解决问题。与之相应，在理论的构架上，彻底经验主义的思想方式倾向于从部分走向整体，理性主义的思想方式倾向于从整体走向部分。基于这样一种思维原则，詹姆士以其经验的一元论，一方面力图超越经验主义与理性主义之间的对峙，另一方面又力图克服自古希腊哲学家德谟克利特开始，便令“哲学大伤脑筋的那些罪恶的分割：比如在意识和物理自然二者之间的分割，在思想和思想对象二者之间的分割，在这一个心灵和那一个心灵二者之间的分割，以及在这一个‘事物’和那一个‘事物’二者之间的分割”①。超越与克服，紧要的是找出构成“我的实在世界”的唯一素材或质料，并“按照它的票面价值来对待”。

如果仔细研读詹姆士的著作便会发现，与那些由于忽略了知识在生活世界中的起源而过分思辨化的知识论不同，他所关注的是概念及其所有行为的前意识基础：感知。感知的第一性不仅为概念，也为人类行为提供了经验的基础，所以他从现象学的视角，应用具体的观察方式来追溯事物与概念的缘起。在他看来，构成一切事物与概念的素材或质料是“纯粹经

① ［美］威廉·詹姆士：《彻底的经验主义》，庞景仁译，上海人民出版社 1987 年版，第 4—5 页。

验”。纯粹经验，“它是由这做成的，出现什么它就是什么做成的”。所以，无论是连续性的经验，抑或是非连续性的经验，以及联结经验的关系本身，都表现为与经验完全对等的“实在的”内容，都属于直接知觉到的事物。因而，既不需要像贝克莱、休谟等经验主义者那样，把任何所直接经验的元素——连续性、结合性——从它的结构里排除出去，似乎为我们所辨识的任何事物，都是“松散分离的”、七零八碎，“毫无连接的样子”；也不需要像“思想过分细致的”理性主义者那样，把任何不是直接所经验的元素——“外来的超经验的连结性”，或“超经验的实在”——接受到它的各结构里去，似乎直接知觉到的经验，必须靠一堆呆板的、硬邦邦的概念来实现数目上的同一。所以，面对普通经验主义与理性主义各持分散与统一的对立立场，跳出所有这样的矫揉造作困境的唯一出路，就是对于统一与分散、连接与分离这两个方面都一视同仁，予以公平地对待；对每个事物都按照它的票面价值来对待。按照事物的票面价值来对待，就意味着彻底经验主义把世界当作一种集合。在这个经验总体中，我们所感觉到的任何事物，无论是联结关系，抑或是分离关系，它是什么样子就把它当成什么样子，都必须被算作“实在的”，不多也不少。正因为在经验的实在里边有着同“意识”的实用价值相等的东西，所以一方面，把意识公开的、普遍地抛弃的时机已经成熟，因为像理性主义所理解的那样的意识并不存在。“意识”一词并不代表一个实体，而只是代表一种职能与认知；概念也不是“以赞赏的玄思为最后的结果”，而必须植根于活生生的经验之流中，以作为手段来扩展我们的视野。另一方面，与过去经验主义不同，一个新纪元就要开始了，因为经验的各部分之间的关系也是经验的一部分，经验世界有权拥有一个连续的结构。

倘若我们所亲自体验到的世界只是由一种“实在的”原始素材所构成的，而这种素材叫作“纯粹经验”，那么认知就不过是纯粹经验的各个组成部分相互之间发生的一种特殊关系，即它的一端变成知识的主体，另一端变成所知的对象。在詹姆士看来，“常识和通俗哲学都是竭力尽二元论之能事的，我们大家都自然地认为：思维是由一种实体作成的，而事物是由另一种实体作成的。在我们的内部以概念或判断的形式流动着或者以激情或情绪的形态而凝聚起来的意识，能够被直接感觉为精神活动，并且认为与它所包容和伴随的填满空间的客观‘内容’是相反的”[1]。实际上，经验、显现是一连串感觉、情绪、决心、运动、归类、期待等的末端，止于现在，同时它也是一连串趋向未来的同样的“内在”活动的开端。在这样一种止于现在、趋向未来的纯粹经验状态中，事物与思维是用同一种材料做成的，而不是异质的。经验在其纯净的状态中，它只是平实无华的未经限定的现实性，是一个简简单单的“这”。然而，当我们回顾时，就会把经验重叠起来，或被改正，或被肯定。在这个意义上，我们一方面看到一种精神状态，另一方面又看到这种精神状态所指的一种实在。所以，“我认为一部分既定的、未分的经验，在一套联合着的组织结构里扮演知者的角色，精神状态的角色，‘意识’的角色；然而在另一套结构里，这同一段未分的经验却扮演一个所知的物的角色，一个客观的‘内容’的角色。总之，它在这一组里表现为思想，在那一组里又表现为事物。而且由于它能够在两组里同时表现，我们就完全有权把它说成同时既是主观的，又是客观的”[2]。因此，人们用不着走出经验本身的网络，主体和客体、表现的和被表现的、思维和事物的二元性，仅仅是共同的各经验项之中的经验关系的各种差别。经验关系的各种差别只意味着一种在实践上的区别。这种区别虽然是极端重要的，然而仅仅是属于职能范围的，绝不像古典的二元论所讲的那样：在自在的经验之中存在着把自己一分为二，即一个是意识，另一个是意识所属的本体。总之，在我们每一个人的每一段历史里边，主体和客体、表现与被表现者、思想与事物，在质料上是同质的，数目上是同一个，即同一个经验之流。

毋庸置疑，詹姆士建立了一种与英国经验主义形成鲜明对比的彻底的经验主义。这种彻底经验论坚持“纯粹经验原则”，关注自我的“纯粹经验”。在这个意义上，它与批判诠释学的研究方法有着一致性，即这种方法的研究不局限于对存在或对抽离出来的行为方面进行表述，而是聚焦于所有行为的前意识基础——自我系统。而当詹姆士转向人的自我系统时，他不仅在方法论原则上，而且在理论的架构上都与理性主义的研究思路完

① ［美］威廉·詹姆士：《彻底的经验主义》，庞景仁译，上海人民出版社 1987 年版，第 74 页。

② 同上书，第 5 页。

全不同。他既不是首先反思自我，预先假定一个完成了的抽象自我，也不热衷于用抽象的和永恒原则去追求世界的统一性。相反，詹姆士以其“喜爱各种各样纯粹事实”的经验主义气质，去了解各种具体事实并把它们归结为系统。在这个系统中，熟悉实在的多样性和理解它们之间的联系具有同等重要的票面价值。基于对世界的这样一种追求与洞察，詹姆士一方面阐述了意识领域内的自我、经验（符号）与世界的统一性，从而跨越了传统二元论的栅栏；另一方面，也表明无论我们从经验的事实得出什么样的理性结果，“纯粹经验”总是引导着我们进行认知、解释与行为的直接生活之流。

二

彻底经验主义首先是一个公准。这个公准拒绝任何永恒原则和终极真理，而坚持事实与具体性。在这个意义上，实用主义与彻底经验主义之间有着紧密的逻辑关系。对实用主义者来说，真理既是素朴的直接性经验中被报道、被知的易感性，也是引导行动或实践的“有效用价值的类名词”。这样，彻底经验主义与实用主义在方法论原则上的一致性，就使得问题的展开具有了如下双重内涵：解释一个事物要追溯其缘起；同时也表征着认知一个事物要预知其后果。认知、概念与行为必须根植于活生生的经验之中，因为经验“是要在上面行动的东西”。

在詹姆士看来，“彻底经验主义”的理论是一个独立的思想体系。一个人尽可以完全不接受它，但仍然可以是一个实用主义者。实用主义的“真理”和“意义”，也同样用不着建筑在任何基本的关系论，以及由之所产生的哲学问题之上。在这个意义上，彻底经验主义与实用主义研究不同的对象，因而可以当作彼此独立的两种学说，但是在把彻底经验主义与实用主义当作两种方法来看待时，本质上却没有什么区别。因为“实用主义哲学代表哲学上为人们所完全熟悉的一种态度，即经验主义的态度，在我看来，它所代表的经验主义，比经验主义历来采取的形式更加彻底，而且没有多少可指责的地方。实用主义坚决地、完全地摒弃了职业哲学家们许多由来已久的习惯，避开了不切实际的抽象和不当之处，避开了字面上的解决方式、坏的先验理由、固定的原则、封闭的体系以及虚假的绝对和根本。它趋向于具体和恰当，依靠事实、行动和力量。这意味着经验主义的气质占优势地位，而理性主义的气质却被直率地抛弃了；这就意味着开放的气氛和各种可能的性质，而反对那种独断、矫揉造作和狂妄的终极真理”[①]。所以，实用主义并不代表任何具体的结果，它不过是一种方法。这种方法意味着哲学“气质”和“态度”的重大改变。这种改变不仅使得理论变得灵活和柔和，而且“软化”了许多古老的哲学倾向并与之相协调，从而使每一种理论都能发挥其作用。可以说，实用主义与唯名论一样，关注特殊的东西；与功利主义相一致，注重实践；与实证主义一样，拒斥抽象的、无用的形而上学。由此可见，实用主义没有任何偏见，也没有任何固执的信条和独断的理论，它乐于接受一切知识方法，只要这些知识方法可以在人类实践中寻得根基。

与之相应，彻底经验主义的原理作为一种方法上的假定，它把某个经验着的人在某个确定的时候能够经验到的事物当作事实，“每一个真实的事物必须是在某个地方能够经验到的，而每一种经验到的事物必须是在某个地方是真实的”[②]。根据这样一种纯粹经验原理，在经验之流的什么地方也就存在着人的“主观生活”。诚如詹姆士所说：“凡是在我们找到任何事物正在进行的地方，我们就禁不住要对于活动加以肯定。对某个正在进行的事物的任何理解，在最广泛的意义上，就是活动的一种经验。——‘正在开始的变化’是经验的独特的内容。这是彻底经验主义极力寻求以恢复和保存的那些‘有连接性的’对象之一。因此，在最广泛和最含糊的情况下，活动感和‘生活’感是同义的。即使在注意到并且宣布一个在其他方面不活动的世界时，我们应当至少感到我们自己的主观生活。我们自己对于主观生活的单调乏味的反应就会是在主观生活里以某个事物即将过去的形式而体验到的那唯一事物。”[③] 所以，“被当作是”（known－as）的东西必定表示在活动里发现的东西，而经验到这样一个情境的人也必然具有这个观念所含有的一切内容。在这里，“活动的感觉”，除了过程、障碍、努力、勉强，或者释放这些经验之外，没有任何可以想象的内

① ［美］威廉·詹姆士：《彻底的经验主义》，庞景仁译，上海人民出版社 1987 年版，第 30—31 页。

② ［美］威廉·詹姆士：《多元的宇宙》，吴棠译，商务印书馆 2009 年版，第 211 页。

③ 同上书，第 211—212 页。

容。一个经验着的人存在着就是活动的，只有在我们是活动的时候，我们作为经验者才存在。

然而，世界的价值和兴趣并不在于它的元素是事物，或者是事物的一切连接，而在于这些元素所引起的“整个过程的戏剧性的结果之中”。生活是一个包蕴意义与希望、努力与成败、渴望与欲望，以及内在价值的总存在。在这个总存在面前，过好的、有价值的生活是人们想要知道事物的一切元素的真正理由。所以，真实有效的因果关系，不仅在于我们感觉到它存在的那个东西，在于我们自己的活动系列所揭示的那种连接，而且在于主观上感到的活动——我们的思想与我们的经验协调一致——会被看作连续进入遥远的客观活动。在这里，詹姆士承继并发扬了皮尔士的实用主义原理：信念实际上都是行动的准则。他相信凡活动完全是具体的、真实的，它们才是有效力的。因此，在我们的现实世界，或已知经验世界中，活动感和“生活”感随欲望和目标的确定诉求而生，同时也会出现明晰的动因、信念，以及有效力的观念。而经验作为生成确切的欲求目标、信念及其有效力的观念的根源，永远是人们实践的“真理”，是人们行动的基础。

综上所述，詹姆士的实用主义表现为对一个人的整体生活经验的关注，所以在对人的行为与实践的研究中，它明显地自命为经验主义的同盟。二者的核心观点在于应用具体的观察方式，表明人类行为的世界并不优先于感知、经验世界，反之亦然。具体的、经验的世界之所以能被体验到，是因为与意识相关联。意识绝不仅仅是“更喜欢苍白无力的和幽灵似的东西”；也绝不是“总会选择那种干枯瘦削的外形而不选那丰满厚实的实在”。意识宁愿光照“这个充满汗水和污垢的实在世界”，脚踏实地地倾心于世俗生活中的日常经验。经验是赋予我们有待认知的生活之最终的特质，因而对人类活动、交往实践具有真实的“现金价值”。

三

“纯粹经验”是“据为己有”的意识事实，其中感觉与概念、意识与行动是融合在一起的。感觉与概念之间的关系，表现为概念和我的感觉是合流的；意识与行动之间的关系，表明主导性的因素是意识，而非行动，这似乎表明彻底的经验论是坚持经验一元论的唯我论。然而，经验是多元的，意识是开放的，所以问题并没有就此止步。纯粹经验作为我的“有意识的”生活事实，从逻辑上引入了它如何能够可以理解地进入两个意识之中？两个心灵如何能够知道一个事物？我依什么方式与他者感同身受，从而使得彼此孤立的心灵“可以进入和算在两个不同的意识流里而不变成两个单元呢？”对于这些问题的思考与阐释，表征着经验意识本身就是交往的事业。

纯粹经验意识的事实只有在被感觉的范围内才存在，其中不断有一些新经验加进来而感受老的经验的“温暖”，同时这些新经验又“回顾”老的经验，由之生成一种前后相继的经验合流而成为“我的”感觉活动。“我的”感觉活动作为被我知觉到的“有意识的事实”，是以“我”为核心所经验到的世界。那么，我所经验到的世界，总是以我的身体作为它的视觉、行动与兴趣的中心。“就‘思想’和‘感情’能够是活动着的而言，它们的活动在身体的活动中结束，而且只有通过首先激起身体的活动，它们才能够开始改变世界上其余部分的活动。身体在所有的那种一连串的经验里是风暴的中心，各种配套事物的根源，以及压力的常在住所。每个事物都围绕它转，而且都从它的观点被感觉到。”① 因此，如果活动有感觉的话，必定是以“我的”活动方式被感觉到。“我的”活动是独特的，同一个自我的相连续的状态和这同一躯体的感情是合流的，并且“我在内省以后肯定我的活动存在于头脑里的运动之中”。这样，“我的”身体与感觉的一致性便构成了“个别化的自我”。

“个别化的自我”似乎勾画出一幅彻底经验主义的唯我论图式。但对于詹姆士来说，如果把经验的过渡和预期看作“我的”意识事实，与其说陷入了贝克莱的“冷酷、勉强、不自然”的唯心论，还不如说更接近自然的实在论。因为对贝克莱而言，内在的、异质的观念或经验之间既没有连续性，彼我之间的心灵也永远不能有共通性，所以每个人的生命都不过是由一堆经验、观念杂凑起来的“唯我论”，这样从逻辑上只有仰仗上帝才能组合成一个“宇宙”。依詹姆士之见，为自我所感觉到的经验实在，既是在时间之中展开的关系所做成的同质要素，同时作为连续过渡、

---

① ［美］威廉·詹姆士：《多元的宇宙》，吴棠译，商务印书馆2009年版，第217页。

相互交织的认知经验，也意味着经验意识的多元性与开放性。经验本身虽然没有什么绝对统一的基底，但是不论是连接性的或是分离性的经验之间，一个环节滋生另一个环节的过渡，则使经验就好像农民烧起燎原野火时的一条火线向前蔓延。在这条线上，知识得到了证实，真理“被储存下来”，成为对可能的生活与现实的生活具有同等“兑现价值”的支票。经验意识的开放性，表明彻底经验主义与其他一切哲学——无论是理性主义，还是普通经验主义——不同，它不仅向前生活，同时也向前理解，并且相信任何时刻都永远存在着一个具有经验性质的“彼岸”。

“我的”经验意识不仅具有多元性与开放性，而且与他者的心灵之间也存在着共通性。彼此孤立的心灵之间之所以会相遇、相接并产生共通性，则在于各个心灵能够在某种共同的对象上相汇合。这种断定来自于自我的知觉性。因为当我看见你的身体的言行举止时，便可以类比推论出你的身体的行为方式同我的身体的行为方式一样，都是由其内部生活所策动并“有所表示的”。这样，我的知觉使我有理由确信：我的心与你的心相遇并相接，则在于大家的心都指向了一个在同一个地方的“共同所有物”。同一个对象，既可以被关联到其他随便多少完全不同的心灵上去，也可以在其他随便多少完全不同的心灵里占有一个地位。正如同一个点可以放在各线相交的点上，同时又可以引出许多不相同的线一样。所以，同一对象出现在两个或更多的意识中并使之在同一个共同所有物中交汇并非谬论。“一个感觉仅仅是像它被感觉的那样”，固然它之是“我的”仅仅是由于它被感觉为我的，它之是“你的”仅仅是由于它被感觉为你的。但是，它之同时以我的和你的两种不同方式被感觉并“据为己有”，这恰恰在原则上证明：“你的心灵和我的心灵可以终结到同一的知觉上，不是单纯地与之相对，就象它是一个外在的第三者那样，而是把我们两人的心灵插入它的里面，并且同它合并起来，因为当一个知觉性的终点‘完成’时表现为所经验的连接性的统一就是这样的。”① 如果彼我的心灵通过这个共同所有物连接起来而生成“共同的知觉”或“共同意识”，那么，彼我的思想就会终结于一种经验上的完全统一性，同时随着新经验连续不断

① ［美］威廉·詹姆士：《彻底的经验主义》，庞景仁译，上海人民出版社 1987 年版，第 43 页。

地涌进与增长，这个经验集合体将会更为巩固地结成一体的形式，从而人们关于真理的争辩也会随之终结。

如果说彼我的心灵会终结于一种经验上而生成“共同意识”，那么，循着经验事物之间的实际连续的无数其他途径，自我的心灵既可以从一事物转移到另一事物。同时，由于每一个具体事物与其他事物之间有无数种联系，这些联系的任何一种的总体形成一种使事物结合起来的系统。这样，循着这些把事物联系在一起的影响线路，人们就在一个彼此相识的巨大网络中结合了起来。所以，尽管宇宙分为高低不同的层次，世界存在着各式各样的系统方式，但是如果人们能够选择一个正确的“传导”，通过“心灵感应”相互联系，从而使我们每个人都能立即知道，或在某种条件下能够立即知道，别人在想着什么，那么随着时间的推移，通过人类的努力，便可以以一定的方式逐步把世界越来越好地统一起来。实际上，人们正在努力地以一定的方式逐步地把世界统一起来。世界中由人们的相识所结成的殖民系统、邮政、侨务、商务等各种运行系统，“每个系统都表现某种形式或某种等级的联合，它的各部分都贯穿着那种特殊的关系，而且同一部分可能出现在许多不同的系统中，就像一个人可能担任各种不同的职务或者属于几个不同的社团。因此，从这种‘系统的’观点看，世界统一性的实用价值就是，所有这些确定的联系之网都现实地和实际地存在着，有的包容较多，范围较广，有的包容较少、范围较小；它们相互交错重叠；而在它们之间绝不会遗漏掉宇宙的任何单位的基本部分。虽然在各种事物之间有很大部分是不相联系的（因为这些系统的影响和结合都严格地遵循着独特的路径），但只要你能够正确地找到这种方法，那么每个存在着的事物都以某种方式受到其他事物的影响。大概地说，一切事物一般都以某种方式互相依附、互相联结，宇宙实际上是以网状的和链状的形式存在而成为一种连续的和整体性的东西。只要你随着它从一个事物转移到下一个事物，任何种类的互相影响都有助于使世界成为‘一’”①。因而可以断言，世界的统一性问题，只能用经验的方法而不是理性的逻辑。如果这个断言是合理的，符合常识的，那么整体性的“一”，就意味着是事物的结尾而不是表现在事物的开头，“终极”的观念必须取代“绝对”的

① ［美］威廉·詹姆士：《实用主义》，李步楼译，商务印书馆2009年版，第77页。

观念。

总之，詹姆士交往哲学的主旋律是探讨交往的源头，发现交往媒介中的共同特质及其“实践的现金价值”。詹姆士以自己特有的方式而不喜欢用任何相反的方式，聚焦于对“人类本性的活生生的事实”的直接观察，在这点上，他与海德格尔的研究旨向有着异曲同工之妙。正如 C. H. 塞弗雷德在《规划值得为之奋斗的目标：詹姆士与哲学的重建》一文中指出的那样，“贯穿詹姆士一生的基本兴趣在于，设想在多元视角下的商讨，达成合作的‘期待的目标’（ends - in - view）。詹姆斯对于交往哲学的贡献在他针对主客观问题所做的斗争中得到了最清楚的体现”①。应该说，这种斗争起始于他对理性主义的批判，而坚持同普通经验主义相歧异的彻底经验主义的路线。循着这条路线，经验生活之流中的概念与感觉、主体与客体、意识和行动融合在一起，从而为达成人们心灵之间的“共同知觉”“共同意识”奠定了认知基础，最终“世界的统一”作为一个不断演进的主题，沿着“现象”与“实践”同义这样一种“基本的方法论程序”发展而成。这种哲学探索，尽管遭到了罗蒂的强烈抨击，认为“詹姆斯是一个混乱得不可救药的哲学家，一个痴迷的基础主义者”。同时，还常常被他的后继者们给予错误的解读，并远远偏离了实用主义路线，但是，詹姆士立足于第一性观念的现象学原型，以及他更具现象学特色的研究方法，则影响与启发了当代现象学与后现代主义。

（原载于《人文杂志》2013 年第 4 期）

① Lenore Langsdorf, Andrew R. Smith, *Recovering Pragmatism's Voice—The Classical Tradition, Rorty, and the Philosophy of Communication*, State University of New York Press, 1995, p. 10.

约翰·杜威与民主交往理论

后冷战时代，美国生活中所凸显出来的民主问题，是杜威哲学著作中的中心话题。这种民主模式与基于“理性自律”的启蒙主义的民主模式不同，它立足于“社会理智”，以语言交流为核心，勾连并呈现出多元化的表现形式、社会想象力的培育、普遍的相互关爱和艺术化的表达等话语。这些话语所构建起来的民主交往理论，旨在创造一种民主的生活条件，拓展一种交往主义的民主模式。

一

杜威的民主交往理论是在对启蒙主义的民主模式的批判中，发展出来的一种交往主义的民主模式。两种民主模式的根本区别在于：是以理性自律，抑或是以“社会理智”为基础。杜威从生态学的互动视角出发，提出了“行动—再调整回路模型”，从而为他的民主交往理论奠定了理性基础。

依杜威之见，由笛卡尔肇始，并为洛克、休谟、康德等人传承的启蒙主义理性观是错误的，因为理性并不是以自明性原理为基础的先天的、非历史性的、确定的普遍性，而是经验的、历史性的、非确定的交互性。所以，建基于以自明的自我自律之上的启蒙主义的民主模式，从未获得过人类学探寻的支持。为此，他在对心理学研究的基础上，重新认知并解释了有机体的行为，提出了“理智重建”。“理智重建”的认识论基础是他所提出的“行动—再调整回路模型”。这个模型的独特品性之一是将内嵌在传统哲学中，通常被作为独立研究对象的价值论、认识论和本体论的哲学取向，从认识论上给予了通盘反省与思考。在杜威看来，自柏拉图哲学以来的哲学理论都一直沉迷于对超时空的抽象价值、确定性的知识、永恒真理以及不变实在的求索，隔绝了善、存在、认知与行动的关系，因而导致了对善、存在与认知的理论化与抽象化研究。杜威的“行动—再调整回路模型”强调的是“有机体的主动性”在与环境动态的关系中，以连续的方式拓展、协调和整合自己的行动，并形成对价值和事实评判的互动学习模型。这种模型把认识与行动、探索与实验、语言与交往统一起来，把认识过程视为认知主体参与到所研究的事件中，在一个特定的需求语境中操纵、实验“事实如何”，以及了解、评价“什么是善”的过程。在这里，认知主体本质上是社会性的，在与他物、他人的实际境遇中辨识、描绘价值和概念，并依据结果进行检验，而不是把价值和概念归结为关于某种预先“存在”的描述和命题。这样，“善”不再是纯粹理论的兴趣，而是改善这种源于实践并复归实践可能性的确信；“存在”或“事物”不再是古典思想家按照思辨的模型创造的一个宇宙，也不是近代思想家们按照个人的自言自语所组成的自然界，而是在话语“推—拉的平面”交流中，重新调整、重新排列与重新组合，并使之获得新的意义与价值。诚如杜威所说：事物的“意义，在语言中作为意蕴而被固定下来以后，就可以在想像中被管理着、操纵着、实验着。正象我们公然操纵事物，进行新的划分，从事新的结合，从而把事物介绍到新的关联和环境中去一样，同样，我们在言语中把许多逻辑的共相联系起来，在这儿构成和产生新的意义”①。所以，认识的过程不是谈论事物，或单纯地显示事物，而是在活动与反省、行动与制造的“艺术”创造过程中，包容、整合不同视角，变形自己的经验。由此可见，行动—再调整回路模型标志着告别了从洛克心灵白板说那里延续下来的被动反应的机械论模型，放弃了心向外求，以心灵如何与外界事态相符合为目标的认知观念。彰显出实用主义的方法是放弃与主体行动相隔绝的抽象的理论研究，避免包括本质主义在内的一切封闭的研究纲领，挑战占统治地位的非生产性的、再现性的元叙事，通过在本质层面上反省自我的批判性实践，鼓励创新性的新的行为习惯的形成，从而发展理智的经验统一体。

“行动—再调整回路模型”不仅告别了被动反应的机械论模型，而且

---

① ［美］杜威：《经验与自然》，傅统先译，商务印书馆 1960 年版，第 157 页。

也引导杜威形成了一种完全不同于启蒙主义的理性模型。理性不再是以自明性原理为基础的确定的普遍统一性，相反，理性是模糊的、有张力的，在与他者、社会情境动态的、整体性的互相影响，以及对问题的洞见与评判中显露出来的交互性与不确定性。换言之，理性不是一只固定的眼睛，仅仅瞄准一个不变的视角，而是如同多面棱镜，处在动态的、多元视野的中心，以想象力对问题创造性的处理，由模糊的、悬而未决的情境，向可修正的、有确定答案的情境转化的过程本身；自我也不是一个与世隔绝、与语境无关的抽象的理性统一性，而是在与他者的语言交流过程中，把自己展示给他者，也展示给自己，逐渐形成一个独立自我的过程。对杜威而言，人的理性或心灵并不是发生在一个单独的有机体内部，而是生成、拓展于不同的有机体之间的相互交流与沟通。他说：语言是人类交际的自然功能，“通过语言，一个人好象扮演戏剧一样，似乎自己正在从事于一些可能的活动和事业；他扮演许多不同的角色；他不是在生命的连续阶段上，而是在同时扮演的戏剧中这样做的。因此便有了心灵的产生”[①]。心灵产生于语言沟通。人际间的语言沟通既具有独特的工具性，也具有独特的终极性。它具有工具性，因为它使哑巴动物变成有思维、有知识的动物，并能够生活在一个丰富而多彩的意义世界之中；它具有终极性，因为它使人从其直接的孤独个体提升出来而参与到同他者的一种意义交流之中，使意义充实、加深、巩固，并成为令人敬畏、钦佩和忠实欣赏的对象。所以，“在一切的事情中，沟通是最为奇特的了。事物能够从在外部推和拉的水平过渡到把它们本身揭露在人的面前，因而也揭露在它们本身前面的水平，而且沟通之果实会成为共同参与，共同享受，这是一个奇迹，而变质（即圣餐变体，作者注）在它的旁边为之失色。当发生了沟通的时候，一切自然的事情都需要重新考虑和重新修订；它们要被重新改作，以适应于交谈的要求；无论它是公开的交谈或是那种所谓思考的初步谈话，都是如此”[②]。因此，语言的要点并不在于对某些原先存在的事物的“表达”，更不是关于某些原先就有的思想的表达，而在于交流，使每一个参与说与听交流的活动者的行为，由于参与其中而有所改变和受到调

① ［美］杜威：《经验与自然》，傅统先译，商务印书馆 1960 年版，第 133 页。

② 同上书，第 135 页。

节，从而形成一个相互协助、相互指引的共识语境，并在行动上取得一致。

总之，杜威的“行动—再调整回路模型”，实质上是将认知理解为一种以交往为特征的动态学习过程。这个过程强调的是互动交往的认知论优先于对一个客观存在事实描述的认识论，使“有机体的主动性”、互动性的实践对话模型取代了独立性、被动性的符合实际的因果模型。这种从因果模型到对话模型的转变意味着，与那种把主体、观察和反思从客体、参与和直接经验中分离出来的传统的、“作为旁观者的知识论”不同，新的认识模型不仅通过看和写，而且通过倾听和谈论的方式，在有他人参与的交往实践的互动世界中构建意义，生成心灵。在这个意义上，杜威的“行动—再调整回路模型”，既是对传统哲学的批判与超越，也是一种重新建构，它发展了另一种关于人的概念，即把主体理性与理性主体界定为在以交往为基础的探寻—评估的动态过程中所呈现出来“社会理智”和交互主体。

二

“行动—再调整回路模型”是杜威民主交往理论的认识论基础，因为它孕育了民主社会据以建立的那种“社会理智”。在这样一种社会中，理智的社会性、人际间的语言交流，使得多样性的见解、社会想象力的培育、相互关爱的普遍氛围成为民主社会的固有品质。

民主理论首先是一种文明理论，而非仅仅是一种政治理论。对杜威来说，一种民主文化的生成与存在，首先需要的不是启蒙主义理性的单维度的、超时间的“上帝的目光”，而是能够包容各种视角的“社会理智”或民主想象力。理性的核心特征之一在于：理性并非先天的普遍性，而是运用社会想象力的能力。如果没有一种孕育和应用社会想象力的民主文化，主体间的相互理解、不同视角间的相互融合都是不可能的，从而任何一种正式的政治程序也会流于无效。在他看来，社会想象力既是每个个体参与社会，并在社会交流中实现自我的基本能力，同时也是社会共同体借以形成的基本条件，而理智的本质则在于分享这种有意义地交流与传播经验的能力。因此，在杜威的哲学中，对想象力的探讨超过任何程式化的理性概念。杜威认为，民主生活需要相互关怀、相互支持的民主语境，而民主语境则生成于人际间的语言交流。语言交流本身就内含着在共同行动内部必然存在着不同视角，所以人类作为文化的动物，从其幼年始，就应当学会通过想象力去体会新的、不同的视角，确切地说，就应在教育这样一种传授—汲取的关爱语境中，通过符号的运用与交流，既学会通过想象力去体会他者的视角，感受他者肉体的或精神的需求，同时也获得与日俱增的参与意识和价值感，从而不仅要逐渐成长为符号世界中的交流者，而且也成为关爱的提供者和教育者。由此可见，社会想象力就其本质而言是充满怜爱和社会性的。在这里，社会想象力不是从与语境无关的抽象的普遍人性出发，而是从个人语境出发，以具体的情感方式和认知方式来理解他人，这样它一开始便预设了一种关爱的语境。换言之，每个人在与他人的社会交往中，一开始便会尽可能正确地把自身投射到对方的角色中，不仅考虑到对方此刻是什么人，而且考虑到对方如何发展和成长。在这样一种关爱的语境中，民主想象力使人在彼我的理解中交谈，通过交谈，一方面，解决彼我之间的异见与冲突，从而成功地协调、整合各式各样的价值，构建一个相互理解、相互肯认的稳定视域；另一方面，发现自身独特的观察视角，并在交流中更新自己的理念，以使表达更具意义，同时也在与他人漫长的交往过程中，塑造自己的身份，并拥有这个自我。

毋庸置疑，社会想象力孕育了民主社会据以建立的那种交往。交往的“推—拉的平面”在于构建一种民主共同体。在杜威看来，“社会交往和制度曾被当作是一个自足的个人所具有的一种现成的特别的生理上或心理上的禀赋所产生的结果，而语言却只是扮演着一个机械地传送原先业已独立存在的观察结果和观念的通讯员的角色。——因此，语言‘表达’思想，正象水管传导自来水一样，而且如果把它跟一个造酒的压榨机‘压出’葡萄汁来对比一下，它甚至还只有更少的转变事物的作用。在创建反省、预见和回忆的过程中，记号的职能被忽略了。结果，观念的发生变成了跟物理的发生平行的一个神秘的赋加物，既无共同之点，彼此之间也没有沟通的桥梁”①。实际上，语言并不是一个由感觉、影像和情操构成的与空间、物质存在相分隔的私人世界，社会交往

① ［美］杜威：《经验与自然》，傅统先译，商务印书馆1960年版，第137—138页。

与民主生活也不是自言自语的结果。民主生活与交往艺术相伴相生。在这里，交往的目标不是对话，而是在对话这样一种相互关爱、相互支持的多元民主的语境中，孕育并生成民主生活。民主生活是共同体的生活，而维系共同体生活的基础是语言交往。在共同体内部，自我并不是迷失在匿名的“他们”之中，而是作为一个处于共同事业中的独立个体的参与者，凭借想象力和爱心把自己置身于他人的视角，去体会他人的经验与世界，参与他人的行动。通过话语交流，不只是简单地传递信息，还在于通过协作行动，共享经验，使每个成员融入文化，接受那些维系人类生存的价值观，培养出一种具有审美力量的集体理想。这种集体理想以审美的方式，而非单纯的认知方式把共同体成员的各种视角、各类活动整合进一个连续的、方向日渐明确的经验之中，发展出一种可靠的价值体系，建构起一个共同目标。依据行为的共同目标，来引导、诠释、调节和评估各参与者的特定行为，来确保共同体成员之间的情感与理智交流，以维系一个社会的稳定与延续。

总之，杜威的民主交往理论表现了对语言交流的关切。这种关切将语言与实际的“行”与“做”作为一个整体来思考，并使内在于这个整体中的一切与人类事务相关的相与相度获得展开。语言交流既生成了心灵，也孕育了社会共同体。

三

杜威的民主交往理论既是理论性的，更是实践性的。作为一种民主交往理论，它的旨趣是探讨如何创造、拓展一种民主生活。在探讨中，它秉承了传统实用主义的基本精神特质，即对实践的重视与关切，以实践形态构建理论本身。

民主交往理论对实践的关切，具体地表现为对语言交流的关切。这种关切所展现出来的将语言交流理解为创新性的，而非再现性的过程。在这个过程中，事物与语言、心灵与交往、民主与社会结合起来，形成了实用主义的基本论点：对象的意义、理性的意蕴与民主生活生成于人际间的话语交流，人类的自我以及探寻的目标生成并发展于特定的经验之中。所以，语言交流在杜威的哲学中所处的位值及其所产生的结果，既区别于西方传统哲学，也区别于当代语言哲学。

西方哲学虽然自希腊哲学家起，就觉察到了语言（谈论），但是他们把语言的结构当作事物的结构，当作事物所具有的原始的和独立的形式，并内在地调节着事物变易的过程，而未曾把语言当作事物在社会的合作与交换的境遇中所势必接受的形式，未曾意识到事物、心灵是在语言的交流与互助的一致行动中所产生的后果。“他们忽视了这个事实：即作为思想对象的意义之所以配称为完备的和最后的，仅仅是因为它们是由一个复杂的历史造成的一个幸运的后果，而并非原来如此的。”结果，“他们把一种社会艺术品当作是独立存在于人类之外的自然”①。“因此，原是人类的一个最大的简单发现，使人类有可能占有条理和获得解放，但是这样一个发现却变成了一个人为的自然物理学的根源，变成了把宇宙当作按照语言的模型构成的具体文法条理的这样一种科学、哲学和神学的根据。② 并由此形成了一种控制着整个物理学的形上学说。

与古典思想家们不同，现代思想家对“我思”的关注，使之将语言变成一个与物理世界相分离的私人世界。所以，现代思想家虽然发现并确定了“我思”，将人从古典的经验体系的逻各斯框架中解放了出来，使理性主体得到了肯认与尊重。但是，现代思想家“由于不承认这个内在经验世界依赖于语言的扩展，而语言是一种社会的产物和社会的活动，在现代思想中便产生了主观主义的、唯我主义的、自我中心主义的趋向。如果说古典思想家按照思辨的模型创造了一个宇宙，给予理性上的特性以组合和调节的能力，那么现代思想家们便是按照个人自言自语的方式组成了自然界”③。然而，无论是由语言组成的外在自然，抑或是内在自然，其哲学取向自柏拉图始，就是鄙视特殊性，认为特殊性被湮没在暂时性、流变性之中，因而远离多，远离特殊的东西，远离被情境限定的东西，攀登一个抽象的阶梯，追求普遍的、永久的或理念的超验性，则是西方传统哲学的价值取向。

这种哲学取向一直延续到当代哲学的语言学转向。语言学转向虽然规

① ［美］杜威：《经验与自然》，傅统先译，商务印书馆 1960 版版，第 139 页。

② 同上书，第 140 页。

③ 同上书，第 140—141 页。

避了那些内在于本体论、认识论中的传统问题，使哲学的研讨视角从事物转向了语言。但是，就了解什么是存在、什么是善，以及什么认知方法可以引导我们了解事物是怎么样的、什么是善的，语言哲学本身既无力提供任何令人信服的实践论证，也没有实现任何实质性的进展。因为当代语言哲学家，尤其是那些以形式或理想语言为研究对象的语言哲学家，他们所关注的只是语言，却忽视了语言的交流；忽视了他们自身作为语言的使用者，或作为他们所研究的问题的表述者对这个语言交流过程的涉入，而只是把语言设定为一个独立于哲学家的“行”与“做”的理论的分析对象。因此，这种理论不关心把僵化的理论论域与实际的实践联系起来，只是将研究的目标圈定在一个狭窄的非言语领域。

如果说当代语言哲学家注重的是在抽象的形式中对语言进行形式化、理论化的研究，那么杜威关注的则是语言的交流。他将对象、心灵与社会等一切与人类事务相关的不确定性，都纳入语言交流的过程中来给予思考。他的所谓话语的“推—拉的平面”，将善、存在、知道、行动、制造统合在以交往为特征的动态的认知过程中，不仅跨越了知、行分离的传统认知哲学的栅栏，从而避免了在抽象的形式中对善、存在与认知的理论化，也表现了与当代语言哲学不同的研究旨趣，即它不是纯粹的理论兴趣，而是改良的兴趣。如同基于“行动—再调整回路模型”所铺展出来的那样，想象力的培育、关爱的语境，特别是教育，除了将“内在实践”与“原初的纯粹事件”相结合外，更重要的是在这个光谱的两段都呈现出他的所谓“交谈的需要”，并在这个“交谈的需要”中，创造、拓展一种民主生活。在这个意义上，杜威的理论探寻既不是追求语言对“存在”或事物的精确描述，也不是限囿在对语言的形式化、理论化研究中，而是在对语言交流的实际关切中，揭示影响主体、心灵生成、保持与深化的构成要件与功能，以说明人与人之间的多元视角何以能够成功地达成协调与共识。在此，语言交往则是与他者沟通、影响公众能力、树立与实现共同目标的最佳方法。

总之，杜威对交流的兴趣远胜于对语言的兴趣。他通过语言交流所显示出的行动结构，揭示了生成心灵、改造社会生活的交往功能。语言交流内在于个人的和社会的进化中，而杜威对这种进化的探寻所表现出来的独特性，既表现了实用主义以实践构建理论的共同取向与传统，也展示了一种在话语交流的互动维面中理解自我与心灵、经验与自然、民主与社会的哲学诉求。

（原载于《吉林大学社会科学学报》2010年第5期）

米德的“符号互动论”解义

西方哲学曾表现为分析的、语言学的、逻辑实证主义的主流哲学，在贤哲学人的狭小圈子中对形式化的问题进行分析与研究。然而，在20世纪中叶，美国哲学出现了重新思考并重铸心灵与自我，将其与哲学方法相联系的哲学发展特点。在“实用主义复兴”的话语下，米德不仅是与皮尔士、詹姆士、杜威并重的实用主义者，更是一位具有“一流的原创性头脑”的哲学家。米德在社会心理学领域，基于社会行为主义的基本立场，从进化的观点出发，通过对语言符号的行动分析，精细地描述了心灵、自我在社会背景中的生成与发展；揭示了有机体与环境、“主我”与“客我”、个体与社会之间的相互作用关系，体现了他对改造社会生活的语言交往功能的关注。因此，米德在实用主义哲学的转向中，是一位独特的、不可小觑的哲学家。

一

“心灵是交流的产物”，可谓米德与杜威相互商讨、相互补充的产物。虽然杜威在19世纪末就间接地论及这个主题，但明确的表述是在他的《经验与自然》一书中。继其之后，米德在以《心灵、自我与社会》为名结集的一系列有关社会心理学的演讲中，对人的心灵、自我和符号姿态理论，做出了“最精致的描述”。在该书中，米德基于经验自然主义的基本原则，以进化论为依托，运用实验方法，凭借“突现”概念，扣开了“人的内部经验的大门”。

米德与皮尔士、杜威的实用主义的共同论点，是把过程形而上学和心灵哲学结合在一起，形成了实用主义的基本论点：人类的自我和探寻的目标生成于一种特定的经验之中，只不过米德的经验主义更凸显了生物学的特色与社会交往的观点。[①] 在他那里，由接受生物进化论而生成的“经验”，被解释为活生生的有机体与其他世界之间交互作用的概念。这便使得米德进入理智世界的自然通道，既跨越了中古时期理性的、灵魂的彼岸，也避免了重蹈笛卡尔超验之路所导致的意识与对象、经验与自然相对峙的二元困境。在米德看来，世界根源于人的感觉与经验观察，对象与观察者本人具有同样直接的可及性。因为有思考能力的人处于自然之中，他所经验到的世界是一个自然事件的王国，是通过有机体的感受性而出现的，从而经验对象的性质同一个进行条件作用的有机体密切相关。这一论点意味着，有机体的感受性决定了它的环境。这种以意识、对象尚未分离，或者说有机体与环境相互作用为起始点的认识路线，旨在说明意识并不是由外部加给动物的一种孤立的实体，而是一种机能。它既表征着有机体与环境相互作用，是在发展进化途中“突现”的结果，同时，意识作为人类有机体的一种活动，又与其置身于所属的社会群体之中的他者交互影响并采取他者的态度。所以，虽然米德认为经验世界的特性是追求表达的各种冲动作用的结果，但是他并没有把经验归结为神经和肌肉的运动，而仅仅看作心理的或个体的，是从社会动作着手，即从自我的有机体是和其他人同在一个给定的领域内出发，把经验看作由不同的观察者观察到的同样真实的东西构成的，且用符号系统阐述的“社会经验的世界”。

米德的经验主义是一种后达尔文主义哲学。如果说“经验”是有机体与其他世界之间交互作用的概念，那么，它所引起的一个重要哲学问题便是：人类的心灵如何在进化论立场中得到解释。实际上，在米德之前的社会心理学领域内，人们一般把心灵的实存看作社会过程发生的先决条件，几乎无人对心灵的生成机制做出过分析与阐述。米德的贡献在于：他以科学的探究方式，“在社会动作的范围内看待个体动作；在生物学基础上把心理学和社会学统一起来；把社会心理学建立在社会行为主义的基础上”[②]，成功地分析并阐述了语言的机制。借助于这一机制，揭示了人作

---

① Langsdorf L, Smith A. R., *Recovering Pragmatism's Voice—The Classical Tradition, Rorty, and the Philosophy of Communication*, New York: State University of New York Press, 1995, p. 196.

② ［美］乔治·赫伯特·米德：《心灵、自我与社会》，赵月瑟译，上海译文出版社 1992 年版，第 10 页。

为生物有机体如何从行为中获得自我意识能力、有目的的行为能力以及道德信仰能力等。在米德的论证中，他既接受了冯特有关生物体行动的早期阶段的“姿态会话”观点，也赞同詹姆士有关心理学的功能倾向的观点。但是，他反对冯特把心灵作为交流和社会经验的先决条件，也不赞同詹姆士的心理学开始并结束于个体的观点。在这些问题上，米德与杜威可谓同声相契。他们既选择通过“社会的视角”来观察个体有机体的探究路径，也强调交流生成心灵的形成次序；同时，在对语言交流的研究中，表现出了共同的研究旨趣，即对交流的兴趣远胜于对语言本身的研究，以及对改造社会生活的交往功能的关心远胜于对语言显示的行动结构的关注。

米德的分析论述是从一个客观的社会过程开始，即以合作群体为逻辑起点，借助于语言的媒介，将心灵、自我与社会的概念分析形成了一个完整的逻辑体系。在这个体系的展开过程中，生物个体转变为具有心灵的有机体，形成具有自我意识的人格，语言的“突现”，以及动作的符号性与互动性发挥了至关重要的作用。在他看来，生物个体参与社会性动作，把各自动作的初期阶段用作姿态，即用作完成该动作的指导。这种姿态在动物身上业已出现，但是这种类型的交流还不是语言本身，符号必须成为表意的姿态，才能产生语言，生物个体也才能有意识地交流自己。在这一点上，只有人类有机体才具有表意的符号所必需的神经学构造，从而使人类能够从姿态会话水平进入表意的语言符号水平。表意符号的姿态，属于社会行为的一个部分，一方面，它对于特定社会群体中的所有个体成员具有同样的意义，因而能在自我和他人身上唤起同一反应，为意义交流提供必不可少的共同内容。另一方面，只有凭借表意符号的姿态，思维才能发生。思维的本质无非是在社会过程中，个体借助于这些姿态与其他个体进行的外部姿态会话在自己的经验中的内在化。因此，心灵在交流中产生，而非交流在心灵中产生；交流则是凭借社会经验语境中的姿态会话进行的。

“心灵的领域从语言中突现”，因而单单从个体人类有机体的观点看待心灵是荒谬的。心灵虽然属于个体有机体，但它的本质却是一种社会现象，甚至它的生物学功能也首先是社会的。所以，必须从社会动作的观点来理解内在的个体经验，必须承认个体经验是在社会相互作用这个经验母体中产生出来的。因而，当米德从社会的维度来考察“姿态”，并从“姿态”出发来描绘真正的语言交流，以及由之所产生的“成熟的、思考的、创造性的、可靠的、自觉的心灵”时，他既不像传统的心理学家那样忽视使人类得以发展的社会过程，也不像传统的社会科学家那样忽视社会过程的生物学方面，因而求助于一种以心灵为前提的心灵主义和主观主义。米德不仅避免了这两种极端，而且还避免了第三种极端，即生物学个体主义，因为他承认使心灵得以产生的基本生物过程。同时，米德对姿态符号的分析，也显示了他不是从语言所表达的内部意义来研究语言，而是借助于符号与姿态在群体中进行合作的更大范围来研究语言。在这个意义上，米德的“符号互动论”与皮尔士以行动解释为方向的符号学可谓不谋而合。

二

米德成功地分析了语言的机制，借助于这一机制，不仅揭示了心灵的生成与本性，而且顺理成章地延展出具有心灵的有机体，在社会交流过程的“角色扮演”中所形成的“自我”的独特品性；在个体与社会之间的相互作用中，以“泛化的他人”的角色参与共同的活动所构成的自我的基本结构，即“客我”与“主我”的统一。易言之，表意符号意义上的“交流”，使得自我的出现成为可能。

自我的生成，既以语言的普遍性为前提，又以“他人”的态度“表现在游戏与竞赛活动中”。语言的普遍性，意味着话语不是特殊的，对任何处于相同情境的人都具有相同的意义，因而能够像影响自我个体一样引起他人的一种特殊反应。所以，在表意符号意义上的“交流”的重要性就在于：一方面，通过社会交流过程，个体由他自己的姿态在自身引出参与同一社会活动的其他个体的态度，从而把他人的态度输入个体内部；另一方面，就交流作为行为的组成部分而言，个体把他人的态度化为自己的动作，使得自我的出现成为可能。因而在任何涉足特定社会整体即有组织社会的个体的经验范围内把握该整体本身的广阔活动，是个体自我获得充分展现的本质基础和必要前提，相反，只有当他对他所属的有组织的社会采取该群体的态度，他才能实际发展出一个完全的自我。

“自我”是个反身词，表征着自我的独特品性。自我的独特性在于：

具有心灵的有机体首先能够成其为自身的对象。这个论断关系到自我意识的基本问题，而问题的解答则展现在个体所参与的社会活动的经验情境之中。在米德看来，一个有机体的理性不可能是完全的、个人的，如同笛卡尔所主张的那样。一个个体的合理行为的必要前提是：他必须将自身投入特定社会的情境之中，并在经验行为背景中，采取“一种客观的、非个人的态度”，从而不仅使他能够从那个“泛化的他人”视界返视自身，而且使他自己能够从经验中走出他自己而成为他自身的对象，同时也使他具有“自我意识”并意识到自身的存在。而语言交流则为之提供了一种媒介。凭借语言这个媒介，个体经验到他的自我本身，并非直接地经验，而是间接地从他所属的整个社会群体的一般观点来看待他的自我。那么，当一个有机体能够采取他人的态度并用这些态度控制他自己的行动时，“合理性”便出现了。所谓“‘合理性’的东西”则表明，自我作为可成为它自身的对象的自我，本质上产生于社会经验，是一种社会结构。因此，孤立的有机体不是自我，只有通过社会过程，冲动的动物才能成为理性的动物；只有通过社会经验，具有适当的机体素质的生物个体才能拥有心灵；只有通过社会交流过程的内在化，个体才能获得使他成为他自己的对象并在一个共同的生活世界中生存的能力。所以，当一个自我出现在他自己的经验中时，它总是内含着另一个人的经验，他与他人相对而出现，并在个体自身唤起它在他人身上唤起的同样反应；当他人的反应，以及采取他人的态度成为个体的经验或行动中的一个基本成分时，不仅他人，而且自我才会出现在我们自己的经验之中。因此，自我的生成已经为自身提供了它的社会经验，自我作为可以成为他自身的对象的自我，本质上也是一种社会结构，因而即使我们可以想象一个完全独立的自我，也无法想象一个产生于社会经验之外的自我。

“完整的自我”既是“主我”又是“客我”，是主体与客体的统一。虽然一个有机体在社会交流过程中，采取与它自己的动作有关的群体的态度，并用他人的态度控制自己的行动而成为“一个理性的存在”，但是，这并不是自我的一切。这只是表明“泛化的他人”被一个个体的自我所接收，构成了“客我”。“客我”表征着自我把自己认同为一个普遍的存在，使自己置身于所有他人的态度之中。然而，尽管米德认为个体的心灵、自我的生成与存在，以一个先在的社会过程为前提，并借助于语言把社会交流过程输入个体内部，然后个体把社会行动化为自己的行动。但是，这并不意味着个体完全失落在社会之中，其创造活动和重建活动便毫无余地了。在这点上，他与杜威强调个体存在者是“重建社会的中心”立场一样，也强调“个体绝不是社会的奴隶。个体构成社会恰如社会构成个体一样实在”①。米德认为，自我作为它所从属的共同体组织的“客我”出现，并不意味着排除了个体自我之间的差异性与个体性，也不意味着抹杀了个体自我的独创性，相反，一个特定社会共同体中的每一个自我，总是基于独特的经济立场与社会地位，从不同的侧面或角度，以表现自己的特定方式对共同体做出反应。这样，自我经验中的“主我”不仅通过对“客我”的反应来体现自己，同时，创造性的“主我”行为也会给社会舞台带来变化。所以，主我与客我的相互作用，共同构成了一个出现在社会经验中的人。应当说，米德对自我的基本结构的分析，最典型地体现了主体与客体、个体与社会之间的相互作用，也表现了他反对只是回到寓居于个体自我意识领域的笛卡尔的立场。

毋庸置疑，米德是从一个复杂的社会群体的有组织行动来分析解释自我的个体行动，而不是相反。那么，当米德把个体的活动置于社会过程中来研究时，自我的生成与存在的社会因素实际上涉及两个维面的普遍性：语言的普遍性和“泛化的他人”。在这里，普遍性问题已经超越了狭隘的哲学问题，而关涉到了共相理论，以及如何公正地理解实用主义有关整体性、普遍性的因素问题。通常人们把实用主义定性为唯名论，以为它只注重特殊的具体事实。然而，通过米德对表意符号的阐述，实用主义的符号与其被定性为唯名论，倒不如说它更接近于中世纪的概念论。因为表意符号作为一种姿态，不是任意的，它承载着自我的某一行动，并分有该动作所具有的任何普遍性之间的内在关联。这样，通过把普遍性与动作相联系，被否认的只是传统哲学关于共相的实体化，而建构起来的则是一种经验科学和哲学领域。就“泛化的他人”而言，涉及角色扮演过程的普遍化。如果说“泛化的他人”是任何一个他人，那么，个体通过扮演他人的角色，他的经验和他人的经验便具有了一种社会的普遍性，由此也就超

① ［美］乔治·赫伯特·米德：《心灵、自我与社会》，赵月瑟译，上海译文出版社1992年版，第21—22页。

越了他自己个体的有限性。总之，米德从社会心理学分析的维度，阐释了话语领域、动作领域与社会关系结构所显示的普遍性，使人意识到实用主义立场的凸显、暂时性与有限性，与经验到的世界所显示的任何普遍性、恒定性并不相矛盾。相反，它从经验的维度劝告人们要明智地对待存在和生成的共同原则。正是这种观点，不仅对于研讨与批评实用主义没有给予充分讨论的那些问题提供了契机，而且在某种意义上也使米德获得了后达尔文主义的亚里士多德的地位。

三

自我虽以一个客观的社会过程为前提，但是反过来自我又组成了一个独特的人类社会。人类社会的组织原则，既不同于昆虫社会的生理分化原则，也不同于畜群“本能的联系”原则，而是包括他人参与在内的语言交流原则。语言交流不仅能够形成宗教信仰、经济态度与道德取向的普遍情境，而且也是拓展社会共同体、通向民主理想社会的桥梁。

语言交流不仅生成了心灵与自我，而且也形成了独特的人类社会。在米德看来，一切生物有机体的行为都有一种基本的社会性，而构成一切类型的社会行为的基础，则发自于各种生物生理的根本冲动与需求。任何特定的个体有机体的冲动与需求的满足，不论其行为是简单的还是复杂的，总会牵涉社会联系，卷入社会情境之中。如果说生理冲动的需求是一切生物有机体的社会行为或组织的基础，那么，蜜蜂与蚂蚁依其生理分化形成了昆虫的生活社会，动物畜群依其本能需求形成了松散的集合体。人类社会虽同昆虫社会、动物畜群有很多类似的方面，但从根本上说，它的生存原则既不是昆虫的“生理适应”原则，也不是畜群“本能的联系”原则，而是语言的交流原则。语言交流有别于其他动物之间所发生的无意识的交流。它既是包括他人参与在内的有意识的交流，也是人的正常发展所具有的一种同样的生理机能。不过，个体并不是独自发展这种能力然后凭借这种能力加入社会，而是在与他人的合作过程中，个体能够从群体其他成员身上引起一种反应，才使他能够转向自身，向自己指明他所能做的不同事情。基于这种观点，米德批评社会契约论是一种“陈旧的理论”。因为这种理论主张先有理智的个体，然后这些个体聚集起来形成社会。米德认为，如果个体只有借助表意符号，通过与他人的交流才能达到他的自我，那么，自我便不可能先于社会有机体而存在，相反，社会有机体必须首先存在。人类社会的生成不是因为个体有机体之间的契约，而是人们之间的交流使然。

语言交流不仅提供了一种完全不同的社会原则，而且推进了社会共同体的扩展，打开了通向一个普遍社会的大门。如果个体能够把那些有组织的反应纳入自己的本性之中，那么，这便意味着思维可以借助于语言这一普遍机制，使人类个体超越他直接所属的局部的社会群体，因而使那个社会群体通过其个体成员而超越它自身，把它自身同它周围的，以及它仅仅是其一个部分的整个有组织的社会联系和相互作用的更大环境联系起来。所以，语言交流不是纯粹抽象词语的传播，而是蕴含着有组织的反应，因而在某种程度上传递着人们的生活背景。基普林曾说：“东方是东方，西方是西方，两者永不相遇。”[①] 但米德说，语言的交流事实上使东西方开始交换角色，并使它们相遇了。西方世界的共同体，与其他不同国籍的人们，都能在词语的“话域”里表现自己，并有可能使代表不同共同体生活的那些有组织的态度，在这些不同群体之间持续的相互作用之中，使它们能在各种不同的生活过程中采取他人的态度，并获得一个更高级的共同体。所以，无论是从宗教的怜悯态度、经济的交换态度，还是逻辑的思维观点看，人类社会所有这些过程的普遍性，至少打开了通往一个普遍社会的大门。因此，米德同柏拉图、亚里士多德只是向往着一个与世隔离的国家类型——城邦不同。从理论上看，米德坚持的是“同际联盟”，希望各个国家之间自觉的社会认同并参与国际活动，从而把代表不同共同体生活的那些有组织的态度一起纳入一个更为广阔的社会关系中。在这个意义上，米德可谓名副其实的“国际主义者。”

“语言提供了一种普遍的共同体。”[②] 但是，在有组织的人类社会中，由于个体成员之间错综复杂的相互关系，因而个体自我之间既可以导致社会合作，产生个体之间的友好态度，同时也可以导致对抗与冲突，造成个

① ［美］乔治·赫伯特·米德：《心灵、自我与社会》，赵月瑟译，上海译文出版社 1992 年版，第 237 页。

② 同上书，第 248—249 页。

体之间的敌对关系。那么，要解决与终止个体自我之间的对抗与冲突，就要在人类社会进化过程中改变特定的社会联系，重建特殊的社会情境，使个体自我整合他与其他个体自我之间的社会关系，以维护社会共同体的态度。在这里，米德与杜威一样，当社会秩序需要变革时，也主张“理智的重建”。“理智的重建”内蕴着“社会的重建”与“自我或人格的重建”。这两类重建分别以不同的方式、不同的角度，表现了人类之间有组织的社会关系及其社会的进化过程，因而社会的重建与自我的重建之间的关系是交互的、内在的、有机的。为了消除一个特定的、有组织的人类社会中个体成员之间的社会冲突，必须由那些个体对该社会进行有意识的理智重建，必须由那些个体对其自我进行改变。而社会的变革与自我的实现所凭借的工具、机制或器官则是心灵。因为人类个体拥有心灵，他才能凭借它解决在他经验中遭遇到的各种环境的阻碍问题，才能批判地回头看待他们所属社会的有组织的社会结构，并且在不同程度上认识、重建或改变那一社会结构，以达到一个更大的、高度组织化的社会整体。

自我的起源、本性及结构的社会理论是米德伦理学的基础。在伦理道德领域，米德与詹姆士、杜威等实用主义一样，都主张一种利益价值论：凡是满足一种冲动或利益的都是善的。不过，米德通过对自我的社会心理学研究，使得这个概念又具有了新意。由于自我借助于语言而使自己采取他人的态度，这样他人的价值观或社会的价值观便会成为他自己的价值观。在这一点上，米德与康德一样，都强调道德包含着普遍性，即一个有理性的存在所“应当”采取的整个共同体的态度。但与康德不同的是，米德更注重德行目的的普遍化。在他看来，自我的道德目的就是社会的目的；道德的任务就是必须考虑到实际生活中所牵涉的一切相关利益，严格遵守存在于特定情境中的所有价值标准。反思这些价值标准，努力使自身的冲动得到最大限度的满足，同时也发展、调和其他冲动，以达到最大限度的和谐。在这个意义上，道德行动才是有理智的、有社会目的的行动。在这样的行动中，人们不但想着自我的利益而且还兼顾着他人的利益。所以，道德的行动要求的不是从利益到理性，而是从孤立的利益转到蕴含个人行为在内的社会利益体系中的利益。正是在这样的自我的社会中，米德看到了社会的理想。这样的社会不是“奥古斯丁式的历史哲学”，即维持与达成任何一套现存或权威规定的价值标准，而是受社会目的支持，发挥

“主我”的创造这样一种既紧张又活跃的社会。可以说，这种社会理想不仅体现了米德力图摆脱自我中心论的认识论取向，也体现了实用主义的伦理学说的核心。

总之，米德的思想仅仅聚焦于几个基本观念：心灵、自我与社会，在对这些基本观念的精细描述中，表明了哲学所基于的科学基础，以及与之密切相关的社会的与伦理的方面。在他的理论体系中，社会心理学与哲学交相辉映，显示了身为科学家的米德既是一位社会心理学家，也是一位哲学家。可以说，他的贡献并不在于数字、图表和仪器方面，而在于对问题的洞察。他提出了一种从社会秩序出发的研究方法，成功地分析了语言的机制，并详细阐述了语言符号在人类自身，以及在人类社会存在和发展中所起的重要作用。他发展了自我、角色、社会群体、人类经验与进化潜能之间的关系，向着“泛化的他人”前进，创造了更加包容、更加普遍和更加理性的自我，进而创造了与之密切相关的伦理学。诚如美国哲学家莫里斯所说的那样：人类的心灵、知识、本性及道德如何在进化论立场上得到解释，“这是实用主义者要解决的中心问题。米德对此问题作出了最为全面的处理，这成为实用主义运动的主要成就之一”①。“乔治·H. 米德异常丰富的思想，不仅使他在社会心理学的创立者中间占有牢固的地位，导致各种具有内在价值的社会学说和伦理学说，以‘动作哲学’的形式为实用主义的重大发展提供了基地，而且处处表明它们自身具有丰富社会科学各种概念的力量，为经验研究指出了新途径，并为哲学家解释打开了新的视野。”② 因此，他与杜威一样，被称为思想王国中的沃尔特·惠特曼。

（原载于《吉林大学社会科学学报》2014 年第 5 期）

① ［美］C. 莫里斯：《美国哲学中的实用主义运动》，《世界哲学》2003 年第 5 期，第 237 页。

② ［美］乔治·赫伯特·米德：《心灵、自我与社会》，赵月瑟译，上海译文出版社 1992 年版，第 29 页。

第二编

追寻美德：西方道德哲学的寻根理路

西方道德哲学合理性基础的摧毁与重构

当代西方道德哲学的危机是道德权威的缺失和道德相对主义的泛滥。这种危机实际上是西方启蒙运动中道德多元化与“民主化”的继续和发展。西方启蒙运动将人从传统道德的外在终极权威中解放出来的积极直接结果是：民主理智使主体的完全自律成为可能，各个道德行为者能够诉诸不同的“人性特征”来证明和辩护人所应遵循的道德法则和道德箴言。人就是所有价值判断的最高原则。然而，这种解放的代价是：在不同的社会背景条件下产生的相互对立又不可调和的道德辩护与论证，不仅表现为不同时代、不同国度之间意识形态的冲突，而且表现为无从对话的“诸神之战”。这种“诸神之战”以不同的方式残存在当代道德哲学之中，道德多元论和相对论并驾齐驱，仍然继续着在道德前提下就不可通约、无从对话的道德论争。任何所谓道德言辞都失去了普遍有效的权威性，普遍的道德已经变得不可诠释，道德处于严重的无序状态之中。那么，怎样从理论上化解自律道德行为者与普遍原则之间的紧张关系？怎样才能消解这场无休止的道德论争而重构一套既合乎理性又公正的普遍道德原则呢？普遍伦理能否得到合理而公正的诠释和辩护？

一

现代西方道德哲学的首要任务之一是思考和寻找某种新的道德根据，为道德规范的正确性和合理性提供一种证明和辩护，以填补被民主理性驱逐了上帝的外在权威之后而给道德哲学留下的价值本源之空白。如果说道德的本源不是上帝或神意，那么是否由人的天然本性使然？人的天然本性具有什么样的本质特征？什么样的人性特征才是道德基本原则的合理性基础？能否从“自然而然的人性”合理地推论出道德禁令从而在二者之间建构牢固的关系？对这些问题的思考与回答，既开显出现代西方道德哲学在跨越了中世纪封建神学伦理的传统栅栏之后的道德价值取向，也构成了现代西方论证道德的共同本质特征，同时也生成并决定了现代西方道德哲学的多元化及其相互对立又不可调和的诸道德价值体系之间的矛盾与纷争乃至走向失败与终结。

实际上，现代道德思想家的道德改革并不在于剥夺中古时期的“道德内容”而是它的道德根基，他们从西方道德传统中继承或部分地改变了各种道德规范与道德箴言并力图为之找到某种新的根据。在这个问题上，现代道德思想家的普遍价值取向是以人性对抗神性；依据人性为现代道德的合理性提供一种证明和辩护，从而使道德规范的权威性由神的外在终极律法转向人的内在本性或主体自律的世俗化基础上，在人性与道德规范之间建构一种坚实而可靠的联系。由此揭示与描述人性的本质特征，便自然而然地成为现代道德思想家为资本主义的新道德、新价值进行道德合理性辩护与论证的重中之重。正像英美著名哲学家麦金太尔在其《德性之后》一书中所概括的那样：现代道德思想家对道德的合理论证的共同见解是：“这种论证的关键前提是描述人性的特征；道德规则须被解释和证明为能期望一个具有这种人性的存在者接受的规则。”① 所以，尽管现代道德思想家在如何重构新的道德价值观上，具有不尽相同的思维路向、论证方式和理论构成。但是，所有这些思想家在构建新的世俗化道德有效论证运动中，都将道德法则的合理性和权威性论证建筑在人性特征的基础上，强调人的价值标准应该以人“本身的品质为标准的”绝对地位。归依人性，“不在别处而只在自身寻找合理证明原理的要求”②，成了近代道德追求的共识。揭示与描述人性的本质特征，并从其所理解的人性之“是”的前提出发，推论出人之“应该”的道德规则及其戒律的合理性、有效性与权威性，为人性的本质特征与道德戒律之间必然而坚实的关系做出合理的辩护与论证，则构成了现代道德哲学的首要任务与本质特点：道

① ［美］A. 麦金太尔：《德性之后》，龚群、戴扬毅等译，中国社会科学出版社 1995 年版，第 67 页。

② ［法］阿莫尼克：《道德与后现代性》（续），《哲学译丛》1992 年第 2 期，第 38 页。

德论证与论证道德。而这种以人为本的论证道德，在经历了几个世纪漫长而曲折的探索与嬗变、辩护与论证之后，不仅彻底地抛弃了传统伦理学自然目的论与宗教神学目的论的外在权威，而且为现代文明新道德的价值观奠定了主体范式或主体自律的基础。

毋庸讳言，现代道德思想家一致同意道德法则的合法性与权威性、可辩护性与合理性，应建筑在人性的基础上，但是什么样的人性特征才能为道德法则提供权威性的根据？或者说什么样的人性特征才能得到合理性的辩护？在对这一至关重要问题的肯认与论证上，他们各持己见，莫衷一是，使得道德哲学这一领域从近代初始就陷入了诸家诸说纷纭争执的局面。文艺复兴时期的人性与神性之争，17 世纪英国伦理学史上著名的“利己与利他”之争，18 世纪法国浪漫主义的自然主义道德观与机械唯物论的自然主义道德观之争，18 世纪中期至 19 世纪初期“特殊论的”英国功利主义与“普遍论”的德国理想主义道德之歧异，贯穿近代始终的传统经验主义道德观与传统理性主义道德观之纷争等，归根到底都是道德根据的歧异与纷争。当现代道德思想家将没有任何社会规定性的抽象自我作为思考的起点，并在自身为道德的合理性与权威性寻找人性的基础时，他们或诉诸欲望和激情（狄德罗和休谟），或诉诸理性（康德）；或将人性界定为自私性恶（霍布斯、洛克与曼德威尔等），或界定为情感性善（沙甫慈伯利和赫起逊）；或将人的自爱心和怜悯心作为人性的道德之本（卢梭），或将趋乐避苦、自保自爱的天然本性作为道德的根基（爱尔维修），在道德的前提上进行着互不相容、持续不断的论争。对此，麦金太尔说：“所谓现代特有观点，……是依据互不相容、无法比较的道德前提之间的对抗来设想道德争论并把道德上的信奉视为对这些前提所作的无标准的选择的表达，一种不可能作出任何合理证明的选择。”① 因为当现代道德思想家摆脱了传统道德的外在权威而确定了现代自我之后，道德价值可以完全立足于“纯粹由主观性来证明其合理性的选择”②。这样道德判断的标准只能出自于自己，对道德前提的认证可以从自我所理解的任何观点出

① ［美］A. 麦金太尔：《德性之后》，龚群、戴扬毅等译，中国社会科学出版社 1995 年版，第 52 页。

② 同上书，第 35 页。

发，每个人都可以自由地选择那种他自以为“是”的人的本质特性。人的自我特性在道德思想家的诠释中，可以是任何东西，可以扮演任何角色，以至于形成多种形式、相互竞争的道德体系之间的“诸神之战”。在这场一无止境的战争中，客观的、非个人的道德标准丧失了，人们不仅在理论和实践上丧失了对道德的明辨力，而且无法有客观的标准来判断和识别善与恶，导致现代论证道德合理性运动陷入了道德“多元论”和道德相对主义的困境。麦金太尔将这种困境的特点描述为：“道德行为者从传统道德的外在权威中解放出来的代价是，新的自律行为者的任何所谓道德言辞都失去了全部权威性内容。各个道德行为者可以不受外在神的律法、自然目的论或等级制度的权威的约束来表达自己的主张，但问题在于，其他人为什么应该听从他的意见呢?”① 因此，现代论证道德的合理性运动必然归于失败。

现代论证道德合理性运动失败的另一原因还在于：其道德论证无法合乎逻辑地从其所理解的“自然而然的人性”之“是”推出人之道德原则或道德践行之“应该”，在其承继下来的道德原则或禁令与人性之间建立起牢固的联系。麦金太尔认为，在亚里士多德和古典道德的有神论体系中，存在着由未经教化的人性，认识到自身真实目的后可能成为的人和能够使人从前者向后者转化的道德戒律这三方面组成的结构。在这个结构体系中，作为道德戒律的“目的”是调整和教化人的自然本性，规范和培养人的行为方式，以便使人在认识到自身的真实目的后而成为“能实现其本性的人”，自觉地响应和遵从合理的道德戒律。然而，从近代开始，由于论证道德取消了任何关于“认识到自己真实目的后可能成为的人”概念，否弃了人性问题上的目的论观念，看不到既是理论又是实践的伦理学的全部意义在于从其现时状态向其真实目的的转化。所以，在排除了“本质人性的观念和放弃了目的观念”，切断了道德禁令与本质人性的原始关联之后，其道德体系中就只剩下道德禁令与“自然而然的人性”之两极因素。那么，从未经教化的“自然而然的人性”的“事实”描述中推论出人之“应该”的道德禁令不仅是不可能的，反而这些道德禁令很

---

① ［美］A. 麦金太尔：《德性之后》，龚群、戴扬毅等译，中国社会科学出版社 1995 年版，第 87 页。

可能还会遭到“自然而然的人性”的强烈反对。因为当现代道德思想家根据自己在人性问题上的独特见解而为道德信念寻找合理性基础的同时，又从传统道德哲学承继了一套道德信念，而这套道德信念与现代西方道德思想家所理解的人性概念从产生之时起就是不一致的。所以，当道德思想家试图在其正面论证中把道德禁令置于人性基础上的同时，他们又在各自做出的反面论证中越来越趋向于一条普遍原则：没有任何有效性论证能从纯粹事实性前提中得出任何道德的或评价性的结论。对此，休谟以疑问而非肯定性断言的方式表达了这一普遍原则：人们“从‘是’的前提中得不出任何‘应该’的结论”①。换言之，任何用以下形式表达的论据都是无效的：既然人是这样的，人就应该以这种方式行事。休谟这一著名的禁令就像中世纪的表兄弟——奥卡姆的剃刀一样，使自启蒙运动以来的一切现代经典道德哲学都陷入他的禁令无情的砍刀之下。这一被视作无可争议、无可逃避的永恒真理，既是与古典传统最后决裂的信号，又是启蒙哲学家们论证道德合理性运动彻底失败的信号。

二

现代论证道德的合理性运动既为人类留下了丰富的理论遗产，同时也留下了失败的记录。它的成功与失败从正反两方面启发并影响着当代西方道德思想家且构成其学说发展的直接起点。当代西方道德思想家承继了现代论证道德的“主体范式”，但并不热心从主体自我去寻找一种普遍的、本质的和内在的人性特征以作为道德原则的合理性与权威性的绝对形而上学基础，而是将道德的生活方式和准则的合理性和权威性，转向诉诸主体的选择活动，以及主体的偏爱、态度和情感描述与表达等主观心理基础。这种道德哲学的转向不仅从本质上改变了道德原则与价值判断的内在意蕴，改变了道德争执的根本特性；而且使企图维护客观的非个人道德判断标准的现代论证道德的绝对主义理想为当代道德哲学的相对主义所取代。诚如I. J. 宾克莱在《理想的冲突》一书中所概括的那样：当代西方社会

① ［美］A. 麦金太尔：《德性之后》，龚群、戴扬毅等译，中国社会科学出版社1995年版，第74页。

中的变化着的道德价值观念已进入了“相对主义的时代”。

“什么事情恰巧使本世纪成为在道德方面采取相对主义的世纪呢？有没有人提出什么新的价值方向以代替过去的僵死的各种绝对的东西呢？”[①] 如果说现代西方论证道德自身演进的逻辑矛盾是当代西方道德价值体系嬗变的直接理论起点，那么，科学与战争则“是使各种绝对的东西失去信仰”，导致20世纪上半叶当代西方道德价值体系呈现出唯科学元伦理学和非理性人学伦理学两极分离运动的主要社会原因。休谟的禁令在当代道德哲学的建构上依然产生着巨大的影响；科学的崇拜、战争的残酷动摇并摧毁了人们追求一门由人性或纯粹理性支配的绝对的和客观的伦理价值体系的崇高理想，所有的价值都是随意定的，并无什么人性和理性为其根据的道德价值相对主义大行其道。“正如约翰·巴斯的小说《水上歌剧院》中的主人公所说：‘人们把价值赋予各种事物的种种理由，归根到底（虽然未必是直接地）总是任意定的、非理性的。’”[②] 这种道德相对主义的普遍信念分别以不同的运思路数表现在唯科学元伦理学和非理性人学伦理学中。唯科学元伦理学自摩尔的直觉主义开始，经史蒂文森等人的情感主义到维特根斯坦、卡尔纳普等人的分析哲学的发展，其共同倾向是：坚持将事实真理与价值观念严格区别开来，主张以非自然主义的逻辑分析的全新方法来研究道德价值问题，反对以自然属性来界定道德规范、价值判断和伦理概念等。认为道德规范、价值判断和伦理概念等命题不是知识的表达和意义的描述，而是一些存在于有限世界的彼岸，无法用经验事实证明其真假的无意义的形而上学命题。所有道德规范、价值判断和伦理概念就其本性是由主观的确定而言，都不具有真理的价值，而仅仅是偏爱、态度和情感的外溢和经过乔装打扮的命令句、祈使句等。由于表达偏爱、态度与情感的道德判断，无真也无假，没有任何合理的方法来确保道德判断的一致性，所以任何追求客观的非个人道德标准的企图都无法得到有效的合理辩护。因此，伦理学作为“不能记述的对象”——价值的科学，其根本宗旨不在于把道德作为社会的、整体的、客观的现象去研究，而在于从逻辑上分析研究道德语言和概念等。就此而言，唯科学元伦理学不仅具有形

① ［美］L. J. 宾克莱：《理想的冲突》，马元德等译，商务印书馆1983年版，第6页。

② 同上书，第10页。

式主义的特征，而且又与传统的规范伦理学分道扬镳了。非理性人学伦理学从意志主义者尼采毫不留情地“运用小刀对他们时代的美德本身的胸膛进行解剖”①，宣告上帝已死，倡导“重新估计一切价值”起，一切永恒的、绝对的传统道德便随着上帝的灭亡而消亡了，一切新的道德价值和生活信仰都是克服了人类本性的“超人”的自由选择和创造，超人是一切价值的立法者。尼采的道德观尽管不为他那个时代所认同，但他拒绝一切绝对的、客观的理性论证道德，主张意志主体的自由选择与创造的虚无主义、相对主义和主观主义的价值观，则极大地影响了他的后继者。存在主义也主张唯有个人的绝对自由和选择才是道德的基础和“价值的唯一来源”。这种道德价值观在萨特的非理性自由人学与自由价值论中得到了充分的发挥与诠释。萨特认为人没有任何先在的本质，创造人的是人自身。所以，人不能再说上帝赐给了我一种道德法典，甚至不能说我的社会送给了我现成的价值因而我必须采纳。人，不管他做出哪种决定，都没有什么现行的普遍原则帮助他理直气壮地为他的决定做辩解。人自己是其各种价值的创造者，而人的自由则是其价值创造的唯一基础。那么，与存在主义相互映衬的是实用主义的道德相对主义。众所周知，实用主义否认客观真理，认为判断真理的唯一标准是真理的实际应用。这种“有用即真理”的原则不仅是支撑其认识论，同样也是构架其伦理学的轴心。从理论构成看，实用主义兼容并蓄了西方传统的“唯名论”（注重特殊具体的事实）、“功利主义”（注重实效与实利）、“实证主义”（反对形而上学的抽象）以及“存在主义”（强调个人的主观选择）等观点，主张以是否“有用”“方便”和“有效”作为评估一切事物和行为之道德价值的唯一标准，以是否有利于个人的“利益满足”，是否符合个人的“主观经验（兴趣）”② 作为道德评价的直接依据，从而使道德变成一种方便有用的工具。总之，无论是唯科学元伦理学坚持科学上可知的事实与主观上确定的规范之间无法克服的分裂，抑或是非理性人学伦理学强调任意的、没有理性根据的选择，这两种平行发展的极化运动却殊途同归：摒弃了传统伦理学对终极基础的探索与论证。道德作为人的主观偏爱、情感与意志的心理

① ［美］L. J. 宾克莱：《理想的冲突》，马元德等译，商务印书馆 1983 年版，第 190 页。

② 万俊人：《伦理学新论》，中国青年出版社 1994 年版，第 82 页。

状态的表达和主观自由选择与创造的产物，丧失了绝对的权威性。所谓的权威都是个体的、主观的、相对的，从而使普遍的道德变得不可诠释，善也变得不可诠释了。

"相对论的时代使人想要找到他能够为之坚定地毫不含糊地献身的终身价值的希望大大破灭了。"① 当代西方道德的主观化与相对化，既未摆脱相互匹敌的道德理论之间无休无止的矛盾与论争，同时又使之陷入了深刻的道德危机之中。简单地说，当代道德危机是道德权威的危机。当人们将社会生活中的道德判断、道德言辞及任何普遍原则的运用与表达，诉诸纯主观和情感性，将个人的道德立场、道德原则和道德价值的选择看作一种没有客观依据的主观选择时，普遍性的道德和绝对的道德权威就不存在了。所谓道德原则的权威性都是主观的、相对的，而道德权威的相对性和主观性则意味着没有客观的非个人的道德标准可依从，没有客观的非个人的标准就可以自行其是，其结果必然是只有道德理论之间毫无结果的断言与反断言的纷争，道德陷入一种严重的语言无序状态之中。麦金太尔深刻地揭示了这场危机的特征是："当代道德言辞最突出的特征是如此多地用来表述分歧，而表达分歧的争论的最显著特征是其无止境性。"② 道德纷争的"无止境性"表现为：（1）相互匹敌、相互对立的道德论证都具有观念上的"不可通约性"。每个道德论证都具有对方无法接受的前提，以及前提中所使用的不同准则并由之所形成的不同论点。争论的各方都站在与对方无法沟通的理论立场上，没有使对方信服的理由。（2）尽管当代道德论证通常都有以某种非个人性的模式出现，即道德语言中那些特定功能的词汇使用体现了对客观标准诉诸的意图，但当代道德纷争不可通约的分歧，则表明不存在客观的统一的非个人的道德尺度，所存在的只不过是相对立的意志冲突。在这里，每一意志又都是由它自己某些武断的、任意的和非理性的选择所决定的。（3）与上述两方面相联系，诸多相互匹敌的道德论证所运用的在概念上的不可通约的前提，都有一个历史起源的广阔多样性，都有从不同的背景条件下产生的道德观做支撑。尽管唯科学元

① ［美］L. J. 宾克莱：《理想的冲突》，马元德等译，商务印书馆1983年版，第52页。

② ［美］A. 麦金太尔：《德性之后》，龚群、戴扬毅等译，中国社会科学出版社1995年版，第9页。

伦理学和非理性人学伦理学都宣称自己创立了“一种新的道德”，并认为现在的道德已不是历史上曾经有过的道德，但是他们或多或少地都继承了从不同背景条件下产生的诸如“德性”“应该”等道德“概念”和“表述”。这些“概念”和“表述”作为残存物因其脱离了原本发挥其作用的历史背景条件而在向当代文化生活的转变过程中，已变得面目全非了。所以，承继了这些残存物的当代道德生活，必然是一个有许多不相容的道德观念相混杂的大杂烩，必然表现为多元道德观之间彼此无休无止的争论。所以，麦金太尔说：“当代道德论争是合理地无终止性的，因为所有的道德论争，甚至所有评价性论争且永远必然是合理地无终止性的。”① 这种无休止、无法找到终点的互不相容、无从对话的道德争论，只能说明当代道德处于严重的危机之中。

三

当代道德理论中的相对主义和危机并未将人们引入荒唐与绝望，相反，它却激励人们做出严肃认真的反思，去选择和创造一个对于人类社会都有普遍意义的道德价值，去为道德价值探索和重构一个“合理性”基础。

20 世纪 60 年代，西方伦理学呈现出一派多维面、多向度的新的发展景象，真可谓流派纷呈，格调各异，路向多元，取向分殊。此间，尽管道德哲学之间的“诸神之战”并未偃旗息鼓，但是拒斥相对主义，复归传统道德的规范伦理学；摆脱唯科学元伦理学的形式主义和非理性人学伦理学的任意品性，重构道德价值的合理性基础已成定式。在诸如新功利主义、新社会政治伦理学、新人道主义、新行为主义、新结构主义、境遇伦理学和交往（商讨）伦理学等多元化价值取向的复归与重构中，一方面开显出当代西方伦理学并不是简单地归依传统，而是基于当代西方社会的背景条件和现实需求，以时代“开新”为其理论宗旨，从不同的层面、不同的视角，批判地继承了传统伦理学的某些内容和观点，开创性地重构

① ［美］A．麦金太尔：《德性之后》，龚群、戴扬毅等译，中国社会科学出版社 1995 年版，第 16 页。

着新的价值观念体系；另一方面，也显示出当代西方伦理学又不是在彻底地否定传统伦理学的前提下的重构，一如启蒙时代现代论证道德哲学以摧毁和摒弃中古自然目的论、神学伦理学为否定性前提的革命性的替代性重建，而是以挽救和重振现代论证道德的精神为肯定性前提的再造性的承继性重构。西方伦理学的这种回归与重构趋向表明：在经历了唯科学元伦理学和非理性人学伦理学的道德相对主义危机之后，“人们又在对人的基本价值表示关切了”，对道德“合理性”基础的探索与选择，变得更加密切和全神贯注，规范伦理学已经开始了一场戏剧性的复兴。正如埃德尔教授所说：“今天对这样一个理论基础的要求不是一个过高的要求。……它不过希望，对于现代世界的重大争论问题，能够有信心地去对付，因为相信凭理性和经验总是有解决的办法。现代人并不要求一种完备的道德体系。……他也知道理论上的解答不是容易的。但随着知识的巨大发展与传播，难道他不能找到某种保证：总有几根坚固的支柱能够把普遍人的道德体系系住吗？他不要求一张详细的地图，但他至少必须有一个指导他的道德航向的罗盘。”①

那么，究竟如何超越道德相对主义而建立起道德的普遍性和客观性？如何超越价值的多元论而建构一种普遍伦理，以为人类的生活提供一个指导其道德航向的罗盘呢？为此，当代西方道德思想家沿着不同的路向进行着种种努力和尝试，而其中较为引人注目的则是哈贝马斯、阿佩尔继康德之后，建构在“交往理性”基础上的交往（商讨）伦理学，对普遍伦理的合理性基础所做的探讨。阿佩尔在《哲学的改造》一书中指出：我们这个时代乃是以科学所致的技术成果所造就的全球一体化文明为其特征的时代。科技文明下毁灭性的战争、工业技术的副作用和不断升级的环境污染等，使所有民族、种族和文化都面临着共同的伦理学难题，不管它们各自特定的群体因文化而异的道德传统如何不同，人类在历史上第一次面临着为其全球规模的行动后果肩负共同责任的重担。可以说，人类再也不可能满足于那种仅仅调节狭隘群体的人类生活，并把群体之间的关系委弃给达尔文意义上的生存竞争的道德规范了，对某种普遍伦理学的需要，即对某种能够约束整个人类社会的伦理学的需要，从来没有像现在这样迫切。这种共

① ［美］L. J. 宾克莱：《理想的冲突》，马元德等译，商务印书馆1983年版，第53页。

同责任的强制力和对普遍伦理学的迫切需求，使二者义无反顾地抛弃了自笛卡尔、康德以来的“主体范式”，而代之以“交往共同体”的范式。主张只有基于“规范的主体间有效性”，才能构建一种规范上中立的或无价值倾向的“客观性”的普遍伦理学，即主体间有效的关于共同责任的伦理学。

交往伦理学对普遍伦理学“合理性”的重构，肇始于对主体与理性的重新认识与界定。在商讨伦理学家看来，理性绝不是在个人意识里发展的，而是在语言对话、主体际构成的世界里发展的。因为“‘单个个体’不可能遵守一条规则，也不可能在‘私人语言’框架内获得其思想的有效性，不如说，他的思想在原则上乃是公共的”①。因此，孤独思想的有效性以及个体孤独的良知决断的道德约束力，原则上依赖于作为平等的对话伙伴的所有成员之间的相互肯认和语言交往。在他们看来，自笛卡尔到康德以来的现代哲学，由于拒绝系统地了解一切理性运作的语言的这种作用，便自觉不自觉地把自己封闭于心灵独白的唯我独尊的理性观念里了，这样他们势必要犯“意识唯我论”的错误。由于这个错误，康德和现代思想家被引向到孤立主体的认知理性与实践理性中，而不是在主体之间的交往理性中，寻找道德可能性的条件。为了确立道德，康德不得不求助于“实践理性”的纯粹事实而对“绝对命令”的有效性做出基础论证。但当康德有违初衷地暗暗地把作为伦理学基本准则的“绝对命令”的道德有效性问题，转换为相应的良心“强制”的“事实性”问题时，康德关于作为“绝对命令”之基础的“理性事实”的谈论，必然要遭到休谟意义上的批判。所以，必须放弃传统主体的范式，代之以“交往理性”的范式。只有基于“交往理性”基础的规范伦理学，才能把个体孤独的良知决断协调一致起来，从而使他们能为社会实践承担共同责任。因为在交往实践中，作为能在人际间传达的要求，即具有伦理意义的人类“需要”；只要它们通过论据而在人际间得到辩护，它们就必须获得交往共同体所有成员的认同和遵守。在此，交往伦理学所挑明的基本规范，一方面，既不会倒在休谟的砍刀下，即企图从纯粹事实的判断推导出道德规范。因为人们总是在与他人、外来文化的富于道德意蕴的行为、成果和生活方式的理解

① ［德］卡尔－奥托·阿佩尔：《哲学的改造》，孙周兴、陆兴华译，上海译文出版社 1997 年版，第 302 页。

与交往中，不断地修正和丰富人们本来就有的规范性约定；通过扩展在“理解”那里被先行设定起来的“人性”，使一种具有美育和道德意义规范的慎重教化成为可能。另一方面，又克服了道德领域中的“方法论的唯我论”。在以往道德哲学那里所要求的个体的主观的良知决断，现在已凭着主体间的“要求”与论辩而得到了中介化，每个个体自始就承认公共辩论乃是对一切可能的客观有效性标准的阐明，从而也是对共同意志构成的阐明，由此保证着对单个主体的合乎规范的一致性的道德约束性。所以，交往伦理学不仅从理论上化解了自律道德行为者与普遍原则之间的紧张关系，而且重构并确定了一门基于“主体间解释统一体”的“终极基础论证”的普遍道德哲学的理想化前提。这个理想化的前提——“理想的交往共同体”则是“实在交往共同体”的前提条件。也就是说，在人的全部所作所为中，要保证作为实在交往共同体的人类生存，要紧的是在实在交往共同体中实现理想的交往共同体。实现理想交往共同体的任务意味着扬弃阶级社会，用交往理论的话来说，也意味着消除人际间对话的一切由社会条件决定的不规则性。[①]总之，通过对交往共同体之道德规范的先验反思与论证，交往伦理学自认为制定出了一门适合于作为在科学时代人类对道德责任共同承担的基础的规范伦理学。尽管这种基于“交往理性”基础上的规范伦理学仍然沿袭了传统哲学的论证方式——对交往实践理性的求证方式采取的是“自上而下”的理论论证方式，因而难于摆脱先验预制程序的论理局限性。但是，这种独树一帜的道德哲学的回归与重构，在某种程度上则代表着西方道德哲学在探索其合理性基础历程中的一个新的发展维度，并为协调自律道德行为者与普遍原则之间的关系，消解无休无止的道德论争而达成共识，以构建一套既合乎理性又公正的普遍道德，提供了一条富有启发性的思维路向。

总而言之，西方道德哲学的合理性基础的探索与论证，在摧毁与重构的漫长历史发展理路中，经历了一个由外在的绝对权威性——神（自然目的论和宗教神学）向内在的绝对权威性——人的本性（现代论证道德）的转变、经历了从有权威性的绝对主义向无权威性的相对主义（唯科学元伦

---

① ［德］卡尔－奥托·阿佩尔：《哲学的改造》，孙周兴、陆兴华译，上海译文出版社1997年版，第338页。

理学和非理性人学伦理学）的转变，以及克服相对主义向规范伦理学（新功利主义、新人道主义与新结构主义等）、传统的“主体范式”向“交往共同体”范式（交往伦理学）的复归与重构的发展历程。这一历程向我们昭示了伦理学“合理性”基础的探索与论证，尽管几经变革，甚或出现过历史的空白，但它终究仍是道德构建中一个不可或缺的主题。今天，克服传统道德哲学以“方法论唯我论”方式设定起来的“对象意识与自我意识的统一”的主体独白，以作为意义理解和真理统一性的“主体间解释统一体”为道德哲学合理性基础的普遍道德，已成为现时代一个不容忽视的发展态势。

（原载于《吉林大学社会科学学报》2002 年第 1 期）

“乌托邦”思维与普遍伦理

“乌托邦”思维是理性的一种天然倾向。理性作为人的言与行的规范性基础，自身便内在地负荷着对普遍统一性的理想承诺与吁求。理性的变式不仅为我们记录下了不同形式的普遍伦理，而且使之呈现出从形而上的论证转向一种后形而上论证的发展趋向。不管传统的基于先验理性基础上的形上承诺的普遍伦理学，与当代基于实践理性基础上的非本体论的普适主义是否可行，然而，理性所诉求的普遍有效性及其理想冲动，总是激励着人们满怀信心地去实现它。

一

哲学自产生以来，便致力于用理性的原则来思考存在与世界的总体性与统一性。道德哲学也不例外，也产生于对体现在认识、言说和行为中的理性反思。理性作为人的言与行的规范性基础，不仅承载着普遍的同一性承诺，而且蕴含着应然的权威性诉求，从而成为人同为人的言与行的非个人的普遍有效的内在参照系或道德律令。在传统的道德哲学中，道德律令的普遍有效性论证或勾挂在超验的上帝之上，或内藏于先天的人性之中，由此产生了两种对立而不可调和的道德路向：一种试图把生活同化到世界的“客观理性”中去，另一种则把注意力集中在人的“主体理性”之上。

众所周知，宗教道德律令的普遍有效性建基在神的外在权威之上。道德律令作为公正善良、全知全能的上帝意志的表达，其“应然”的权威性本身就内蕴着一种普遍“必然”的品性。创世秩序和救赎历史则为神圣律令的必然性与应然性的普遍有效性，提供了神学本体论和救世神学世界观的理由。神学本体论的论证说明：人与世界中的一切存在物作为创世主——上帝的造物及睿智立法所建立起来的世界结构，不仅在本质上具有一种目的论的内涵，而且也获得了其"定性"。人既然是按照上帝的形象创造出来的，是理性存在秩序的组成部分，那么，人就应当服从上帝及其道德律令。如果说神学本体论的论证为道德律令"应然"的权威性与普遍有效性奠定了形而上的世界观基础，那么上帝基于公正的审判，源于善良的拯救，则指明了人类灵魂抑恶扬善的救赎路途，并保证着道德律令必须不偏不倚地恪守与应用的普遍"必然性"。在此，"各种道德规范和道德原理或者被人们看作是充满了价值的、合理的'事物秩序'所具有的成分，或者被人们看作是一种可以为典范、能够导致拯救的生活方式的组成部分"[①]。由此人们在超验的创世主和救世主的存在和作用中，为自己找到了生存与行为的理性根据，人同为人，都是上帝的子民，都应该无条件地恪守上帝的神圣律法。

上帝的神圣律法同时又包含着对至善性、完满性与同一性的"乌托邦"吁求，因为它绝不是以人的狭隘眼光做支撑，而是通过追溯最深刻、最终极的东西来确保人的精神心魂的要求与满足，用永恒的、崇高的、无限完美的神圣生活渗透人的世俗生活，从而将人的精神心魂提升到一个新的视界，给人的生活注入一种崇高的理想性，使人确信有限生活必须从无限中获得支持，精神生活产生于一个更高的源泉而不是与感官世界共生存。所以，宗教力量的介入，对人的本性、精神生活及其价值观发动了深刻的变革，向人启示了一个独立的内心世界，即坚持人自身行为动机纯洁性本身的绝对价值。同时，宗教也给人们的生活带来一种意识：一方面对有限与无限、崇高本性与低下本性之间区别的意识；另一方面，突破尘世僵硬的、狭隘的生活图式的限制，唤醒人们对永恒与不朽的莫大向往。人生虽短暂易逝，但它的目标是崇高的，它的基础是坚实的。人之行为、尘世的有形世界只有在神圣律法与彼岸世界的法庭面前来证明自己、净化自己与提升自己，并为自己的生存与行为做辩护。人只有分享上帝的荣耀、完美与永恒，才能获得一种无法想象的精神满足，并使善对恶的战胜得到保证。人只有通过直接的神交体认大全，才能形成对尘世的完全超越，使

① ［德］哈贝马斯：《"通情达理方面"对"真实方面"，或者世界观的道德》，《世界哲学》2002 年第 2 期，第 52 页。

原本仍停留在有限生存阶段的精神心魂摆脱其有限性，生成人性中的绝对、本质上的普遍性。所以，在人的生活底蕴之处，人与上帝之间的对立被超越了，因为人与上帝在本质上是一致的；人际间的排外性、敌对性，同时也在一种包罗万象的理想统一中被完全超越了，因为人同为上帝的造物，都是兄弟姐妹。由此可见，宗教既暴露出我们人类生活中根深蒂固的二元论，同时又力图通过神秘的形态来帮助人们超越它。正因如此，宗教才赢得了一个独立的地位和提高人的内在生活水平的力量，如若放弃这一精神基础，宗教便会丧失其在人生现实生活中的独特性。

二

宗教神学的普遍律法在人的主体意识的觉醒、质疑与批判中崩溃之后，具有普遍约束力的道德法则的应然性与必然性，无论如何都再也不能以超验的创世主和救世主的存在和作用为其论证的前提了。道德判断和道德行为的“客观合理性”理由必然要被“主观合理性”理由所取代。诉诸理性，依据人性为道德规范的合理性提供一种证明与辩护，从而使道德规范的权威性由神的外在终极律法转向主体自律的世俗化基础上，在人性与道德规范之间建立一种坚实而可靠的联系，则成了现代道德哲学的普遍价值取向。但是，宗教所激发的追求普遍的非个人的道德标准以及对终极性、完善性的理想吁求，依然是现代道德哲学努力的目标。

如果理性从自然或救赎历史的客观性退缩成为具有行为和判断能力的主体的精神，那么我们能否从人的道德行为中找到摆脱人类的有限性，同时又对一切有理性的人普遍有效的非个人的道德原则？如果能，人的理性主体具有什么样的普遍的天然本性？什么样的人性特征才是道德基本原则的合理性基础呢？能否从“自然而然的人性”合理地推论出道德律令从而在二者之间建构牢固的关系？所以，揭示与描述人性的本质特征，并从其所理解的人性之“是”的前提出发，推论出人之“应该”的道德规则及其戒律的合理性、有效性与权威性，为人性的本质特征与道德戒律之间必然而坚实的关系做出合理的辩护与论证，则构成了近代道德哲学的首要任务与本质特点：道德论证与论证道德。

尽管现代道德思想家在如何重建道德价值观上，具有着不尽相同的思维路向、论证方式和理论构成，然而，所有这些思想家在构建新的世俗化道德的有效性论证的运动中，欣然认定应在主体自我中寻求道德法则的合理性和权威性，强调人的价值标准应该以人的“本身的品质为标准的”绝对地位。诉诸理性，归依人性，“不在别处而只在自身寻找合理证明原理的要求”，成了现代道德哲学追求的共识。这种以人的理性对抗神性，以抬高人性，从人的理性本性中寻求自身生存与发展的源泉与动机的论证道德，经历了几个世纪漫长而曲折的探索与嬗变、辩护与论证，不仅使人在自己的内在本性中找到了生存与行为的理性根据，从人的道德行为中找到了超越个体主体局限性同时又对一切理性主体普遍有效的“绝对命令”，而且使原先有限与无限、崇高与低下这种外在的区别意识，现在内化为人自身中感性与理性、崇高与平凡、自由与强制的对立。同时，也证明了挫抑、平伏与超越人的自然倾向，追求至善与崇高是人的理性主体天性中的一种需要。

然而，无论人的主体理性的统一及其所负载的道德规范有怎样的优点，这种以人为本的论证道德，一开始便面临着两个难以克服的困境：什么样的人性特征才是道德法则无可辩驳的权威性基础？我们何以能够从人性之“是”中合理地推出人之言与行的“应然性”？两个问题，一个引发了道德权威的危机；另一个则孕育着现代论证道德的内在毁灭。因为当现代道德思想家摆脱了传统道德的外在权威而确定了自我之后，每个人都可以自由地选择他自以为“是”的人的本质特性。因此，他们不是在道德理性的特征上，就是在以主体理性为基础的道德实质问题上争论不休。这样互不相容的道德体系之间的“诸神之战”便造成了一种精神氛围：任何道德言辞不仅丧失了全部权威性的内容，也丧失了理性统一性与普遍有效性尺度，结果使企图维护客观的非个人道德标准的现代论证道德的绝对主义理想陷入了道德“多元论”与相对主义的“大灾变”。此外，当现代道德思想家根据自己在人性问题上的独特见解而为道德信念寻找合理性基础的同时，又从传统道德哲学承继了一套道德信念，而这套道德信念与其所理解人性之“是”概念一开始便南辕北辙，无法相合，因而便注定了现代论证道德无法有效地证明：既然人是这样的，人就应该以这种方式行事。所以，如同精神事物中司空见惯的那样，现代论证道德表面的胜利，从理论上便预示着它内在的毁灭与失败。

三

现代之后，厌倦种种形上设定的趋势开始增长并被远远地退到幕后，理性以及乌托邦的核心：应然性、普遍性、统一性被当作负面的东西遭到怀疑、敌视与批判，而把注意力集中在人的具体活动。道德哲学的这一转向表明：伦理学的旧支撑物业已崩溃，人们一向总是在事物或人之本性中寻求客观真理，并从中逻辑地推导出伦理道德的训谕和指令是徒劳的。但对普遍伦理本身永远不会毁灭的确信仍存，时代仍然期待着一种理性的统一，问题的实质是通过什么途径？哈贝马斯的普适主义话语伦理学，以没有基础主义的交往理性的顽强声音，吁求着、企划着、辩护着普遍伦理的应然性与可能性，使道德哲学从形而上的论证转向了后形而上的论证水平之上。

传统普遍伦理的基础是先验理性，并由之形成一种重理论、轻实践的倾向；后现代主义反其道而行之，放弃理性概念，以极力避免一切理想化。哈贝马斯既反对理论对实践的经典优先地位，及逻各斯中心论的狭隘理性观，同时又坚持把理性视为人的主体，在生产、生活、交往和思维活动中的根本原则和态度。因为没有这种根本原则和态度，一切都将陷入混乱，一切都将无法得到合理的解释；理性的摧毁必然是社会的非理性化、非道德化。所以，哈贝马斯话语伦理学的任务就是针对传统道德哲学与后现代语境，为普遍伦理提供一种令人信服的替代物。但是，为避免重蹈形而上的覆辙，这个替代物既要坚持理性的普遍性与绝对性内涵，又要同理性先验的形上基础保持距离，这就是将理性从先验的层面下降到实践层面，使传统的先验理性降格为“交往理性”。“交往理性”作为“实践理性”不再具有先验哲学中作为支配孤独个体道德践行的先验的形上性质，而是生成、体现在主体际的对话活动中并与交往行为的普遍有效性要求（真实性、正确性、真诚性）相勾连。在哈氏看来，道德的“约束性”不是先天源自于没有世界的主体自律性，而是建基在主体间相互承认的道德规范或日常实践上的。在日常交往实践的有效范围内，一种跨越多种层面的交往理性，不仅为人的交往和生活方式提供了一种准绳，而且也确定了行为者的责任与义务。

交往理性的践履，诉求的是对交往有效性要求与话语规范的恪守。这种诉求虽然还带有康德“绝对命令”的遗韵，体现出一种对普遍有效性的追求。然而，由于理性的变式，其道德普遍性的论证形式与内容，都同康德抽象、绝对的普适主义道德观相区别。哈贝马斯基于“交往理性”的社会伦理原则的普遍有效性，不是像康德那样从先天的纯粹“理性事实”演绎出“绝对命令”的普遍有效性，而是要求在主体际的实践话语中，生成、检验、修正与丰富为人们所恪守的规范性约定。道德规范、伦理原则普遍有效的可辩护性，只有在以相互理解为目的的日常实践的交互期待、彼此依赖和共同假定中找到依据。依照他的解释，“话语伦理学论证道德视角的关键在于，认知游戏的规范内涵只有经过论证规则才会转变为对行为规范的选择，而且，这些行为规范和它们的道德有效性要求一道贯彻在实践话语当中”①。换言之，只有那些得到作为理性的话语参与者的所有可能相关者赞同的行为规范，才能要求有效性；只有当所有的实践话语参加者和相关者愿意承担由于一种规范的实行而产生的后果时，这一规范才能得到普遍肯认并获得社会的有效性。因此，奠基在交往理性基础上的道德规范的普遍性、应然性内涵，以及它所具有的有效性，只有在主体际性的标志下才能得到解读与辩护。

所以，话语伦理学不再是那种从道德角度排外式发展起来的自律性模式，即不再是限囿于个体只是依照义务而不顾及个人需求、好恶的强制性的“独白式的运用”，而是从社会伦理的角度，在对民主、合理与公正的话语规则与程序方式自由肯认的社会化过程中的非强迫性的自我同一性模型，即每个个体自身的特殊需求、好恶与自由只有在同现存的社会规范体系协调中才能得以照顾和实现。在交往实践中，每个人既立足于自身，又植根于一种普遍的关联中，所以，每个人在追求自身价值、奉行自己生存方式的同时，也应承认他人的不同价值与生存方式的合法需求。按照这个“游戏规则”，作为能在人际间传达的要求，只要它们通过论据而在人际间得到辩护，它们就必须获得交往共同体所有成员的认同与遵守。在此，康德哲学中所要求的个体的主观良知决断，现已凭着主体际的“要求”与论辩而得到了中介化，每个个体自始就承认的公共论辩乃是对一切可能

① ［德］哈贝马斯：《包容他者》，曹卫东译，上海人民出版社2002年版，第48页。

的客观有效性标准的阐明，也是对共同意志构成的阐明，由此保证着对单个主体的合乎规范的一致性的道德约束性，也保证了每个个人的利益在共同利益中得到同等的照顾与实现，从而使他们能为社会实践承担着共同责任。由此可见，哈贝马斯建构在交往理性基础上的非本体论的话语伦理学，不仅力图将社会伦理原则与现实性结合起来，而且力图合理地舒缓自律道德行为者与普遍原则之间的张力；不仅克服了传统规范伦理学的论证方式，而且又恢复了伦理规范的应有位值。

哈贝马斯话语伦理学的普适主义，本身就蕴含着对多重声音中的理性统一，多元道德中的普遍伦理，多极世界中的交往共同体的“乌托邦”吁求。应当说，普遍伦理、交往共同体不仅是话语伦理学内在的逻辑指向，同时也是对由科技成果所造就的全球一体化文明为其时代特征的自觉反思。政治多极化、文化多元化与全球经济一体化的世界格局，使所有民族、种族和文化都面临着共同的伦理学问题，不管它们各自特定的群体因文化而异的道德传统如何相左，人类在历史上第一次觉识到和谐共处、共同发展的必要性，以及对一种能够调节、约束人类行为的道德公度、普遍伦理需求的迫切性。然而，随着普遍伦理的传统宗教说明与理性主义的形而上学论证在公众之中的贬值，随着后现代以被压制的多元化的名义对同一性的反抗，使得哈贝马斯在主张同一性凌驾于多元性的形而上学与主张多元性优于同一性的后现代语境这两个“隐性伙伴”的争论中，自觉到尽管那种植根于世界观之中的价值观的实质性共识并不存在，但是这并不排除理性的同一性只有在多元性的声音中才可理解；普遍伦理只有在个体之间无须强制地对各种有效性的原则认同为基础的、实际的话语互动中才有希望。哈氏认为，“将整体视为虚假的，把同一性与压抑和统治混为一谈，显然不符合事实。整体和同一性的建立并不必然意味着抹杀差异与个性，取消话语的多元性，相反，是建筑在对个性和多元性的承认之上的。但承认多元性和个性决不意味着异质多元的话语可以不遵守任何规则，可以超越语言交往的有效性要求”①。问题的实质在于，通过何种途径来达到差异中的统一。真正的共识与理性的统一，绝不会否定差异，取消多元

① 章国锋：《关于一个公正世界的“乌托邦”构想》，山东人民出版社 2001 年版，第 167 页。

性，而是要在多元价值、多重声音的话语交往中，对话语论证的形式规则和程序达成主体际认知的合理的一致性。公正、民主、合理的话语程序与规则，不仅可以摆脱外在强制与内在强制，确保同一类别个体相互间自由平等的话语交往，而且应向“他者”开放。“他者的纳入”绝不意味着党同伐异，使其放弃自身的特殊性而成为标准化的人，相反，“纳入”在这里要求的是话语共同体的大门向所有人开放，从而在话语共同体具有弹性的边界不断向外扩展中，冲破“同一性”与“差异”的错误的两难选择，形成一种生活状态的理想视野，即话语伦理共同体。目前，这种开放的话语伦理共同体虽还只是对于未来完美生活应必备的条件所做的形式描述，并具有理想化的特征，但也不能被作为乌托邦而抛到遥远的未来。因为在不同国家、不同民族、不同文化价值的交往中，实现一种自由、平等、公正的状态，并非由哪一个人发明出来的，而是时代最深层意识的结果，也是我们现在这个发展阶段不可避免的产物。

乌托邦无疑是人们的一种思维定式，这种思维定式所诉求的规范性与普遍有效性是人类理性使然。道德哲学发展的历史脉络表明，人们为统一的理想生活一直在做着真诚的努力，尽管所用的方法迥然相异，甚至截然对立，但不管如何，这个问题始终存在。乌托邦虽然是产生于纯粹精神领域的关于“应然”的理想，但这种理想则表明一种社会意识状态，一种为世界急剧变革而奋斗的社会运动在心理上的反映。所以，一旦乌托邦成为现实社会意识，它便会从理论与道德思想的领域渗透到实际思想感情领域并主宰人的行为。

（原载于《吉林大学社会科学学报》2005 年第 2 期）

苏格拉底：真理、知识与美德

伦理道德的实在性首先是思维以人自身为对象的一种自我意识的实在性，这样伦理道德作为一种意识的实在性，最初它必然是认识和知识。因此，在西方伦理道德哲学的发展史上，一开始所出现的伦理派别必然把伦理道德问题归结为知识的问题。苏格拉底，一位被黑格尔称为“不仅是哲学史中极其重要的人物——古代哲学中最饶有趣味的人物——而且是具有世界史意义的人物”①。苏格拉底之所以享有如此高的赞誉，不仅在于他所追求与坚持的哲学原则改变了古希腊哲学的发展方向，从而造成了精神本身的一个主要转折点——个人的主体意识得到确证并取代了神谕，而且还在于他把伦理学纳入哲学，明确提出“美德就是知识”，成为西方伦理道德哲学中“主知论”的创始人。

一　真理就是“认识你自己”

苏格拉底与他之前的希腊哲学相对立提出一个崭新的哲学原则，这个哲学原则把客观事物的真理归结到意识或主体的思维，从而使得希腊哲学从心向外求转向以心内求。在苏格拉底之前，自然哲学家大多是从世界的本原去说明事物的生成与存在，并把世界的本原归结为水、火、原子等。苏格拉底认为自然哲学家们所主张的各式各样的本原，根本不能说明事物的原因，也不足以说明世界的协调性和统一性。最后，他在阿那克萨戈拉哲学中发现了真理的萌芽并深受启发。阿那克萨戈拉不仅提出种子是世界

① ［德］黑格尔：《哲学史讲演录》第2卷，贺麟、王太庆译，商务印书馆1981年版，第39页。

万物的本原，还提出一个原则，即种子形成世界万物的动力是心灵。虽然阿那克萨戈拉说明世界万物的生成与存在时，仍没有完全摆脱自然哲学的遗迹，但是他的哲学意义在于提出了心灵，考察了思想本身。在阿那克萨戈拉那里，“思想被表现为全能的概念，为支配一切特定事物与实存者的否定力量；它的运动就是消解一切的意识”①。苏格拉底吸纳了阿那克萨戈拉这个原则，即心灵是统治的、真实的和自身规定的具有普遍性的东西。为此，他放弃某种感官，而求助于心灵，并在那里去寻求存在的真理。在他看来，人在追求事物的真正原因与真理时，不能依据感官向外求证，而应反身内求以达存在之真理。苏格拉底认为以往的哲学家之所以没有把握存在的真理，其原因就在于前哲学家都是心向外求，总是力图从外在事物的存在中得到真理。实际上，哲学的基本原则是认识自己，复归自己，人的天职与目的、世界的终极目标与真理，以及一切自在自为的东西，都必须通过人自己才能达到，因此，真理就是“认识你自己”。

“认识你自己”这一思想命题的深远意义，在西方哲学的发展中经历了一个由隐而显的过程。在近代，西方哲学家休谟、康德都清醒地认识到研究自身意识确定性的重要性，并给予了力透纸背的探讨与论证，彰显了复归自己、认识自己这种思想原则的深刻意蕴。同样，中国哲学史上，儒家的理想主义者孟子曾在《尽心章句上》以不同的文化话语方式，表达了与之相类似的思想原则，即“万物皆备于我，反身而诚，乐莫大焉”。不过，孟子比苏格拉底更具体，又进一步主张“尽其心者，知其性也；知其性，则知天矣”②。对苏格拉底来说，复归于自己，认识你自己，意味着凡是对人显现的事物或自然，都是为人的意识所显现的，这与中国孟子的“万物皆备于我”的思想含义无异。但是，切不可将此等同于贝克莱的“存在就是被感知”，以及中国后来的儒学家陆九渊和王阳明的“心即是理”。因为苏格拉底既承认意识之外存在着自然物，也没有肯定万物的本质就是意识，他和孟子一样，只是说为人所认知的一切事物、对象是在人的意识中并为人所显现的，因而它们作为万物皆备于我的一个意识确

① ［德］黑格尔：《哲学史讲演录》第2卷，贺麟、王太庆译，商务印书馆1981年版，第39页。

② 冯友兰：《中国哲学简史》，新世界出版社2004年版，第68页。

定性是在反映一个客观自然。所以，人如果不通过皆备于我的万物，就很难达到对外界自然的认识。

人的认识对象作为“万物皆备于我”中的万事万物，实际上都是一种以人的理性为基础的思维确定性。苏格拉底以前的自然哲学，只是把这种思维的确定性把握为对象是什么的规定性，只是停留在存在的客观性上，而没有返归到思维的主观性上。诚如黑格尔所说：“古代的伊奥尼亚学派是思维了，但不曾对思维加以反思，不曾把自己的产物确定为思维。”① 事实是人的一切观点，诸如把世界的本原界定为水、火、原子等观念，都是一个理性把握对象的思维确定性，都表明人的认识真理不仅是一个单纯的客观外在性，而且是一个主体内在性。在苏格拉底的学说中，自我意识的主观性得到确定。自我意识的主观性、思维的确定性作为一个自在自为的本体，并且被规定为客观事物的真理，而把客观事物的真理归结到自我意识的主观性，归结到主体的思维，这就要求人的认识复归自己，反身内求。

复归自己，反身内求，就是以思维的确定性，或自我意识为反思的对象，从而把握思维或意识是什么的规律性与普遍性，把握认识对象是什么的本质。两个问题的统一无非是：各种认知对象的本质不过是思维如何把握对象的规律性与普遍性，同时也是一个思维的主观性与客观性的统一性。如上所述，自然哲学以心向外的结果是：一直把具体的物质形态当作事物的本原或真理，而苏格拉底的反身内求则要求在对自我意识的复归中，摆脱意识的偶然性、任意性与特殊的主观性，既获得事物的真理性，又获得精神的普遍性与客观性。在这里，认识对象的真理性是通过思维而建立起来的间接产物，因此，对象的真理性实际上是意识的主观性。然而，意识的特殊主观性作为精神的本性又在自身内部被克服，获得了自在自为的普遍性与客观性。所以，黑格尔说：“苏格拉底所说的意识与智者们所说的意识有一个不同之处，就是在建立和产生思维的同时，也产生和建立了一种并非建立的、自在自为的东西，即客观的东西，它超越利益和欲望的特殊性，是统治一切特殊事物的力量。在苏格拉底和柏拉图那里，

① ［德］黑格尔：《哲学史讲演录》第2卷，贺麟、王太庆译，商务印书馆1981年版，第39页。

一方面，意识是主观的，是为思维的活动所建立的——这是自由的环节，主体优游于自身范围之内，这是精神的本性；而另一方面，意识又是自在自为的客观的东西，并非外在的客观性，而是精神的普遍性。这就是真实的东西，用近代的术语说，就是主观与客观的统一。"①

从苏格拉底的精神实质，我们联想到了孟子的"万物皆备于我，反身而诚"这句话的深刻含义。"诚"意味着什么？孟子认为，人心具有把握"万物皆备于我"的道或理。这个道和理作为主观把握认知对象的规律性、普遍性，乃为人心所同然，即为人心所共有的东西。这个为人心所同然的理和道在《中庸》中叫作"诚"，"诚"意即真实无妄的实在性。人心中这个真实无妄的实在性，能表现真理的实在性。这样"反身而诚"，就是要在认识事物、把握真理时，必须返回到自己，去考察人心的活动。因为认识对象、知识作为人心的产物，必然服从于人心的道和理，反身而诚就能把握人心的理和道。所以，孟子说如果人在行动时能按人心的道和理办事，能尽心，那么在尽心之中就能知性，知道人心的道和理。道和理是一个主客统一性，知道了这个主客统一性，就可知天，知天地万物是怎么一回事。

苏格拉底也是如此。认识自我就是反身而诚，认识人心的理性规律，只有求助于心灵，运用理性的思维，才能达到存在的真理。这是思维与存在统一性的萌芽。在此，苏格拉底提出了一个原则，从人的理性思维看，理性思维表现万物的统一性，万物在其统一性中是个"共同本性"或"共同概念"，不是一些知觉的总和。万物在"共同本性"或这个道与理的统一中，其最高的规定是人的伦理规定。万物中的最高环节是人，所以，万物统一的"共同本性"、道和理是一个绝对的至善，正是在这里，开始有了和自然哲学不同的目的论。但是，苏格拉底虽然提出了这个思想，却并未像柏拉图、亚里士多德和黑格尔那样对绝对的至善——万物的统一体做过认真的研究，这个思想后来被柏拉图、亚里士多德所发展。然而，尽管苏格拉底所谓的善仅仅是理念、道与理的一种形式，但在古希腊哲学的发展中，由于苏格拉底通过对自己的意识和反思最先注意到了善，

① ［德］黑格尔：《哲学史讲演录》第2卷，贺麟、王太庆译，商务印书馆1981年版，第41—42页。

因此，黑格尔称赞苏格拉底的特殊贡献在于，他建立了一个新的概念，亦即他把伦理学加进了哲学，建立了伦理学。

二　“美德就是知识”

“苏格拉底的学说是道地的道德学说。”① 道德哲学的核心是认知与知识，即对善的认知与知识是压倒一切的。“美德就是知识”，简明扼要地凸显了苏格拉底主知论的伦理道德思想。

苏格拉底所关心的不是自然而是人事。在他看来，各式各样的科学对人的生活毫无益处可言，因而他所应当关心的是与人的道德本性相关的东西，以便使人行最大的善，认识最真的东西。因此，他既不像自然哲学家那样，总是争论事物的本性是什么，也不像智者们那样，去探究世界中的存在物是怎样产生的，天上的事物是由什么规律造成的等诸如此类的问题。他宁愿“不时地讲讲与人类有关的事情，研究研究什么是虔诚的，什么是不虔诚的；什么是适宜的，什么是不适宜的；什么是公道的，什么是不公道的；什么是明智的，什么是不明智的；什么是刚毅的，什么是怯懦的；什么是治国之本，什么是一个善于治人者的品质；以及其他的题目”②。所以，他的哲学实质与目标不是建立一种自然哲学体系，而是激发人们爱真理和美德，以便把个人的行为化为一种具有普遍意义的行为。为此，他经常到市场、广场等人们聚集的地方，以阿提卡的文雅风度同任何人谈话，引导人们思索自己的责任，帮助人们关心自己的伦理，唤醒人们的道德意识，使人们思索并认识什么是正当的东西，什么是普遍的原则，什么是自在自为的真和美；使人们意识并确信在自己的思想中就拥有真和善，拥有产生道德行为和认识真理的潜在力，以促使人们能过上正当的生活。对于苏格拉底来说，拥有美德并过正当的生活，首先在于知德。

亚里士多德在评价苏格拉底的道德哲学时曾说，苏格拉底把所有德性都看作知识的样式。在苏格拉底时期，希腊流行着四种美德，即勇敢、公

---

① ［德］黑格尔：《哲学史讲演录》第2卷，贺麟、王太庆译，商务印书馆1981年版，第42页。

② 北京大学外国哲学教研室编：《西方哲学原著选读》上卷，商务印书馆1981年版，第61页。

正、节制和智慧。苏格拉底清楚地认识到，所谓四德都可以归结为一个统一性或道德规定性，这就是人的自我识见与知识。因为勇敢之为德，就要知道何为勇敢，并用在正当的地方，这是一种知识；公正之为德，就要知道什么是公正，这也是一种知识；节制之为德，就要知道依什么原则来规范自己，同样也是一种知识，由此可见，伦理道德是以理性为基础的理解和领悟，从而伦理道德问题就是识见与知识的问题。

根据苏格拉底的原则，善与道德不是从外面加于人的，善与道德是人的本性所固有的，包含在人的精神本性之中。在他看来，尽管一切都始于外面，人只是好像在学习一切，其实外面的东西不过是精神发展的一种推动力。善与德性以及一切对人有价值、有效准的东西，都包含在人本身之内，都要从人本身中发展出来。这“正如圣经中所说的‘我肉中的肉，骨中的骨’一样，我以之为真理，为正当的东西，就是我精神中的精神”[①]。所以，人之德性，人之自由，就在于他无求于外，而诉之于内。诉之于内，必须是从作为共相的精神，从作为共相而活动的普遍精神，而不是从精神的欲望、兴趣、爱好、任性、目的、偏好等来汲取对人有价值、有效准的东西，后者虽然也是内在的，以自然的方式为人们所固有，但它与真正的、普遍的思维、概念、理性相比，则属于特殊的、偶然的成分。这样，反身内求的结果必然是：凡是普遍的精神、思维与理性不能提供证明的东西，对于人就没有效准，就不是真理。对此，黑格尔评价说：“苏格拉底唤醒了这个真正的良知，因为他并不只是宣布，人是万物的尺度，而且宣布：作为思维者的人是万物的尺度。”[②] 根据这个原则，苏格拉底认为，凡是人，根据他的精神本性都必有所向、必有所指，即心有为其所希求的东西。人从本性上所希求的东西，对人讲就是善的，反之，为人的本性所排斥的就是恶的。在这个意义上，人心向背，世界的最终目的不仅是善，同时人在其向背中也是自己善恶的标准。人是人自己的善恶标准，但是这个善恶标准不是建筑在偶然的、特殊的主观性上，而是以普遍的、真实的精神本性，以作为万物统一体的理和道为基础，由此可见，他

---

① ［德］黑格尔：《哲学史讲演录》第2卷，贺麟、王太庆译，商务印书馆1981年版，第66页。

② 同上书，第66—67页。

的伦理道德问题与其所主张的世界观是密切相关的。

既然善为人的精神本性所固有，善恶规定是内在的，人是人自己的道德标准，这样便产生了一个问题：善为人心所固有，是主体的品格或习性，那么为什么人会有善恶之分？苏格拉底认为，没有人愿意去犯错误，或者希望为恶，“任何人犯错误都不是自愿的”。因为人心有其所向，人从本性上是趋向于善的，没有人会自愿选择或追求对他而言是邪恶的东西。“没有人有意作恶或无意为善”，趋恶避善不是人的本性。人之所以会为恶不为善，这是理智的错误而不是道德的弱点。换言之，人之所以为恶，这源自于人的识见与知识，在于人不知道什么是自己所向的善，所背的恶，即人没有把自己所向所背的道理弄清楚，所以人往往觉得自己的行为在求善，而实际上却是在行恶。在这里，苏格拉底把人的行为善恶归结为知识问题，那么把德性与知识完全等同起来，在逻辑上必然带来的结果是，人的道德实质在于要发挥人的认知能力去认识自己的所向所背的道理，认识这是善的，那是不善的。人在知德中，自然会为善不为恶，所以，道德的实质问题是知德，知识是至善。

知德意味着善是通过认识而由主体意识产生的，但由主体意识产生的道德知识并不是以知觉为依据的经验知识，而是以理性为根据的非经验知识。因为以知觉为基础的经验知识只能把握两个东西之间的类似性而达不到它们之间的统一性，相反，以理性为根据的超验知识则能够通达事物的统一性、规律性。如果说在万物的存在体系中，存在着“逻各斯”并由其制约着一切存在现象的话，那么，人作为万物存在体系中的最高存在，也必然有使人之所以为人的普遍道理。对这个普遍道理的认识就是知善、知德。知善、知德必须依赖于理性，反身内求。因为主体是善的，善是主体的品格，是内在于人自身的；而一旦意识到了善，便会产生选择，使人为善而不为恶。

什么是善？善是一个普遍的共相，同时又是一个现实的东西，因为普遍的善只有通过个人的主观能动性才能被认知。对善的这种规定，既表明善应该从世界的总的最终目的方面，从人的行为方面来理解，也表明苏格拉底的道德哲学与其世界观的统一性。在苏格拉底看来，每个人本质上都是普遍的“我”，因为善安息在每个人自身之中。每个人都有所向所背，在认知自己的所向所背时，都可以根据自己的知识摆脱个人的利己心，想到他人与我同为人，有同样的所向所背。认识到这个统一性，必然能摆脱人我之私，在肯定自己所向所背的合理性时，也肯定他人的所向所背的合理性，这就是中国儒家学派的“推己及人”，在推己及人中“破我执”，摆脱我与他人的对立。

人不仅要在“破我执”中摆脱我与他人的对立，而且还要进一步摆脱我与他物的对立，明确我与他物的统一性。据说人是万物统一体的一部分，人生存的道和理与万物的道和理之间存在着一种关联，这个关联表现为人在认识天地万物的道与理中认识自己的存在真理，达到物我一体的意识境界，以此为原则，实现人自己的所向所背的道理，也即实现人自己的伦理道德规定。所以，人必须摆脱小我，与大我合二为一。人与自然的统一，才可以使人摆脱物我之私。摆脱物我之私，就是放弃以功利主义的思想对待物，超越人与他物的主客对立。黑格尔曾说：“如果主观的东西是与客观相对立的，是个别的东西，则它就是偶然的，任意的，无规律的。”① 因而，主观自身同时也应该是客观的和普遍的。主观自身的客观性与普遍性就在于这个主体自我是普遍的“我”，是善。善自身既不受现实的限制，也不受个人情感、欲望的限制，同样也不受思辨理性的限制。善作为普遍的本质是每个主体的目的，也是世界的最终目的。人正是通过认识善，摆脱了它的特殊的主观性，摆脱了它的偶然性、任意性，也摆脱了物我之私，获得了自在自为的存在。苏格拉底的道德哲学作为一种人生观是紧密地和它的世界观相连的，虽然他在世界观上很少发挥，并且还停留在抽象的基础上未把它具体化，但是这个抽象的思想却为欧洲伦理道德思想的发展奠定了深远的基础，尤其为主知论的道德至上学派奠定了理论基础。

苏格拉底所表达的思想也表现在中国儒家的哲学中，张载在其名作《西铭》中认为，人与宇宙万物都是一体，都来自同一个“气”，因此，提出人的道德修养问题，不仅要推己及人，还要推己及物，知道物我一体。如果说物我一体，那么人就应当如同服侍父母一样，服侍天地，应该像看待自己的兄弟那样去看待他人。人对父母应当尽孝道，对宇宙这个扩

---

① ［德］黑格尔：《哲学史讲演录》第2卷，贺麟、王太庆译，商务印书馆1981年版，第39页。

大的父母同样应当尽孝道。所以，“立德”要做到合内于外，即使自己不要停在与他物的对立中，把外界看作服务于我的工具，相反，要认识、理解宇宙万物的流程，追随、服侍宇宙父母。由此可见，如果说苏格拉底的知德思想只是处在萌芽阶段，那么，中国儒学家张载的“立德”则更为深入。

总之，苏格拉底将知善、知德导向主体内求，一方面，展露出西方哲学史上自我实现的萌芽；另一方面，也凸显了主体自由的原则。概括地说，苏格拉底的道德哲学有三个基本特点：第一，道德不是技能，它涉及人所以为人的原则问题，即人的意志合理不合理、应当不应当的原则问题。道德是为人所固有的，善恶的标准在人自己。第二，道德根源在人自己，因为善是内宿的而不是外在的，但苏格拉底同时又认为善是可知的，关于人的所向所背的知识是可教的，即启发人自觉地觉知到什么是人自己所固有的道理。既然人的善恶内在于每个人的精神本性中，那么，人就应该根据符合于人本身的东西还治于人本身。第三，道德哲学的意义，就在于善、伦理、公正等规定是通过认识而由主体自己自由地建立起来的。人之所以自由，就在于人无求于外，就在于意识从自身中创造出真实的东西，而且也产生出作为目的的善。所以，道德为自得，人若能把自己变成一个道德的人，便会在知德中得人，即在对自身的反省中意识到自己的本质，和自己的本质相符合，和自己的本质相符合的人就是自由。

三　“一个很好的批评”

苏格拉底的道德哲学原则改变了整个世界史的进程，这个转折表现在：个人精神的证明替代了神谕，主体的决定性代替了伦理的实在性和神谕的神圣性，礼俗、礼法的确定性、直接性在主体识见中发生了动摇。在这里，开始了主体意识对自身本质的反省与认识，伦理这个自在自为的善在人的反思中转化成为道德。道德哲学就是主体由自己自由地建立起来的善、公正等规定，由之伦理道德被转移到自身，被置于主观意识中。苏格拉底以这样一种新的道德原则，作为自己的生活方式和使命，将道德哲学从天上带到地上，带到了人们的日常生活中。诚如黑格尔所评价的那样，“他的哲学和他的研讨哲学的方式是他的生活方式的一部分。他的生活和他的哲学是一回事；他的哲学活动决不是脱离现实而退避到自由的纯粹的思想领域中去的”①。这种哲学追求与生活方式的一致性，成就了苏格拉底的特有个性。他如“一件完美的古典艺术作品”一样出现在人们的面前，智慧、谦逊、俭约、有节制、公正、勇敢、坚忍、坚持正义、不追名求利等美德，是他的生存品格与原则，塑造了一个令人钦佩的高尚的道德形象。

毫无疑问，苏格拉底是西方伦理思想史上道德至上主义的创始人。他把善当作至高无上的宗教，强调人只应当认识什么是善，将知识与美德相等同，把感性、偏向、欲望等自然方面的诸种规定性都排除在善之外，由此既表现出其道德哲学的主知论倾向，同时也显露出主知论倾向的片面性。人拥有善，美德需要知识，善、美德不能没有知识。但是知识并不是善、美德中的唯一要素，换言之，人的善、美德并非只是一个知识或识见，要使普遍的善获得实在性，使认识到的善和真转化为现实的美德，还需要心灵中非逻辑的感性方面的东西，即欲望、情感等意愿与其合二为一。对此，亚里士多德对苏格拉底的美德的定义给予了如是批评：“苏格拉底关于美德的话说得比普罗泰戈拉好，但是他也不是完全正确的，因为他把美德当成一种知识。这是不可能的。因为全部知识都与一种理由相结合，而理由只是存在于思维之中；因此他是把一切美德都放在识见（知识）里面。因此我们看到他抛弃了心灵的非逻辑的——感性的——方面，亦即欲望和习惯，而这也是属于美德的。”② 黑格尔不仅称赞亚里士多德的批评是“一个很好的批评”，而且进一步补充道：苏格拉底在美德的定义中，恰恰遗漏了心情、欲望等我们称之为存在的环节，“如果善具有这种作为一般实在性的实在性，则善作为一般存在就是礼俗，或作为个别意识的实在性——就是欲望：因为欲望正是主观个别意志的一种特性”③。正因为如此，“知识就是美德”的定义，指向的只是精神回到自身中去的识见、意识的主观性，这个主观性既没有礼俗的实在性，也没有对个别人来说欲望、情感的实在性。

苏格拉底道德哲学的片面性，还表现在对普遍概念——善没有给予充

① ［德］黑格尔：《哲学史讲演录》第2卷，贺麟、王太庆译，商务印书馆1981年版，第51页。

② 同上书，第68—69页。

③ 同上书，第69页。

实而明确的规定。在苏格拉底那里，尽管他认为善为人的精神本性所固有，是由人的思维产生出来的普遍共相。这个普遍共相是人的行为目的，但是他对善这个普遍原则并没有给予具体的规定。因此，在这种不确定和抽象的态度中，我们看到的仍然是空洞的、没有实在性的善。由于善没有得到进一步的发展和规定，那些追随苏格拉底教训和学说的门生与哲人，在发现明晰而实际有用的道德概念，在叩问主体所向所背的善恶规定时，便从他的学说中产生了各式各样的学派和原则，并朝着两个主要方向发展。一个方向是谨守着苏格拉底的直接教训和方式，仍然主张主体本身就是目的，主体通过培养它的认识而达到它的主观目的，因而将道德准则仅仅限囿于个人的选择与决定，试图使个人的道德生活自给自足的苏格拉底派；另一方向为从苏格拉底出发，发展与坚持道德概念只有在某种社会秩序背景之下才是可理解的柏拉图的伦理道德哲学。

（原载于《理论探讨》2012 年第 5 期）

美的理想

——中世纪基督教爱观之探讨

中世纪基督教之爱可以用四个恰如其分的希腊词来表示：Eros（爱欲）、Philia（友爱）、Nomos（法律）、Agapē（圣爱）。这四个词不仅从不同的角度表现了基督教之爱，也共同揭示了基督教之爱的内在本性。所以，四个词所代表的四类宗教之爱，既各有千秋，又内在地协调一致，表达了中世纪基督教的爱的理想。

一　爱欲：神秘的升华

基督教的爱欲直接继承了以柏拉图为代表的希腊哲学的爱欲传统。在柏拉图看来，爱是一种最基本的人类属性，爱欲是使人从经验世界的各种有限的美或善的事物走向与无限的美或善本身合而为一的驱动力。基督教接受了这种观点，并使其所追求的理想对象化为上帝。上帝不仅具有善的、美的本质，同时还是创造一切的仁爱天父。上帝既创造了爱，又是爱的最高对象，既是爱的源泉，又是爱的最后鹄的。由此，柏拉图式的爱便转变为基督教化的爱，而基督教化的爱在某种程度上则勾画出了柏拉图的哲学结构。

同其希腊先哲一样，基督教明确地认识到，经验世界的一个基本事实就是，人人都有向往幸福和善的爱欲。圣·奥古斯丁说："没有一个人不爱。"人的爱欲推动人无止境地追求幸福，而对幸福的追求又暗含着对善的渴望。但是，由于经验界中的幸福和善都是有限的、短暂的，难于最终满足人的爱欲。因此，人如同变形虫一样，其感情和偏爱总是变幻不定，这种反复无常的爱欲引起了人们的苦恼与烦躁，使人产生了一种要求无限的、永久不变的欲望满足。希望前辈找到了这点，柏拉图的爱欲目标是一种终极的而非存在的理念，这个最高理念是某种道德渴望的完美原则，是经验世界渴望达到的理想顶点。在这个奇妙的顶点，每一事物都能最终实现自身。亚里士多德继柏拉图之后，在存在等级序列的顶点找到了无物质的纯形式，这个不动的推动者是完全自足的、完满的，在其抽象的普遍性中联结了全部可能的善。基督教使最高的理念和最高的形式成为一种超自然的存在，并赋予它以至善至美、宽厚仁慈的人格。人能得到的一切爱都会指向这个完美的人格，因为人如果不在尘世，至少在天堂会得到最终的欲望满足，从而使烦躁不安、自相矛盾的灵魂得到安宁。

那么，人的灵魂如何超凡脱俗，最终达到上帝光明的彼岸呢？基督教徒以神秘的象征法，构想出了各种各样的升华之路。除了各种恐怖曲折和温和平坦的升华之路外，最普遍的设想要算阶梯的象征。阶梯的两端分别为肉体和灵魂、人类和上帝，阶梯联系着坠入肉体的下降之路和升入天堂的上升之路。这种有关阶梯的构想虽在各种古老的神秘宗教中早已存在，但进入基督教后，它象征着人类的救赎顺序，标志着人类灵魂如何朝着上帝上升而使自身得以净化的程度，以及变成了人与上帝达到精神联姻的媒介物。奥古斯丁认为：人最初都为肉体束缚而沉溺于对尘世的贪爱，但当人了悟了这种贪爱是下等之爱，只有爱上帝才是高尚的、真正的爱之后，便开始使自己的灵魂从其自然状态一级一级地向着天国的精神顶峰攀登，希望和上帝结成神圣的精神联姻。这种从尘世的贪爱到天堂的精神联姻，经奥古斯丁变成了基督教的正统教义，并为后来的象征性描述奠定了基础。后来的基督教都是在此基础上来构想要经历多少阶梯，采取什么方式，才能达到爱的最高阶梯。有的认为爱的升华只需几步，有的则认为需几十步；有的认为爱的升华可以通过禁食笞肉等苦行法，有的人认为可以靠积德行善、苦思默祷等救赎法。总的来说，这些有关爱的升华阶梯的构想相似但不相同，近似却具有极大分歧，但殊途同归，他们所要达到的都是上帝这个光辉的顶点，并普遍把人的谦卑作为升入天堂的前提条件。认为人只有有了谦卑感，才能提升自己，反过来，人最大的提升就是使自己谦卑。因为人的高傲只能使人沿着一条向下的路，一步一步地与上帝疏远，所以人只有彻底地根除了自身的傲骨，才能把自身完全奉献给上帝，与上帝融为一个灵魂，从而在与上帝的灵魂拥抱中完成其人格的延伸。

随着爱的阶梯的构想，又从中发展出了爱的锁链、爱的火山等构想。

所有这些构想都表达了基督徒忠诚的内在感情，表达了一种把爱上帝同追求幸福、追求善以及在一般意义上满足人的需要和欲望联系起来的爱的理想。

二 友爱：平等的和垂直的感情交流

基督教的友爱来自于亚里士多德完美友谊的思想。所谓完美友谊是指一种为他人谋幸福的无私的爱，指一种真正的、道德的、平等的、相互的兄弟之爱。基督教继承了亚里士多德完美友谊的思想，同时又把它和柏拉图的爱欲相结合，使二者融会贯通，变成了适合于基督教教义所需要的东西。这样，基督教的友爱不仅存在于人类的兄弟之间，而且还存在于上帝与所有的虔诚的基督教徒之间。

亚里士多德认为，所有的人本质上都是理性的存在物，人类作为整体是靠一种仁慈的、公正无私的普遍理性来维系人之间的友爱关系。基督教认为，人类是上帝按其形象创造出来的相似物，靠像洗礼、圣餐这样的神秘宗教仪式形成它的宗教友爱团体。认为一个人如果没有受过教堂的洗礼，就不能成为基督教团体中的一员，没吃过圣餐，就不能超自然地把基督的血肉融于自身，也就没有资格参与神圣的美德。通过这些宗教仪式，基督教以一种独特的宗教感情的共鸣把各种不同的人联合在一个和谐的团体中。在这个团体中，每个人都感到他人和我一样，他人的信仰和我的信仰一样，他人都是我的兄弟姐妹。所以，这个团体中的人彼此互相赠与价值，存在着一种平等的友爱关系。

然而，基督教团体中的平等互爱是靠对上帝的信仰支撑着的，没有这种信仰，其团体的友爱就会土崩瓦解。在基督徒看来，上帝是他们的在天之父，他们则是统属于上帝的子民。所以，基督徒不仅博爱同类，还渴望亲近上帝。这种渴望创造了一种温柔垂直的感情循环。如果说爱是靠赠与价值而崇拜对象，那么人在爱上帝时必然会夸大它并赠与价值，反过来，尽管人无完人，但如果上帝也爱人，也会在爱人时夸大人并赠与价值，这样便会在人与上帝之间产生完美的友谊。然而，亚里士多德曾认为，人和上帝在本质上既不相等且相距遥远，因此，在人与上帝之间无友谊可言，认为真正的朋友必须是平等相同的，并且只有有道德的人，才能理解同他相像的同伴并建立友谊。基督教也相信人类与上帝之间没有平等，上帝爱人类与人类爱上帝，无论在量上还是在质上，前者都远远超过了后者。但基督教并不否认人可以爱上帝并最后达到和上帝的结合。那么，靠什么来联结人类与上帝呢？在早期宗教和犹太教中，一般爱把天使和预言家作为沟通人与上帝的媒介，而基督教则把基督作为通向上帝的媒介。基督教认为，在基督的个性中，体现着亲切和权威、人性和神性的统一，而这无论是在希腊人还是在犹太人的媒介物中都是不曾有的。正是在基督的个性中，既蕴含着人情世故又具有神的法力，既有兄弟之爱又有超自然的神爱，所以作为两种不同本性的负荷者的基督，既是人也是神。基督教正是通过是人也是神的基督，实现了上帝与人之间的理想平等，使最高者和最低者都把自己放在同一立足点上。就基督是人而言，人可以和他平等地交朋友；就基督是神而言，人可以靠他的拯救恢复与上帝的相似性并与一个无限永恒的主结伴为友。总之，基督降世为人介绍了一种平等，没有这种平等，宗教的友爱是不可能的。

那么，人与上帝的友爱是属于什么样的友爱关系呢？对此问题，即便是正统的基督徒也会给予不同的答案，这是因为基督教既从希腊文化得到了交流合作的思想。又从犹太教汲取了有限的人类与无限可畏的上帝相分离的思想，作为这种双亲的后代，基督教把二者转变成了一系列的综合物。但比较普遍的主张是：宗教的爱把人投入上帝的爱中，使他们能够亲密地交谈，爱的交流把二者结合在一起，但是由于人和上帝的本质不同，人的物质不能与上帝的物质相混合，不能被称为“一体”。但是，上帝与人仍能从不可思议的人的自然属性转变中合成“一个灵魂”，所以，如果上帝与人由爱使一个与另一个黏合在一起，这个联合不受本质黏合的影响，而是意愿的一致，使人产生了一种同宇宙和谐一致的感觉。因为爱融化了人世间一切隔阂。因此，基督教认为没有爱，就不会有稳定的社会秩序，而基督教的友爱则表达了一种渴求和谐一致、有组织、有秩序的社会理想。

三　法律：对上帝意志的服从

基督教的法律概念来自于犹太人的《旧约全书》，字意是指正义、公正、合法。如果说通过爱欲和友爱，神秘的灵魂以爱的对象丰富了自身，那么通过法律，它则必须放弃自己的独立意志，枯竭自己，使爱服从于上帝的权威。

要了解基督教的法律概念，关键取决于对上帝特性的理解。基督教认为上帝的意志是自由的，以神秘莫测的力量活动着。所以，人们无法确定上帝的行踪。上帝创世并摧毁触犯其意志的事物和人类，所有这一切似乎都是瞬息运动的结果，显示了上帝的无法预言性。但是，上帝除了这种可怕的无法预言性外，他的态度一般来说是仁慈宽厚的，显示了任何具有献身精神的工匠的胸怀，他不仅创造了作品而且对其也是负责的，他意识到光创造是不够的，作品还必须受到保护。他为亚当和夏娃创造了伊甸园作为一种庇护所，就像一个艺术家把它的油画挂在他认为是最好的博物馆里一样。上帝不仅创造、爱护人类，而且还给予人类统治地球上一切生物的权利及生儿育女的能力。上帝不仅帮助人类摆脱了一个又一个困难险阻，而且还为他们制定了法律以规范他们的生活。因此，上帝不仅是一个超验的工匠，而且是普通生活的创造者和生计维持者，他像父亲一样以其温柔慈善爱抚着他的全部作品。然而，人类的生存和权利虽来自上帝，但却傲慢任性，刚愎自用，离经叛道，不安分守己，常常以上帝没有预见到的方式背离上帝，不服从上帝，甚至憎恨上帝。由于人类的灵魂总具有违背上帝意志的罪恶倾向，因此，真正的基督徒就会在爱和被爱的渴望中，比其他人更强烈地感到这种原罪，自然而然地认为自身是最大的罪人。于是，信徒便采取自我克制、放弃尘世的方法，来使自己服从上帝。

基督教在一定程度上继承了犹太教的传统，认为光服从上帝的意志是不够的，还必须经历一种自我菲薄的过程，即实际地欢迎善与恶的恩赐。人在上帝的种种考验中，不仅要枯竭自己的意志，而且还必须使其变成灰尘，变成虚无。由此可见，这种完全忠诚的奉献，其本身就意味着一种内在的、毁灭性和转换性的爱，揭示了一种超越服从的奉献。但是随着这些观点的发展，基督教形成了自己法律的特有含义，它不仅改变了服从的条件，而且重新构造了信仰观念的方法。基督教主张意志的服从和死亡应像耶稣受难那样，必须是彻底的、永恒的，而不应像约伯只是部分的、短暂的。因为基督教的上帝比犹太人的上帝妒忌心更强，他更需要忠诚和彻底的服从。所以，每个基督徒都必须同时具有两种态度：一种主要的态度是鄙视世界，放弃意志，甚至憎恨自身，这是同上帝的绝对一致性所要求的；另一种次要的态度是抑制对任何物理的或心理的非现实的事物具有最高的和最后的爱，把人们赖以生存的生活附属品只作为接近上帝的手段，把自己的生存权仅看作为了某种超自然的存在。因此，圣徒必须面对着上帝的面颊，对自己的处境漠不关心，并最终心甘情愿地为他殉难。而基督殉难，就是意志否定自身的基督教象征。

基督教的法律概念本质上反映了一种追求秩序的方法，即意味着追求一种有目的的规律性。在希腊哲学中，赫拉克利特使法律意味着一种统治一切存在的具有理性和规律性的东西。柏拉图认为，宇宙服从实在的规律，以至个人、国家的正义只能依靠整个宇宙的规律来规定自身。而对基督徒来说，上帝的存在证明世界是意志最高的和神圣的设计，在各种事物中，人都能感到上帝有目的的活动。所以，不论生命是难是易，他们都会欣然接受他的安排。他们以牺牲自己，摧毁其意志力的方式，努力地、全心全意地同其存在一致，在这样做的过程中，虽存在着巨大的悲痛，但其痛苦的感受则创造出了一种同上帝一致的意义。在创造这种一致性的可能性时，法律则理性化了存在于一切爱之中的服从因素。同时，法律在命令我们放弃意志的过程中，也理想化了我们肯定任何其他事物，而否定我们自身的本质的思想。

四　圣爱：神的恩赐

基督教的圣爱概念来自于《旧约全书》中上帝之爱的思想。基督教的《新约全书》发展了圣爱概念，使之建立在恩赐而不是报答的基础上；上帝出于纯善普爱人类，而不是只钟爱某个民族或国家；更为重要的是，上帝的慈爱现在能在基督降世为人的过程中昭示自身，并雪净世界的罪恶。因此，上帝就是爱。由于基督教对圣爱概念进行了这些修订，使其远远超出了犹太教，形成了一种深奥的、综合的爱的哲学。

如果说通过法律，人们在一种完全自制中爱上帝。那么通过圣爱，上帝则在一种无限之善的自由恩赐中爱人类。圣爱优于人爱，并在各方面都超过人爱。圣爱是从上帝那里流淌出来的永恒的爱。人们只能靠摒弃意志来回报这种爱。圣爱作为宇宙万物的原始本质，它不仅创就了人神之间的友爱关系，而且使爱欲成为可能。爱欲是人的自然本性，是在凡尘中运行的精神，而圣爱则是上帝自身的精神，它融身于红尘但却属于天国。在不同程度上，圣爱维系着万物的存在，没有圣爱，万物就不复存在了。

那么，圣爱到底是怎样的呢？较为权威的解释是：第一，圣爱是纯然自发从一个充盈完满的存在本性中流溢出来的，就像光芒四射的太阳自然而然地照耀着广阔无垠的宇宙。第二，圣爱是与价值无关的无选择的爱，它超越善恶之上，善人或罪人都能得到它。第三，圣爱是创造性的爱，它创造了万物的价值和善，使罪人洗心革面，变成圣徒。第四，圣爱是人神之间友谊的纽带，它随时随地光临众生，引导灵魂朝向上帝，使人与上帝达到统一。就上述几方面而言，圣爱表达了一种爱者给予对象价值的态度。但是，基督教的圣爱并不只是给予，上帝在给予的同时也有索取。基督给尘世带来了上帝的圣爱，同时又拿走了世界的罪恶。在一定意义上，通过基督降世为人，基督受难，圣爱不仅把自身活灵活现地展现在人们面前，彻底地昭示其爱的本性，又表现出圣爱是富有牺牲精神的，使人感到上帝是爱我们的，从而既消除对上帝的恐惧感，又使人模仿基督，爱上帝，爱邻居。通过爱上帝，人可以完善自己的本性，通过爱邻居，人可以摧毁封闭社会的高墙壁垒，开拓一个更为广阔的天地。而爱上帝和爱邻居，实际上都是源自于上帝的圣爱。

以某种意义上说，基督教的圣爱将人漠视自己，把爱给予别人从而完善自身的倾向理想化了。对西方人来说，无选择地赠与价值越难，就感到越有必要设置一个使之臻至完善的上帝。因为相信一位神灵的存在统治着宇宙，很容易会使人产生一种同其他人一样的同一感，确信自己和他人一样，都是上帝圣爱的受惠者，相信圣灵已占据了他们的心灵，并像基督那样，为他人的幸福牺牲自己，而使善永存。基督教将人类这种美好的希望变成了一种宗教信仰，如果这种宗教信仰不是幻想，那么它或许最终也会证明自身是某种丰富的、有价值的东西。

五　宗教之爱的幻灭

至此为止，本文分别介绍了四种基督教的爱的概念，从中可以看出四种概念分别从不同的角度揭示了宗教之爱，表达了爱的理想。但是，对于中世纪的基督徒来说，四种概念是一个相互依附、共存共亡的联合整体。在奥古斯丁的著作中，四种概念彼此相互交织，任何一个都可以当作研究的出发点。在很大程度上，奥古斯丁的“博爱”综合变成基督教的正统学说，是反对各种异端邪说的试金石。

奥古斯丁认为，上帝的圣爱是自由赐予的，并靠基督的降世展示自身，以教导人类爱是什么。既然圣爱教人爱同类爱上帝，那么，爱欲则表现了人为寻求至善而奋斗的态度。但人只能以凡人的方式来进行，从而人永远冒着在贪婪和肉欲中丧失自己的危险。因此，没有圣爱的帮助，爱欲必然会跌进地狱而不是升入天堂。所以，在给出戒律之后，在基督实现了他的奇迹之后，在个人的灵魂获得信仰和向上的能力之后，圣爱会继续发挥作用。否则，人类那点可怜的努力就不能使他离开自然的引力场，甚至那些在人性、忠诚、克制方面已达到精神顶峰的圣徒，也不能得到他所渴望的至福。正因如此，圣爱会不断地下降，最终吸引圣徒越过无限的差距，达到与上帝的精神统一，实现基督教的友爱。友爱表明了清醒意志的目的地是与上帝合一的最高状态，这种合一状态不仅可以给人带来无穷的快乐，并可以恢复人与上帝的类似性，从而胜利地实现法律。人凭借着爱而不是恐惧克制了意志的自我扩张，不仅能在同胞中积德行善，而且能尊奉神性的权威。总的来讲，奥古斯丁的“博爱”综合是一种真正的而不是折中的综合，但即使这样，博爱综合所表现的宗教之爱，仍存在着难以摆脱的矛盾。如果爱欲没有圣爱的永恒输入，就达不到所愿望的目标，这说明人从内在本性上就不爱上帝，那样人的爱欲不过只是上帝爱自身的一个手段或工具，从而爱欲就会还原为圣爱。如果说人能完全靠自己的努力而获得上帝的爱，就会导致基督教异端邪说的出现。可以说，整个中世纪的基督教都面临着这个棘手的问题。尽管包括圣·阿奎那在内的后奥古斯丁哲学家都试图发现这两个极端之间的重要中介，重新构造了博爱综合，但是，如果上帝仍是统辖万物之主，那么包括爱在内的人的一切行为，仍是不自由的。

正是因为中世纪的爱欲和圣爱之间存在着这种不可调和的矛盾，所以，后来在以路德为首的宗教改革中，路德完全否定了基督教化的爱欲。他认为主张人能爱上帝，并通过人类意志的净化上升为神性的想法是魔鬼的一种陷阱。路德认为，由于原罪，人性从外到里、从肉体到灵魂都完全是腐败的、邪恶的。所以，人作为卑微的有罪的存在，其自身不具有爱的能力，而爱的能力只能为上帝所具有。上帝的圣爱就如一条鲜亮的小溪，潺潺不断地流向人间，而人只能像脉管或管道一样把圣爱传达给邻人。人能清楚地认识到人们之间的友爱只不过是活动在尘世中的圣爱，从而崇敬它、信仰它。但人永远不能凭借着圣爱使灵魂净化从而得以升华，因此，人与神性的交流只能发生在人类水平而不是上帝的水平。总之，爱欲消失了，剩下的只是把卑贱的人联系在一起的圣爱。随着路德的宗教改革，几百年来的爱欲传统被降低了，基督教化的爱欲被控制为是一种失败的爱，博爱综合垮台了，中世纪的时代结束了。而从路德的源流那里，则产生了新自然主义、新人道主义和伤感的浪漫主义。

（原载于《台湾东海大学中国文化月刊》1993 年第 4 期）

透视后现代伦理学

后现代性是一种现代性“断裂”。现代性对理性规范的痴迷、对形上人性的诉求、对终极目标的仰赖、对普遍伦理的“乌托邦”构想等，统统在“后主义”无规范的伦理学中遭遇“反抗”与“拒斥”、“解构”与“摧毁”。“我们为什么应该是道德的”传统道德问题，在后现代话语中以一种伦理危机的方式回应着。

我们为什么应该是道德的？现代论证道德把对这个问题的解答建构在普遍人性的基础上。众所周知，现代论证道德抬高人性，以人的理性对抗神性，从人的理性本性中寻求自身生存与发展的源泉与动机。理性作为人的言与行的规范性基础，不仅承载着普遍的同一性承诺，而且蕴含着应然的权威性诉求，从而成为人同为人的言与行的非个人的普遍有效的内在参照系或道德律令。然而，这种以人为本的现代论证道德，一开始便面临着两个必须解决但又无力摆脱的困境：什么样的人性特征才是道德法则无可辩驳的权威性基础？我们何以能够从人性之“是”中合理地推出人之言与行的“应然性”？两个问题，一个关涉理论，一个涉及实践；一个引发了道德权威的危机，另一个则孕育着现代论证道德的内在失败。

从理论层面看，当现代道德思想家摆脱了传统道德的外在权威而确定了自我之后，道德判断的标准只能出于自己，对道德前提的认证可以从自我所理解的任何观点出发，每个人都可以自由地选择他自以为“是”的人的本质特性，以建构道德规范。人的自我特性、道德规范，在道德思想家不同音调的诠释中，相互冲突、相互矛盾。一种规范所称赞的正是另一种规范所谴责的，每一种规范都主张另一种规范拒绝的东西为权威。互不相容的道德体系之间的“诸神之战”，使人强烈地感受到了道德规范的不确定性、模糊性。结果，任何道德言辞不仅丧失了全部权威性的内容，也丧失了理性统一性与普遍有效性尺度，使企图维护客观的非个人道德标准的现代论证道德的绝对主义理想陷入了道德“多元论”与相对主义的“大灾变”。

道德规范在理论上的不确定性与模糊性所直接导致的是实践维度上的伦理困境。首先，人们在相互冲突与矛盾的道德规范与权威之间无法确定哪一种规范、哪一种权威更值得去遵守与信赖。对此，英国哲学家齐格蒙特·鲍曼在其所著《后现代伦理学》一书中说道：“我们的时代是一个强烈地感受到了道德模糊性的时代，这个时代给我们提供了从未享有过的选择自由，同时也把我们抛入了一种从未如此令人烦恼的不确定状态。……我们可以信赖的权威都被提出了质疑，似乎没有一种权威强大到能够使我们足以信赖。结果，我们不信赖任何权威，至少我们不完全地信赖任何权威，不长久地依赖任何权威，我们对任何宣布为绝对可靠的东西都表示怀疑。”① 这就是“后现代道德危机”最强烈的、最广为人知的实践方面。其次，如果承认人的自然本性为具有普遍约束力的伦理规范提供了一个牢固的、坚实的基础，那么，如何使这种潜在的人性变成日常生活的现实性，即如何从人性“是其所是”演绎出人之践行之“应该”又是一个问题。一方面，人性“是其所是”自身潜在性的现实命运，无法靠其自身实现，只有在道德哲学家或立法者的教导与立法中才能得以实现，这样做的结果，就很容易把理性和理性倡导者的思想与行动置于最高的权威。另一方面，当现代道德思想家根据自己在人性问题上的独特见解而为道德信念寻找合理性基础的同时，又从传统道德哲学承继了一套道德信念，而这套道德信念与其所理解的人性之“是”概念一开始便南辕北辙，无法相合，因而便注定了现代论证道德无法有效地证明：既然人是这样的，人就应该以这种方式行事。所以，如同精神事物中司空见惯的那样，现代论证道德表面的胜利，从理论上便预示着它在实践方面的失败。

现代论证道德所导致的相对主义与伦理困境，为后现代伦理学的出场拉开了帷幕。现代之后，厌倦种种形上设定的趋势开始增长并被远远地推到幕后，基础性、根本性、普遍性、统一性被当作负面的东西遭到怀疑、敌视与批判，差异与特殊性、个性与多元性受到青睐而纷纷登场。道德哲学的这一转向表明：伦理道德的旧支撑物业已崩溃，人们一向总是在事物

① Zygmunt Bauman, *Postmodern Ethics*, Blackwell Publishers, 1993, p. 21.

或人之本性中寻求客观真理，并从中逻辑地推导出伦理道德的指令和箴言是徒劳的。道德应从道德哲学家逻辑高雅的抽象模型，回到现实生活中的境遇自我；从人为创设的伦理规范的坚硬盔甲中释放出来，重新个人化；从伦理过程的终结线回归起始点，成为后现代伦理话语的主基调。

首先，“拒斥”与“摧毁”传统的本体思维方式和二元对话式，是“后主义”重思道德问题的方法论前提。在“后主义”者看来，自柏拉图以来，人们便习惯于按一种“偏爱程序”（preference ranking）来解构事物和理解人。这种方式不仅在事物的高级与低级区别中，划分出内在与外在、绝对与相对、本质与现象之差异；在道德与谨慎的区别中，引申出无条件的义务与有条件的义务之间的对立；在理性与情感区别的基础上，演绎出普遍的与个体的、无私的与自私的行为、真我与假我之间的对立，而且在区别的基础上，为人之生存又人为地附加了一些所谓永恒的人性、普遍的“绝对命令”与无条件的义务等非经验的东西。在后现代世界中，基于上帝与人性之本的绝对命令或道德原理不再被认为是有效的。因为这种由普遍人性所衍生的普遍化标准及普遍化实践，既忽视了日常生活中“境遇自我”的个体性，干扰了人们对具体利益与事物的重视，同时也是一种压制人之个性、差异性的工具和剥夺了人之自由的暴行。

其次，拒斥与摒弃普遍的人性与理性，诉诸情感冲动，是“后主义”重塑人的形象，“无根自我之返根”的道德践行前提。历史上，对人之行为基础的探索经历了一个由外在的绝对权威：神（自然目的论和宗教神学）向内在的绝对权威：人性的转变。康德及其后继者不仅在人自己的内在本性中找到了生存与行为的理性根据，而且使原先有限与无限、崇高与低下的外在区别意识，内化为人自身中感性与理性、自由与强制的对立。理性是无感情的，因为主观的、变幻不定的情感冲动被定义为自私的、不自由的，所以，人之道德、自由与解放就是要挫抑、平伏人的自然倾向，从情感冲动的束缚中解脱出来，将行为对情感的依赖转换到对理性的依从。理性不仅承载着规范性，而且蕴含着普遍性、必然性与目的性，依照理性行事就意味着遵从一定的道德规则，道德完全被置于理性的无感觉的统治之下。与之相反，后现代伦理学家认为，用建立在“理性”基础上的普遍伦理法典，来代替漂浮的、不稳定的道德冲动这一雄心勃勃的现代计划，实际上是行不通的。因为在现实社会中，我们无法像炼金术士那样，把每个人的自然倾向的天然矿石，变成整齐划一的道德意图的纯金。在我们的日常生活中，道德仅仅扎根于具有人之资格的个体所拥有的品质和能力中。“我为什么应该是道德的”，源自于个体的质询与判断；人之德行依赖于每个人具体的生存境遇及其道德冲动，而不具有理性规则的特性。因此，就作为“我”而非“我们”的境遇自我的个性化行为理由，远非理性先天的给予，而是道德冲动使然而言，道德自我实际上是一种无根基的“境遇自我”。“境遇自我”如同居无定所的“观光客”或无家可归的“流浪汉”。没有旅行指南，没有先在的命令，自由选择、道德冲动，是流浪者和观光客周遭世界的通行证与生活的根由。

再次，拒斥与反抗“绝对命令”，注重“境遇自我”的差异性与个化选择，是“后主义”为人重获自由与解放的价值吁求。在后现代的世界中，根本不存在什么无条件的、无论何时何地都普遍适用的“绝对命令”与普遍的道德约束。因为基于情感冲动的人的“自我性”不是固定的、单一的、完满的、非经验的“神圣意志”而被镶嵌在“绝对命令”的常规中，而是在个体日常生活的具体实践中来规范自己的行为方式。撇开所谓非经验的道德自我的单一性、完满性不谈，人的自我性是一个凌乱的、不一致的、非理性的不断创新的过程，任何自我，其自身都包含着一系列多元的非连贯性的自我与不协调的性情。人在日常生活中以其总是在道德律令的约束下“应该地”做，而毋宁是无拘无束地自然而然地做。尽管一个人在与他人的共在中，常常陷入规定和禁令的社会密网中，但是作为一个道德的人，则是孤独的、自由的、多元的。正如莫里斯·布兰切特所说：“每个人都有他自己的监狱；但在他的监狱中，每个人都是自由的。”① 道德自我在自由、多元的生活状态中，根本无法找到有序的、理性的、逻辑的存在理由，而是在模糊的、不确定的环境中运行、感知与践行。所以，道德践行不再需要通过可以说明的目的来检验，也无须通过“合理性”目的来检验。道德自我只需学会与尚未解释的和无法解释的事实与行为共存，而无须把生存目标定位在与社会中的道德实践和日常决断毫不相干的抽象模型、“绝对命令”之类的普遍原则。鉴于此，“后主义”主张：我们应当从追求人生的终极目的转向关心与处理“微不足道的小

① Zygmunt Bauman, *Postmodern Ethics*, Blackwell Publishers , 1993, p. 60.

事情”；从冰冷、抽象的普遍道德价值的流放地回归到极有诱惑力、舒适的、家庭般的庇护所：“土著公社”。

最后，拒斥与超越“无条件的道德义务”与他治的伦理责任，主张自治的道德责任，表征着“后主义”的道德回归与重构。在后现代世界中，没有普遍人性，没有普遍的“绝对命令”，也没有俗成的社会伦理责任。道德主体是孤独的、自由的与个化的。如果孤独、自由与个化是道德自我行为的基础与理由，那么道德责任就只能由个体来承担。所谓“无条件的道德义务”、普遍标准对公众生活的强制与渗透，不仅使个体的资格和判断在原则上是不可信的，而且使个体在道德上唯一可行的做法，就是将自由交付给他治的外在权威，将个体道德责任转换成他治的伦理责任。如果说义务使个体变得相似，责任则使人类成为个体；如果说伦理规范作为一种社会统治工具，取向于“他治”的强制及其社会责任，道德吁求的则是“自治”的自由及其“我”的责任。诚如列维纳斯所说：“做人意味着一个人不是一个融于其他在者之中的存在——是我维持着他者，是我应当为他者负责——我的责任是不可转移的，无人可以代替。实际上，就是说做人始于我的责任——责任是我独自负有的，是我作为人所不能拒绝的。这种责任是惟一的最高尊严。我是我的惟一标准就是：我是负责任的。”[①] 因为每个人都有能力进行道德选择，每个人都应被当作道德主体来对待。所以，用来衡量我的作为和责任的标准，也只能由我来为我自己设定，而不能在他人面前挥舞并作为他人的道德准绳。因此，道德责任是人类最自私、最不可分割的财富，也是最宝贵的人权。它不考虑任何理性的逻辑确定性，也不为其存在寻找保证与借口。道德责任没有“根基”，没有原因、没有决定要素，而是无条件的和无限的。

后现代伦理学对现代论证道德的拒斥与批判，在方法上的新颖之处，重要的并不在于放弃现代的道德关怀与责任，而在于拒绝从事道德问题研究的传统方法，即在理论上追求确定性，渴望绝对性，确信有普遍性、终极性的本体思维模式；在实践中，用强制的、普遍化的标准来规定与约束道德自我的自由选择和丰富多彩的个化生活。与现代论证道德不同，后现代伦理学诉诸情感冲动，以多元状态为人之生存模式，表征着它不只是打破了传统道德

---

① Zygmunt Bauman, *Postmodern Ethics*, Blackwell Publishers , 1993, p. 77.

哲学统一的理性模式，更重要的是它所具有的解放作用。道德自我的无根之返根，实际上是“后主义”力图为道德言行寻找一种新的支撑物，尽管诉诸情感冲动的道德之根是不确定的，并背负着道德相对主义的危险，但它却是“后主义”使人从理性规则之下再次超脱出来的一种尝试。由此可以说，多元论的确定，既彰显出后现代性对自由与解放的渴求，同时也意蕴着后现代的智慧与无奈。后现代思想清醒地认识到：道德上的某些普遍假设是错误的，某些终极目标是既不能达到又不值得达到的，任何许诺都不可信，任何理性处方都值得怀疑。迄今为止，人类并没有完满地回答“我们为什么应该是道德的”这个问题，也没有为走出伦理困境找到救世之途，人类的道德痛楚及其混乱仍将会持续下去。那么，后现代伦理学的道德诊断是现代性道德成就的一种前进吗？在某种程度上，后现代性已经使普遍的、根基牢固的伦理规范的现代雄心黯然失色，但它是否在与现代道德“决裂”的关键时刻，抓住了对现代道德进行改良的机会呢？在伦理世界中，后现代性是被看作前进了一步，还是后退了一步呢？在历史上，后现代性是以道德黄昏的形式还是以道德复兴的形式降下帷幕呢？就“后主义”作为一种时代精神的测量仪而言，我们倒是应当认真对待这种“后主义”呢。

（原载于《人文杂志》2004 年第 6 期）

两种相悖的伦理话语：罗蒂与哈贝马斯

传统伦理道德哲学的形上基础在自身演进的逻辑矛盾发展中几经变革，终陷于休谟“奥卡姆剃刀”的无情砍伐之下。失去了绝对形上基础的当代伦理道德哲学各行其是，在“诸神之战”的“唇枪舌剑”中，以不同话语方式表现出不同的价值取向。一种是摒弃了绝对主义理想的相对主义之声，另一种则是诉求多重声音中的理想统一。前者以罗蒂的“无原则的伦理学”为最，后者以哈贝马斯的“普适主义话语伦理学”为代表，二者如同两股道上跑的车，并驾齐驱，载着时代的特征呼啸而来。

一

罗蒂的“无原则的伦理学”实际上是后现代主义与实用主义相融合的产物，因而常被称作反本质主义与相对主义。反本质主义与相对主义互相映衬，彰显出它追求没有人类本性的“生存技巧”，没有普遍理性的“技术理性”，没有绝对命令的自然而然，没有崇高理想的日常琐事，没有道德标准的有用性，没有原则的伦理学。在这些否定的肯定的极化选择中，充分表现出罗蒂没有形上基础的伦理道德观的相对性与激进性。

罗蒂的没有形上基础的伦理道德观缘起于它的实用主义情结。20 世纪 60 年代，当他摆脱了柏拉图与康德哲学的束缚，加盟实用主义之后，反二元论、反本质主义则成为他同传统决裂的表征。同其前辈一样，这位自称为“反柏拉图主义者”“反形而上学者”与“反本质主义者”，在方法论的原则上，坚决拒斥柏拉图式的二元对话方式，即在事物的高级与低级区别中，划分出内在与外在、绝对与相对、本质与现象之差异；在道德与谨慎的区别中，引申出无条件、绝对的义务与有条件、有前提的义务之间的对立；在理性与情感区别的基础上，演绎出普遍的与个体的、无私的与自私的行为、真我与假我之间的对立。这样，便使之在理论构架上，反对认识无非是透过现象通达本质的传统认识论，反对认知结果不过是主观认识与客观存在相一致的真理符合论；反对发自“绝对命令”的无条件的道德义务，反对植根于一种永恒不变的人类本性之中的普遍伦理道德观。在此，前者表明人之认识受其基础的制约，后者表明人之行为受其道德律令的制约，因而都是应予消解的本质主义。

可以说，罗蒂的反本质主义与反二元论是一而二，二而一的事情。要终结本质主义，首先就要摆脱二元论的对话方式，用事物间的互为关联取代事物间的二元区分，用程度差别取代传统的形而上区分，从而切换问题的实质内容。在罗蒂看来，传统道德哲学的二元对话式实际上是按一种“偏爱程序”（preference ranking），来解构事物、理解人。这种方式不仅剥离了事物间的关联，把自我虚构成非关系性的、能够独立于他人的存在，而且在区别的基础上，又使所谓“无条件的道德义务”干扰了人们对现世所面临的各种具体事物的重视。然而，事物既不可能是无条件的，也不可能是无关联的，人也不可能是超拔于他的生存环境而不顾及他人需求的冷酷无情的“心理变态者”。所以，应该将事物间的这种本质区别简化为程度之区别，即将道德与谨慎间的区别看作慎思明辨的程度区别；将人与动物间的行为区别看作复杂性的不同，特别是将人性自我看作一种很大程度上的可变通性。一旦问题的实质性内容发生了这样的变化，那么，传统哲学所执拗的许多根深蒂固的习惯——二元对话式，追求假冒的绝对和起源之说，就会被具体的事实、行动和力量所取代，对真理的探索就会被对人的生存“适应”，特别是对与我们的同类相适应的可接受性与“最后的一致性”程度的探索所取代。所以，实用主义关注的是现实生存世界中的各种可能性而反对独断、矫揉造作和终极真理，这意味着它珍视的是实践而不是理论，是行动而不是沉思。

基于人的生存实践，用对适应的探索取代对真理的追求，这就是要重塑人的自我形象，把伦理道德思想的种种范畴，同达尔文的生物进化论的解释搅拌在一起，摈弃所谓永恒人性和“绝对命令”的假理。罗蒂说，自柏拉图、亚里士多德以来，“理性”作为人所特有的“功能”，既被看作区别于人类的动物表兄们的标志，也被神圣化为一种普遍的永恒不变的人类本性，成为道德的根源。实际上，理性不过是一种能力的名称，即"生存技巧"或"技术理性"。这种"生存技巧"普遍存在于人类与动物之中，只不过在复杂程度上显现出不同而已。"这种能力乌贼鱼比阿米巴虫要多，使用语言的人类比不使用语言的类人猿要多，以现代技术武装起来的人要比没有这种武装的人更多地具有这种能力。这是一种以更为复杂和精致的方式来调整其对环境刺激的各种反应，从而顺应环境的能力"，"是一种能够使个人和群体与其它个人和群体和平共处，自己活也让别人活，并汇集各种新的、融合的、妥协包容的生活方式的美德"[①]。因而，理性既不是一种人所特有的附加成分，也不是诸如"本性的"或"本质的"东西。人基本上是一个由习惯铸成的动物，其日常行为的常规是由一些已成自然的反应模式组成的。理性的全部要旨是当人的惯常反应模式受到阻碍时，帮助排忧解难，解决各种问题，以为人类生存创造条件的功能性手段。在此，理性的工具化与手段化，实质是理性本性的世俗化，而人的自我形象也必然会在这种理性变式中发生变化。

当理性的本质规定性发生了变化之后，基于其上的道德律令也危若垒卵了。在罗蒂看来，所谓基于理性本性的绝对律令或道德原理，不过是西方基督教文明的一种积习。这种积习的流弊就是以一种普遍的证明模式来解释自然，描绘人的形象，并"试图将这些证明模式勾挂在某些需要道德承诺的东西之上，即大写的实在、真理、客观性、理性"之上[②]，为人之生存人为地附加了一些永恒的、无条件的义务与道德约束。其实，这种"严格的道德观"隐含着履行道德义务，放弃自我利益；只关注"一种广大而公正的结果"，而忽视诸种具体后果的偏见。所以，他借用尼采与杜威的话语，表达了他力图摆脱这种道德观的立场。尼采认为，康德的绝对命令是基督教的非宗教形式：认为人类皆为平等的兄弟姐妹，因而要求在同样的情况下受到同等的对待与尊重，这种要求无非是弱者用于保护自己而反对强者的诡计。依杜威之见，践履与"获得在当下解决任何道德困境的现成规则"的企图，是"生成于胆怯，并由对权威的爱好所滋育

① ［美］R. 罗蒂：《一种关于理性和文化差异的实用主义》，《哲学译丛》1994 年第 6 期，第 50 页。

② Richard Rorty., *Philosophy and the Mirror of Nature*, Princeton University Press, 1980, p. 385.

的”，只有那些具有受虐狂倾向的心理变态者，才会青睐这种如果“没有固定不变的与普适的现成规则，就会造成道德混乱”的思想。[①] 事实是在我们的日常生活中，根本不存在什么无条件的、无论何时何地都普遍适用的“绝对命令”与道德约束。因为人的“自我性”不是固定的、单一的、完满的、非经验的“神圣意志”而被镶嵌在“绝对命令”的常规中，而是在家庭，特别是在母爱的关爱中自然而然地形成并通过与家庭成员的关系来规范自己的行为方式。撇开所谓非经验的道德自我的单一性、完满性不谈，人的自我性是一个不断创新的过程，任何自我，其自身都包含着一系列多元的非连贯性的自我与不协调的性情。人在日常生活中以其总是在道德义务的约束下“应该地”做，而毋宁是无拘无束地自然而然地做。所以罗蒂说，我们宁可追逐对自己的父母、兄弟姐妹团结友爱的世俗信仰模式，宁愿在日常的生存斗争及其利益获取中非自然化、非神圣化自我的形象。我们没必要区分无条件与有条件、道德与谨慎、尊严与价值、道德与便利之间的差异，更没必要把“绝对命令”“无条件的道德义务”之类的普遍原则当作某种非经验的东西强加给经验的东西，把某种非自然的东西强加给自然的东西。实际上，道德与谨慎、道德与便利同属于“习惯”“习俗”，道德并没有什么特殊的超验的本质或来源。它与谨慎、便利及自我利益一样，都表达了个人与集团在应对非人环境或人类环境的压力下相似且相对一致的惯常方法。

随着人之理性与道德变成一种图生存的工具与习俗，任何道德原则都只具有独特性与相对性，所谓伦理道德的普遍标准，道德共识也就变得不可能了。如果一个道德规则不利于解决人所面临的问题，就必须采取最好的信念、行动来对付这些独特的境况。每个人都可以自由地决断任何信念、任何行动的正确性，其决断根据与标准则在于它是否能对人的生活产生满意的实际效果。诚如科学的真理性应观其后果一样，人委身于一种信仰则应看其是否有益人生。信仰重要的不是对象的普遍性，而在于对象对人生的意义与有用性。这意味着根本不存在何谓有用的与何谓道德的本质区别，而只存在着何谓有用的与何谓无用的判别，所以正如无须为短暂的人生人为地附加一些永恒的、无条件的义务一样，也无须去寻找一种不变

① Richard Rorty, *Philosophy and Social Hope*, the Penguin Group, 1999, p. 75.

的标准来判断人们的暂时需求与利益。人在日常生活中所面对的是各式各样的实际问题，生活总是根据下一步必须要解决的具体问题来考虑的，而不是根据人们会被要求为之献身的终极价值来考虑，根据共同的道德标准来抉择的。正因如此，罗蒂的无原则的伦理学的特色之一，就是情愿处理“微不足道的小事情”而放弃对任何终极目的的追求；希望每次都缩小一个差异，在其社会成员之间生成上千个小共性，而放弃对普遍的道德共识的追求。对他来说，关心一样东西的有用性胜似关心人生的终极意义，关心处理日常琐事胜似关心追求道德的普遍性。所以他说，“实用主义者建议我们放弃对共同性所进行的哲学探索。他们认为，如果专注于我们创造微不足道的小事情的能力，就会加速道德的进步，这种进步不在于把这些小事情与那些把我们结合起来的大事情相比较，而在于与其他小事情相比较。实用主义认为道德的进步犹如在缝制一个巨大的精致多彩的锦被，而不是达到对一个真实而深邃的事物的明晰洞见”①。那种断言人类作为一个整体最终能走到一起，构建一个多元化的全球共同体的想法，就像是说所有的爬行动物都渴望变为蟒蛇，所有的哺乳动物都想变成大猩猩一样既可笑又值得怀疑，因为实用主义者不相信人类的这种“命运”。

罗蒂虽不相信命运但却相信“运气”，因而力主用变化莫测的浪漫主义取代理性主义的不变的可靠性，在不断提高人的生存能力的前提下，希冀逐步扩大人际间相互适应的一致性范围。罗蒂说，正如实用主义者并不认为科学，或其他任何探索在于追求真理，而是追求完善的明辨力，以便更好地解惑一样，“道德的进步并非一种理性提高，偏见与迷信的影响逐渐弱化，使我们能够清楚地认知我们的道德责任的过程”②，而是一种提高情感、提高应对越来越多各式各样的人与事物的能力的过程。因为追求真理的困难在于我们不知道何时获得了真理，尽管事实上我们已经获得了真理。但是，我们却可以追求更高的明辨力，减少疑惑。以此类推，我们也无法追求“做正确的事情”，因为我们绝不会知道是否能抵达目标。因为在我们死后，更为完善、更为复杂的人或许会把我们的行为判为一种悲剧性的错误，就像他们只是依据一个已经陈腐的范例，把某个科学的信念

① Richard Rorty, *Philosophy and Social Hope*, the Penguin Group, 1999, p. 86.

② Ibid., p. 81.

判定为理智的一样。然而，人却可以在物理学与伦理学的探索中，企求解释更多的材料，比以往更关心他人的需求。在他看来，科学是不断趋向“上帝的视界”与社会习俗在道德进步时期是不断趋向“道德法则”的思想，都是令人厌恶的，因为这两种观点都预先假设了某种非关系性的东西，即某种脱离时间与历史变迁，某种不受变化的人类利益与需求影响的东西。所以，这两种观点均可以由广度而不是高度与深度的话语方式来替代，即把科学的进步当作一种把愈来愈多的材料整合为一个具体的信念网络的过程，而不是逐渐揭开现象的面纱，以达实在的内在本质的过程；把道德进步看作一种获得愈来愈宽宏的同情心，关注愈来愈多形形色色的人类需求与利益，让愈来愈多的人加入我们的社群的过程，而不是超越感情以达理性的过程。这两种过程均彰显了人驾驭物、应对更广泛的人际关系的能力的提高与累积，所以也是一种人类重塑的过程。

毋庸讳言，罗蒂的伦理道德观切实践行了他的惯常倡导：要“用不熟悉的术语重新描述着为人所熟悉的东西”，可以说，他的无原则的伦理学无非是用后现代的话语方式重新阐述着实用主义的道德观，重申了注重行动、关心利益、讲究实效的美国人的处世哲学，折射出当代伦理道德哲学努力想逃离各种僵死的、绝对的东西的相对主义时代的特征。

二

如果说罗蒂无形上基础的道德哲学、“无原则的伦理学”，重申的是实用主义的道德相对主义立场，表征的是与传统“本质主义”的论证道德决裂的后现代语境。那么，哈贝马斯的“普适主义话语伦理学”，则表现出拒斥相对主义的任意品性，复归传统的规范伦理学，重构伦理道德的合理性基础的价值取向。在这种复归与重构中，开显出哈贝马斯的话语伦理学既不是简单地归依，也不是彻底地否定传统前提下的重构，而是基于当代西方社会背景条件和现实需求，以挽救和重振现代论证道德的精神为肯定性前提的开创性的承继性重构。所以，他的话语伦理学是诉之于没有形上本体的“交往理性”，没有先验“绝对命令”的交往的有效性与话语的规范性，没有强权、暴力的主体际的道德共识，没有传统总体性与终极性的“普适主义话语伦理学”。

哈贝马斯话语伦理学的基础性重构，肇始于对理性的重新定位。罗蒂消解传统伦理道德的形而上基础，将理性视作一种绝对压制的力量加以贬斥的同时，使之下降为一种“技术理性”。然而，哈贝马斯既坚持必须把理性视为一切言和行的主体，在生产、生活、交往和思维活动中的根本原则和态度，同时也反对把理性工具化。因为没有这种根本原则和态度，一切都将陷入混乱，一切都将无法得到合理的解释；理性工具化的结果必然是理性的摧毁及社会的非理性化、非道德化。所以，哈贝马斯话语伦理学的任务就是针对相对论时代与后现代语境，为道德“合理性”、规范伦理学提供一种令人信服的替代物。但是，为避免重蹈本质主义的覆辙，这个替代物既要坚持理性的普遍性与绝对性内涵，又要同理性先验的形上基础保持距离，这就是将理性从先验的层面下降到实践层面，使传统的先验理性降格为“交往理性”。“交往理性”作为“实践理性”不再具有先验哲学中作为支配孤独个体道德践行的先验的形上性质，而是生成、体现在主体际的对话活动中并与交往行为的普遍有效性要求（真实性、正确性、真诚性）相勾连。在哈氏看来，对人的理性、行为的分析必须落实到语言。因为每个个体的理性资质及其社会化，绝不是在个人意识里生成与发展的，而是在实践中生成并在语言对话、主体际构成的世界里发展的。只有在人际交往的语言互动网络中，每一个单独的个体才能理性化、“社会化”，即被社会的语言规范、伦理原则“一体化和同化”，同时又在社会化的“教化”中，滋育出具有道德品性、独立人格的个体化。传统哲学，尤其是康德的先验哲学，由于不了解一切理性运作的语言的这种作用，便自觉不自觉地将自身引向孤独主体的理性独白，并将理性视作人与生俱来的先验本性“强制”性地支配着人的道德实践，结果发自主体自律的道德实践不仅未使人真正获得自由，而且从“理性事实”推导出道德律令的做法，必然遭遇休谟的诘难、罗蒂的弃绝。哈贝马斯虽不赞成传统的先验理性观，但也反对将理性技术化、功利化，而是“在日常生活的实践中，在交往理性被压制、被扭曲和被摧毁之处，发现这种理性的顽强声音”①，并将其作为话语伦理学的合理性基础。

① ［德］哈贝马斯：《交往行为理论》上卷，法兰克福苏尔坎普出版社 1981 年版，第 34 页。

罗蒂把理性降格为一种图生存的工具，强调的是人际间无原则的自然而然与唯功利的特立独行；哈贝马斯对理性的重新定位，诉求的则是对交往有效性要求与话语规范的恪守。这种诉求虽然还带有康德“绝对命令”的遗韵，体现出一种对普遍有效性的追求，然而，由于理性的变式，其道德普遍性的论证形式与内容，都同康德抽象、绝对的普适主义道德观相区别。哈贝马斯基于“交往理性”的社会伦理原则的普遍有效性，不是像康德那样从先天的纯粹“理性事实”演绎出“绝对命令”的普遍有效性，而是要求在主体际的实践话语中，生成、检验、修正与丰富为人们所恪守的规范性约定。道德规范、伦理原则普遍有效的可辩护性，只有在以相互理解为目的的日常实践的交互期待、彼此依赖和共同假定中找到依据。依照他的解释，话语伦理学的根本原则是：只有那些得到作为理性的话语参与者的所有可能相关者赞同的行为规范，才能要求有效性；只有当所有的实践话语参加者和相关者愿意承担由于一种规范的实行而产生的后果时，这一规范才能得到普遍肯认并获得社会的有效性。因此，奠基在交往理性基础上的道德规范的普遍性、应然性内涵，以及它所具有的有效性，只有在主体际性的标志下才能得到解读与辩护。

这样从逻辑上必然导致诉之于主体际认同与辩护的话语伦理学，不再是那种从道德角度排外式发展起来的自律性模式，即不再是限囿于个体只是依照义务而不顾及个人需求、好恶的强制性的“独白式的运用”，而是从社会伦理的角度，在对民主、合理与公正的话语规则与程序方式自由肯认的社会化过程中的非强迫性的自我同一性模型，即每个个体自身的特殊需求、好恶与自由只有在同现存的社会规范体系协调中才能得以照顾和实现。哈贝马斯认为，每个规范话语论证的参与者的好恶需求、孤独思想的有效性以及个体良知决断的道德约束力，原则上依赖于作为平等对话伙伴的所有成员之间的相互肯认、相互同情、相互尊重的语言交往。在交往实践中，每个人既立足于自身，又植根于一种普遍的关联中，所以每个人在追求自身价值、奉行自己生存方式的同时，也应承认他人的不同价值与生存方式的合法需求。按照这个“游戏规则”，作为能在人际间传达的要求，只要它们通过论据而在人际间得到辩护，它们就必须获得交往共同体所有成员的认同与遵守。在此，康德哲学中所要求的个体的主观良知决断，现已凭着主体际的“要求”与论辩而得到了中介化，每个个体自始就承认的公共论辩乃是对一切可能的客观有效性标准的阐明，也是对共同意志构成的阐明，由此保证着对单个主体的合乎规范的一致性的道德约束性，也保证了每个个人的利益在共同利益中得到同等的照顾与实现，从而使他们能为社会实践承担着共同责任。由此可见，哈贝马斯建构在交往理性基础上的非本体论的话语伦理学，不仅力图将社会伦理原则与现实性结合起来，而且力图合理地舒缓自律道德行为者与普遍原则之间的张力；不仅克服了传统规范伦理学的论证方式，而且又恢复了伦理规范的应有位值。

罗蒂把人之理性与道德委弃给达尔文意义上的生存竞争之后，其道德诉之于微不足道的小事情，及对终极规范、道德共识、全球共同体的弃绝。哈贝马斯话语伦理学的普适主义，本身就蕴含着对多重声音中的理性统一、多元道德中的普世伦理及多极世界中的交往共同体的吁求。应当说，普世伦理、交往共同体不仅是话语伦理学内在的逻辑指向，同时也是对由科技成果所造就的全球一体化文明为其时代特征的自觉反思。政治多极化、文化多元化与全球经济一体化的世界格局，使所有民族、种族和文化都面临着共同的伦理学问题，不管它们各自特定的群体因文化而异的道德传统如何不同，人类在历史上第一次觉识到和谐共处、共同发展的必要性，以及对一种能够调节、约束人类行为的道德公度、普世伦理需求的迫切性。然而，随着普世伦理的传统宗教说明与理性主义的形而上学论证在公众之中的贬值，随着后现代以被压制的多元化的名义对同一性的反抗，使得哈贝马斯在主张同一性凌驾于多元性的形而上学与主张多元性优于同一性的后现代语境这两个“隐性伙伴”的争论中，自觉到尽管那种植根于世界观之中的价值观的实质性共识并不存在，但是这并不排除理性的同一性只有在多元性的声音中才可理解；普世伦理、交往共同体只有在个体之间无须强制地对各种有效性的原则认同为基础的、实际的话语互动中才有希望。哈氏认为，“将整体视为虚假的，把同一性与压抑和统治混为一谈，显然不符合事实。整体和同一性的建立并不必然意味着抹杀差异与个性，取消话语的多元性，相反，是建筑在对个性和多元性的承认之上的。但承认多元性和个性决不意味着异质多元的话语可以不遵守任何规则，可以超越语言交往的有效性要求”①。问题的实质在于，通过何种途径来达到差异中的统一。真正的共识与理性的统一，绝不会否定差异，取消多元性，而是要在多元价值、多重声音的话语交往中，对话语论证的形式规则和程序达成主体际认知的合理的一致性。就这种一致性依据的是话语程序和规则的合理性而言，它所舍弃的恰恰是话语的霸权，维护的恰恰是话语的民主与自由；它所反对的恰恰是社会压制与强权，努力寻找的恰恰是一条将人从社会压制与强权下解放出来的道路。因此，公正、民主、合理的话语程序与规则不仅将确保同一类别个体相互间自由平等的话语交往，而且应扩展到持另类话语方式的“他者”或异类人，从而在话语共同体具有弹性的边界不断向外扩展中，冲破“同一性”与“差异”、“共同体”与“社会”的错误的两难选择，形成一种生活状态的理想视野，即话语伦理共同体。这种话语伦理共同体只有通过实现所有人话语的自由权利，承认每个群体都享有选择、保留自己的信仰、文化与生活方式的自由，铲除一切歧视和苦难，摒弃一切误解与偏见，放弃同化另类文化的企图，将被边缘化的人作为平等的对话伙伴，纳入相互理解、相互尊重、相互关爱中才能建立。所以，“这个建设性地筹划出来的话语共同体不是一个封闭的绝对同一的集体，不会强迫其成员放弃自身的特殊性而成为标准化的人。纳入在这里绝不意味着党同伐异，相反，‘他者的纳入’要求的是话语共同体的大门向所有人开放——首先而且恰恰向那些彼此是陌生者并仍将是陌生者的人开放”②。目前，这种开放的话语伦理共同体虽还只是对于未来完美生活应必备的条件所做的形式描述，并具有理想化的特征，但也不能被作为乌托邦而抛到遥远的未来。因为交往行为理论与话语伦理学坚持以对话、理解、平等与民主的立场来处理不同道德价值、不同文化传统之间的差异与冲突，反对以任何形式的暴力、强权来处理国际关系和不同文化类型之间的矛盾的做法，的确如哈氏本人所说顺应了时代的要求且具有现实性。当然，一种合理的理论主张真正要成为现实，必须经过长期的、有时甚至是充满痛苦和失败的过程。话语伦理学的普遍有效性，规范

① 转引自章国锋《关于一个公正世界的“乌托邦”构想》，山东人民出版社 2001 年版，第 167 页。

② 同上书，第 168—169 页。

的话语论证能否保证道德共识、与话语伦理共同体的实现，虽无定论并仍处于争议中。但在不同国家、不同民族、不同文化价值的交往中，实现一种自由、平等、公正的状态，则是人类的唯一选择，除此之外别无他途。

由上可见，无论罗蒂的“无原则的伦理学”与哈贝马斯的“普适主义话语伦理学”如何相左，但是二者基于理性变式的伦理道德哲学都告别了传统的形上基础及其论证模式。诉诸“技术理性”与“交往理性”，虽伸张出不同的道德话语与取向，但二者同样都是对现时代社会状况的思考与回应。

（原载于《长白学刊》2003年第2期）

伦理道德的历史唯物主义基础

伦理道德的客观性基础是什么？对这样的问题，西方哲学家或将道德的普遍客观性基础建基在人的理性必然，或诉诸人的话语交往实践规则，而马克思主义则将其归结为人们的“生产和交换的经济关系”。所以，对马克思主义来说，伦理道德的基本问题几乎涵盖了历史唯物主义的整个内容，只是二者的出发点不同：历史唯物主义是从社会学的角度揭示社会的发展过程与规律，伦理道德哲学则是从善恶的角度彰显社会的存在与发展。由于我们在相当长的时间内把伦理道德问题仅仅看作社会意识形态和国家上层建筑的问题，忽略了伦理道德的客观存在基础，因而不可避免地把伦理道德知识化、观念化与政治化。

一

伦理道德的规则或社会实践的问题是当地风俗习惯的一部分，但伦理道德作为一种观念形态“归根到底都是当时的社会经济状况的产物”。任何一种伦理道德观念都必定首先是一种最切近人类生活经验的特殊的、地方性的人文知识，这种知识的生成与习得，归根到底依存于人们进行生产和交换的经济关系。

伦理道德与人的社会生活及历史是内在相关的，伦理道德不仅体现于人的社会生活中，而且部分地构成了人的社会生活方式。当社会生活方式发生变化时，伦理道德观念也会随之发生变化。恩格斯曾在《反杜林论》第一编中，谈到随着社会生产发展所出现的三种社会形态：封建社会、资本主义社会和社会主义社会，依据阶级关系的变化，便有三种不同的伦理道德形态。他说：“现代社会的三个阶级即封建贵族、资产阶级和无产阶级都各有自己的特殊的道德，那末我们由此只能得出这样的结论：人们自觉地或不自觉地，归根到底总是从他们阶级地位所依据的实际关系中——从他们进行生产和交换的经济关系中，吸取自己的道德观念。”[①] 所以，特定的社会生产方式、特定的历史时代、特定的阶级地位，为伦理道德哲学打上了独特的社会的、历史的、阶级的烙印，也形成了不同的善恶观念。在一个社会秩序中，人的某些品质被认为是善的，是社会稳定的基本因素，而在另一个取而代之的社会中，同样的品质则会被认为是恶的，起着破坏社会秩序的作用。“社会变化不仅使曾经是社会所接受的一定类型的行为成了问题，而且也使得那种已经界定了先前社会的道德结构的概念出了问题。”[②] 如同恩格斯所说：“善恶观念从一个民族到另一个民族，从一个时代到另一个时代变更得这样厉害，以致它们常常是互相直接矛盾的。”[③] 从社会的历史发展看，建构在封建等级制基础上的贵族道德瓦解之后，取而代之的是以“自由劳动的理性组织为特征”的资产阶级道德。资本主义的经济受剩余价值的支配，其经济行为是有条不紊地利用商品的交换与工人的劳作来获取利润。无论资本主义方式的企业活动在形式或实际上是靠和平还是靠暴力来获利，追求利润并且不断地再生利润，是资本主义社会生产与发展的特有规律，这样的现象对资本主义来说是符合资本主义的道德的，是合理的。“因为资本主义必须如此：在一个完全资本主义式的社会秩序中，任何一个个别的资本主义企业若不利用各种机会去获取利润，那就注定要完蛋。”因此，尽管马克斯·韦伯说“对财富的贪欲，根本不等同于资本主义，更不是资本主义的精神”[④]，但由之所生成的谋取利润的资本主义精神及与之相匹配的伦理道德绝非是经济状况的原因，而是经济状况的后果。因此，伦理道德观念的变化，如果离开了它所赖以存在和发生变化的时代、社会背景条件，是不可理解的。

任何社会伦理道德思想及其社会实践，本质上一方面对它所产生的那

---

① ［德］恩格斯：《反杜林论》，人民出版社1970年版，第91页。

② ［美］阿拉斯代尔·麦金太尔：《伦理学简史》，龚群译，商务印书馆2003年版，第29页。

③ ［德］恩格斯：《反杜林论》，人民出版社1970年版，第90页。

④ ［德］马克斯·韦伯：《新教伦理与资本主义精神》，于晓等译，生活·读书·新知三联书店1992年版，第8页。

个时代的社会经济生活方式有着“依存性”；另一方面，它也有着历史文化传统的承继性。因而，每一社会历史阶段中的道德哲学家，为人本身所提出的所谓合乎理性的，并证明为普遍性的道德信念，必然会以特定的文化、特定的生活习俗为出发点，使之不仅有着善恶的特殊标准，并且带有本土化、谱系式的特征。在此一传统中被誉为善的、道德的行为，在彼一传统中却可能被斥为恶的、不道德的行为。彰显出任何伦理道德既是最切近人类自身生活经验的当地风俗与习惯，也是寄居在特殊道德谱系中的人文知识。不同的地方、不同的民族，其所生成与信奉的道德伦理都从属于他们各自不同的生活习俗与生活目标，从而使得道德知识之间存在着某种程度上的不可公度性。所以，伦理道德哲学作为一种思想体系在这里本质上是相对的，只依存于一定的社会生活形式与历史文化传统。这些形式与传统只存在于一定的时代和一定的民族中，而且按其本性来说都是暂时的。

虽然伦理道德知识首先必定是一种特殊的、相对的、暂时的“地方性知识”，但对同样的或差不多同样的经济发展阶段来说，任何特殊的伦理道德必然或多或少还有一些是共同的、相互一致的东西；虽然被认为正当的、善的东西不总是相同的，但相同的正当与善的概念大致上都是普遍的。因为如果说人与人之间的关系是以善恶的方式发生关系，这种关系不仅显露出以人的生产力发展为基础的一切社会关系的总和，同时也反映了以经济基础与上层建筑相统一的整个社会形态。各种社会形态同作为社会形态，都是一个生产力与生产关系、经济基础与上层建筑的统一，从这个普遍性、统一性出发，是伦理道德的普遍性问题。任何社会都存在着人类最为基本的伦理道德问题，伦理道德的普遍性以生产力的发展为基础，在不同的社会形态——原始社会、封建社会、资本主义社会和社会主义社会中，伦理道德有着本质上不同的规定性，但这是伦理道德问题以生产力的发展为基础的不同表现形式。伦理道德在不同表现形式中，存在着一个由低级到高级、从简单到复杂的发展过程。伦理道德哲学研究的不是某一特定社会形态的伦理道德形式，而是一切社会形态所固有的普遍的伦理道德问题。

二

伦理是客观存在的社会礼法制度。社会伦理法则的存在与生成，不是源自于一个人的主观意愿，而是源自于人类特殊的社会生存方式，源自于以生产力为基础的各式各样的实践创造活动。社会伦理法则作为制约人的社会实践的原则，是伦理实质与伦理形式的对立统一。

人之所以有伦理道德问题，首先源自于人与动物的区别。从最抽象的意义上讲，人与动物的区别在于人是一种关系中的类存在，所以在中国伦理思想史上，法家、儒家都认为：伦者，类也；理者，道也。伦与理的统一就是人作为类区别于动物种的类原理，或者说类道。人作为区别于动物种的类，其生存规律和动物种的生存规律是有区别的。动物只有感性机能，没有理性思维，所以动物的生存活动，基本上是本能性、自然性，而不是关系性、社会性，即使有些动物的生存活动存在着社会性的萌芽，但这种社会性并不是动物的本质。蜜蜂的群居生活是一种经常的具有分工协作的活动，但它的全部客观生存需要，都依靠感性机能，表现为一种生物种的遗传本能。所以，蜜蜂这种依靠生物遗传本能以实现它的各种生存需要的共同协作，在本质上是自然性而不是社会性。就动物的活动方式以自然本性为其行为的原则而言，动物的生命活动表现为与外部自然环境的统一，这同时也就决定了动物无须进行认识与改造自然的生产活动，也无须对什么东西发生关系。

然而，人则不同，人没有确定的、特殊的生物本能来满足自己的需求，这就决定了当人从动物种群超拔而出，在自身存在活动中呈现出和意识到自身个体自然力量的不足时，作为“任何人类历史的第一个前提”的个人，就会在观念和实践中展开自身超拔于作为自然存在物的局限性，在超生命的生存方式中求生存、求发展，并开始不同于动物种的那种顺应自然界的独特的生命历程。工具作为人的活动主体的超生命器官，一方面延长了人的自然肢体，弥补了人的个体自然力的不足；另一方面也使得个体生命之间发生了超生命的联系方式，即人与人之间的社会生产关系，并由社会生产关系结合成了一个有机整体，通过个体生命的联合，以群体、社会的总体力量来求生存、求发展。如果对动物来说，它对他我的关系不是作为关系而存在，那么凡是有某种关系存在的地方，这种关系都是为从事着物质生产的现实的个人而存在的。所以，人的生存活动首先是关系性、社会性与实践性的；其次，人的自然本性虽然表现为人的身心需求，但是实现人的身心需求的各种社会实践，都是通过理性认识而形成的有目的的活动，理性认识所形成的目的性，是指导人的活动的实践原则，而这种实践原则又必须体现在人对人的关系中。在人对人的社会实践关系中，人的生存活动不能以感性所生成的自然性为行为原则，而是以理性所形成的社会实践原则为活动的基础，这就有了人区别于动物的类道或伦理。

社会实践原则是伦理实质与伦理形式的对立统一，伦理实质是社会实践的客观性与人的身心需求的主观性的对立统一。从客观性看，以人的生产活动为基础的各种实践创造活动是实践原则的本源；从主观性看，各式各样的社会实践都是满足人的各种生存需要的活动。如果人的自然本性以避苦趋乐的形式反映人的身心需求，那么各式各样的社会实践都是为人的情欲需要所要求以实现人的直接的或间接的情欲需要，正是基于此，生成了人的伦理实质和人的幸福原则。幸福是实现人的自然本性的一个原则，人的自然本性直接指向人的幸福，这个要求是人的伦理基础。伦理实质作为幸福原则，它本身的践行必然表现为它自己的客观性，即表现为以生产力为基础的各种社会实践的总和，人的自然本性只有在社会实践中才能实现自己、发展自己。

然而，任何社会实践都必得体现在人对人相互作用的社会关系中，社会关系是人与人之间相互制约、相互促进、交互作用的产物。任何社会关系的生成与存在、变革与发展归根到底都必须适应生产力的发展，在这个意义上，社会关系不仅是一个由人的主体活动相互作用所构成的社会现象，而且同时是一个人对人相互作用的客观的规律体系。这个规律体系通过自稳定、自调节所生成的礼法制度与风俗习惯，构成了人的社会实践原则，并由之规定着人的社会活动的是非尺度。对任何一个社会形态来说，人的活动在这个是非尺度的界限之内就是合情合理的，其活动就是善的，凡是超越了这个界限，就是违规违法的，其活动就是恶的。因为当一种社会关系总和的系统被人权威化、对象化时，就会自觉地形成一些条文，表现为对人的行为方式进行规定与制约的礼法制度和风俗习惯。这种礼法制度和风俗习惯就是道德规范的最基本的内容，其中有些最根本的内容被法律化了，有些未被法律化的内容便逐渐形成了风俗习惯。如果违反了社会的礼法制度，就会受到法律的制裁或公共舆论的谴责。另外，以这样一些基本规范为基础，还可以形成个人的、集团的在不违反社会规范的前提下的多样化的派生体系。社会规范体系作为伦理形式是制约人行为的他律，构成人的社会实践原则。

社会规范体系根源于以生产力为基础的各种实践创造活动。因此，伦理作为伦理实质和伦理形式的统一，从客观性上看，伦理实质的内容以及它的发展水平决定着伦理形式，而伦理形式则是制约着伦理实质实现它自身的社会原则和尺度。所以，伦理形式作为尺度并不是外在于伦理实质的存在，而是伦理实质本身的内在规定性，因而伦理形式对伦理实质来说是一种自身制约。这种自身制约以伦理形式为尺度，是人的伦理之道。如果从主观性上看，伦理实质与伦理形式的统一，表现为人的自然本性的种种情欲作为伦理实质在其伦理形式中的自身制约和自身规定，它自己制约自己，以伦理形式作为实现人自己身心需求的原则。如果割裂了伦理实质与伦理形式的内在相关性，就会出现两种不同的善恶标准。其一，以伦理实质为基础的善恶标准。所谓以伦理实质为基础的善恶标准，实际上就是以人的自然本性为依据的判断标准，凡是满足人的身心需求并使人快乐的东西和实现快乐的一切手段，都是善的而不是恶的。相反，凡是使人痛苦和足以产生痛苦的一切东西则都是恶的而不是善的。然而现实是：以人的身心需求为动力的各种社会实践都必须表现与实现于人对人的社会关系之中，而社会关系的规范体系又决定着人的情欲、人的行动是否合情合理的是非尺度。其二，对以伦理实质为基础的善恶标准的否定，便有了它的对立面：以伦理形式为尺度的善恶标准。在伦理形式的是非界限内的快乐和实现人的快乐的手段是善，相反，在这个界限内的痛苦和使人痛苦的各种手段则是恶，并应给予排斥。同样，一旦超越了伦理原则这个界限，其快乐和实现快乐的一切手段也都是恶的。总之，基于伦理实质的行为合法性必须依从于伦理形式的是非尺度。

通常讲有德性的人应该是幸福的，不过依从伦理形式，抑或是基于伦理实质的幸福是针锋相对的，但这种对立并不是绝对的，而且又是统一的。在二者的对立统一中，伦理实质的所谓善恶也就是伦理形式的所谓善恶，相反也是如此，二者各在对方中就是它自身的规定性。在伦理形式的是非界限内所肯定的内容，就是肯定人实现其身心需要的那个幸福本身，伦理形式是实现人的身心需求——幸福的社会原则与规范，反之，人的善行以及对幸福的合理追求，只有在伦理原则的规定中才能成立。如果脱离或违反了伦理原则、社会规范体系，单纯基于伦理实质的行为与幸福，往往就会变成一个缺乏人性的兽行，表现为一种不合理的情欲需求。所以，伦理实质只有在伦理形式的规定与制约中，才能作为合理的情欲需求成立自身。反之，伦理形式只有以伦理实质为内容，即只有以人的幸福为本源才能成立自身，成为制约人同为人所应遵守的普遍有效的规范体系。总之，伦理实质是伦理形式的内在基础，伦理形式是伦理实质的内在规定性，二者互相渗透、对立统一。统一的结果是：人的行为原则不能从其避苦趋乐本性——幸福出发，只能从实现其避苦趋乐本性——幸福的社会原则和伦理形式的规范性、制约性出发，只有这样，其行为才是善的，所追求的幸福才是合理的。正如荀子所说：社会生活以情欲为原则而良丧者，以之于礼义而良得之矣。把人的身心需求与对幸福的追求纳入礼义的原则，便出现了以伦理形式统摄伦理实质——自然本性为其原则的伦理学说。

三

任何社会形态都是一个伦理—道德的社会体系。如果说伦理是客观存在的社会礼法制度，那么，道德则是对社会礼法制度的主体自觉。道德概念是伦理概念所固有的内在要求，真正的伦理是法和道德的统一。

黑格尔曾说："伦理学研究的对象包括伦理与道德，有时单指伦理。道德的主要环节是人的识见，我的意图；在这里，主观的方面，人对于善的意见，是压倒一切的。"① 如果说伦理形式是人行为的社会原则，是判断人之行为善恶的普遍标准，那么，这就要求人在从事某种活动时，要有所志、有所思。人有所志、有所思，意味着人的行动本身既有其目的性，包含着对趋利避害的考虑，同时在考虑利害时又要根据社会的礼法原则去

① ［德］黑格尔：《哲学史讲演录》第二卷，贺麟、王太庆译，商务印书馆1981年版，第42页。

实现之。如果人趋利避害的欲求和做人的是非尺度合二为一，其行动便不是自私的，而是为社会所认同的，亦可称为道德的。所以，道德是伦理规范内在要求的主体自觉，是实现任何伦理秩序不可或缺的环节，只有有了自觉地恪守社会伦理规范的内在道德动机，社会的伦理秩序才能存在与稳固。所以，“道德学的意义，就是主体由自己自由地建立起善、伦理、公正等规定，而当主体由自己建立这些规定时，也就把‘由自己建立’这规定扬弃了，这样一来，善、伦理等规定便是永恒的、自在自为的存在了”①。总之，道德既是对伦理规范的认同与遵守，同时又是发自于人的内心动机，脱离了对伦理原则的主体自觉与倾向于践行伦理原则的内心动机，无道德可言，其结果则是人行兽心。因此，黑格尔说：“伦理之为伦理，更在于这个自在自为的善为人所认识，为人所实行。道德将反思与伦理结合，它要去认识这是善的，那不是善的。伦理是朴素的，与反思相结合的伦理才是道德。”②

倘若道德是人对伦理原则内在要求的主体自觉，那么，道德行为不仅表面上而且内在地应与伦理原则合二为一。当然，道德和伦理也是有区别的，如果说伦理是规定与制约人的行为善恶的他律，那么道德则为发自于人的内心动机的自律，但在区别中道德自律必须反归为伦理他律，是伦理自身的一个规定性。因为道德自律是伦理他律的一个内在要求，只有在道德自觉中，伦理规范才能得以实现，无道德，伦理只能流于形式。黑格尔曾说，真正的伦理是法和道德的统一。当以社会关系总和为规范的伦理体系被法制化、权威化时，法律的强制就不仅仅是人们应当被接受的东西，而且是健全之人不能不接受的行为原则。但是单靠国家和法律的强制，靠这种方法把人纳入正常的伦理秩序还不够，还必须按照伦理规范的要求，对人进行德教，使人能够自觉地遵守伦理规范，使人意识到社会规范不是外在于他自己的东西，而是遵守自己做人的道理。遵守社会规范的他律，不是不自由，而是实现人的自身情欲、自身利益、自身价值的规定性，因而从社会看，也是遵守人自己发展的社会规律，这样才能由对规律的勉强

---

① ［德］黑格尔：《哲学史讲演录》第二卷，贺麟、王太庆译，商务印书馆1981年版，第42—43页。

② 同上书，第43页。

服从到自觉遵守。

毋庸置疑，任何社会形态都必然是一个伦理—道德的社会体系。不过从逻辑上看，伦理—道德首先是人对自身自觉的一种意识的主观能动性，通过主体自觉，使道德自觉转化为规定人的活动方向的社会实践原则。人在社会实践原则的指导下，其活动表现为社会伦理生活，进而又由之变成人的生活风俗习惯，或社会的礼法制度。然而，伦理—道德的起点是主观性，但是就人的主体自觉的客观内容来说，它却在表现着人之为人、人的社会实践之为人的社会存在与发展的客观实在性。因此，人的道德意识自觉并不单纯是一个主观性，而是通过主观性的中介又反归于不依人的意识为转移的社会发展规律，形成了伦理—道德的主客统一。就其主观性而言，它是人性必然，是一个思维和意识规律，就其客观性而言，是在反映、表现一个不依人的意识为转移的客观实在性。因此，“对象的道德价值的基础有这样两个原则：在理智中的东西无不首先以某种方式在实在之中：知识本质上是对实在的表达。在意志中的东西无不首先以某种方式在理智之中：不先行被认识的东西不会被意愿。实在产生知识，知识产生人类行为的秩序。‘善’对于意志首先就像‘真’对于理智一样。这里的重点不是驳斥价值学说，而是将其置于更广的基础之上。如果首先没有实在性价值，即‘在者之价值’，然后没有知识的价值，那么最后也就没有‘伦理性’和‘道德性’价值”①。所以，伦理—道德是以主观性或以意识的能动性为中介，而最终又建基于社会的存在与发展的实存之上，一种道德倘若不建基于社会存在与发展的实存之上，那它必然处于无根的状态，也必然会随着主体情感波动走向道德相对主义。

总之，伦理—道德作为一个整体，它有两个不可分的基本方面。一是表现、反映人的身心需求，即自然本性作为人的伦理实质。伦理实质的实践表现为以人的生产力为基础的各种创造力的总和，而各种创造力都在于满足人的身心需要。二是，伦理实质必表现在人对人的社会关系总和的伦理形式中，伦理形式是规定人的行为是否合理的伦理尺度，由此产生了伦理实质和伦理形式的相互关系的基本问题。这个基本问题表明：伦理并不

---

① ［意］鲁伊吉·博格里奥罗：《形而上学》，朱华东、詹文杰译，黑龙江人民出版社 2005 年版，第 17 页。

仅仅只属于上层建筑，因而只是一种建立在社会的经济、政治与文化条件之上的社会意识形态。伦理与社会经济、政治与文化生活之间不是一种外在的偶然性的因果关系，它作为规定与制约人的行为的社会礼法制度，是人的社会生活本身的内在规定，而道德则是人们对伦理规范的主体自觉与恪守。

（原载于《长白学刊》2008 年第 1 期）

第三编

理想的冲突：哲学的批判与改造

认知思维方式的生存论转向

认知思维方式的生存论转向，表明哲学作为人类思想的反思活动，在其发展历程中逐渐摆脱了抽象思辨的学究气，贴近现实与生活的哲学自觉。可以说，当包括马克思主义在内的西方现代哲学把现实的生活世界当作基本理论视界的同时，也确立了“实践”本身的重要性，因此便有了从近代哲学的认知思维方式向现代哲学的实践思维方式的转向。

一

近代哲学“认识论转向”的实质是确定了“我思”与认知理性的核心地位。“我思”作为反思的对象与认识批判的出发点，一方面使得哲学从对存在本身关切的古代直观哲学，转向在认知理性的意识关涉中去思考、确定存在，去解决思存、主客对立统一关系问题的近代反思哲学；另一方面，也使得它逐渐加强了对认知理性的可能性与条件的批判考察与探究，确立了认知理性及其思维方式的中心位值。这种基于“我思”的认知思维方式的显著特征是：在思存、主客剥离与对立的关系中解释世界而不是改造世界。

近代哲学的“认识论转向”肇始于笛卡尔的“我思故我在”命题。这一命题所诉诸的“我思”这一绝对必真的自明性，使先前占统治地位的存在理性让位于认知理性，确定了一种在“我思”的主观性中寻找世界与真理的最终根据的“哲学研究的全新方式”。这种要求回溯到无可置疑的“我思”中去，并在“主观性”中寻求世界与认知的最终有效性源泉的“唯我论”的认知思维方式，在近代哲学中充分显示并发挥了它的内在力量。经验论与唯理论尽管在理性的真理性与确定性的基础上存在着分歧与争端，但立足于“我思”或理性，并将其作为理性认识的出发点与归宿，作为科学知识与认知真理的确定性基础与标准，则为二者共同的哲学取向与方法论基础。这种基于唯我论的方法论在康德的先验哲学中进一步得到加强与升华，理性不仅是人的知识，而且也是人的实践的可靠性基础。

近代哲学基于“我思”的认知思维方式，必然以思维与存在、主体与客体的二元分离与对立为特征。由于追求“我思”的自明性，认知思维方式在起点上就将人置于与世界相剥离、相对立的状态，这就决定了“我思”与理性作为有关对象的认知，一开始便面对着与之相对立的对象。这样尽管认知理性确立对象并是使其所以可能的根据，但因对象同时又被确定为与认知主体相对立的超越性存在，因此，实现思维与存在、主体与客体的统一则成为认知理性的核心问题之一。经验论与唯理论分别沿着感性经验与理性观念殊途同归，都毫不怀疑地肯定了理性的自明性及其客观实在性，但是二者非批判的独断论不仅没有解决思维与存在的对立统一关系，而且在休谟的怀疑论中发展成为不可理解的荒谬。休谟不仅以非理性的习惯联想破坏了理性的普遍必然性，而且以彻底的经验主义怀疑论终结了理性的客观实在性。康德通过“哥白尼式的革命”，尽管在经验现象界恢复了认知理性统摄感性对象的客观有效性，然而，认知理性不仅未与感性对象真正达到内在的统一，而且在经验的限囿中与彼岸世界的物自体永远处于僵持对立之中。思维与存在、主体与客体，在黑格尔泛理性的辩证发展中虽然实现了统一，但这种统一却是以存在理性重新统摄认知理性，并以牺牲人的主体与理性为代价的。

毋庸置疑，近代哲学认知思维方式的出发点是自我意识的立场，基于“我思”去解决并消除思维与存在的对立，既构成了认知思维方式的特点与任务，同时也孕育了它的根本缺失。既然近代认知哲学是基于“我思”去消解思存的对立与矛盾，因而它的主要兴趣并不在于如实地反思各种对象，而在于反思与探索那些使对象成为可能的思维和理性，即反思并建立关于对象的逻辑上明证的规定系统，并使认知系统对于对象具有逻辑上的普遍性、必然性以及客观有效性。这种基于“我思”，又专注于对“我思”或理性的反思与探索，为对象与知识寻找、奠定一个确定性基础的“认识论的反思方式”，所最后确立的只是自我关涉的理性的思维活动的自我反思或“纯粹心灵”。可见，仅仅限囿在纯粹表象中的冥思苦索，必然呈现为只是解释世界而不是改造世界。

二

近代认识论哲学对“实践”的遗忘，为一个哲学新时代及其发展序列的开端奠定了基础，在揭露与超越近代哲学认知思维模式内在矛盾的过程中，激发了一场革命性的“哲学转向”，这就是包括马克思主义在内的西方现代哲学的实践思维方式的生存论转向。

马克思曾说：“哲学已经不再是为了认识而注视着外部世界；它作为一个登上了舞台的人物，可以说与世界的阴谋发生了瓜葛，从透明的阿门塞斯王国走出来，投入那尘世的茜林丝的怀抱。”①当现代哲学家们从“纯粹精神”的领域，转向现实的生活世界，从“地上”这同一场所出发时，无论是海德格尔、哈贝马斯与伽达默尔还是马克思在实践的基点定位上如何相左，他们的共同点都在于强调：实践是人所特有的存在方式，因而都是“在人的实践中以及对这个实践的理解中”，反思与阐释思维与存在，反思与说明人与自身、人与自然、人与社会的关系的。

海德格尔在《存在与时间》中对此在的现象学分析，实际上无可辩驳地确定了实践的原初性和基础性。他从人的生存论的方法论原则出发，用对“此在”的生存显露根据的展示方式取代了“我思”的逻辑推论，用一种“在世”的原本性取代了先验主体的原本性，用非理性的实践关涉性取代了理性的认知构成性。这样不仅摆脱了认知哲学的“唯我论的方法论”，以一种前所未有的新方式使自我突破了主体意识的限囿，超越了主体与客体之间的对立，而且使人的主体在其生存活动中，获得了新的内涵与本质规定性。在他那里，人的自我性变成了融身于与他人、他物打交道的“在世的存在”；单一的主体理性与意识结构变成了具有“理解”“忧虑”与“生存”三重本质规定性的“此在”的存在结构；人的先验意识的构成性变成了“此在”在其现身的情态和领悟中的开放性；“无世界的单纯主体”变成了理解的“此在”在其“释义”，在其言谈的“说”

① 《马克思恩格斯全集》第40卷，人民出版社1982年版，第135页。

与“听”中道出自身的“共同领悟”和“共同存在”的生存状态。人不再是由他的理性行为先行反省自身，然后通达他人他物的逻辑起点，并在自己的意识构成性中给自己加冕的宇宙之主，而毋宁是早已总是在有情绪的现身、领悟和言谈的实践开放性中，被抛入这个世界之中必然关涉他人、他物的“在世的存在”，以及通过自己的生存样态开显、揭蔽与澄明自身“存在”与真理的过程。由此可见，海德格尔既主张人应在其生存实践中确定与揭示自己的存在与意义，同时也在提醒哲学家们，哲学问题的揭蔽应回到实践中去。

无论伽达默尔与哈贝马斯之间存在着怎样的观点分歧，他们都以人的语言对话与交往实践为支点，并尝试以这种生存方式把主体与客体、个体与社会、理性与实践等诸方面的对立统一起来，以摆脱传统认识方式脱离现实生活世界而耽于“纯精神领域”的“自我意识的理性范式”。伽达默尔认为理解是一切人的实践行为的基础，对话是实践活动的基本模式。主体不仅通过语言拥有世界，使思维与存在、主体与客体的对立，消解并统一在语言中，而且通过语言的对话活动，使主体际的相互理解与视界融合成为可能。可以说，伽达默尔将语言与世界、语言与理解的根本关系引申并确定在人的生活实践上，不仅拓展了解释学的理论内涵，而且为它奠定了新的基础。

如同伽达默尔一样，哈贝马斯强调对话与对话逻辑也不是出于理论的旨趣，而是毫不含糊地以实践为基础，并在理论的铺展中证明了实践的必然性与必要性。哈贝马斯抓住天生就与那些通过语言中介的交往行为有关的语用学，从对话和行动能力方面来考察并界定人的主体理性，使主体理性不再是近代哲学以意识作为框架的认知理性，而是在语言沟通活动中的互属互动的实践理性。与之相应，人的理性主体也不再是一个仅具有认知功能的“先验主体”，而且还是一个包容着整个交往与活动的“实践主体”。正是由于将近代哲学所谓自反省的认知理性能力演变成语言交往的理性沟通能力，将形而上学的“先验主体”下降为“实践主体”，每个个体才会在语言交往与沟通中，被埋进相互期望、相互理解和相互肯认的社会交往网络中；每个个体经验的客观性才会一开始便结构性地与主观的、客观的、社会的三个世界相关联，与文化更新、社会整合和个人社会化的需求交织在一起，从而形成先于个体行动又指导其行动的“情境界定”

或“知识背景”。与此同时，实践主体则在其情境性介入——认知与实践双向度的开放性中，既展示出每个主体必然要在语言对话的活动中超越自身的主体性格局，作为“交互主体”而得以存在与发展；也表明社会化的个体作为“交互主体”一开始就是“一个社会生活世界”。

众所周知，马克思在哲学上的革故鼎新是科学地阐释了实践概念。马克思主义的实践思维方式既克服了传统知性的逻辑思维方式，又不同于其他西方现代哲学的实践观。它不再立足于人的单子式的独立个体，从人的个体发生学来解释人所特有的实践活动，也不再从人的某些外显迹象来发现人类与动物种的区别，以界定人类实践的内涵，而是把与人的生命需要直接相关的第一个历史活动——物质生产作为人所特有的、最基本的社会生存方式。马克思主义的实践思维方式实际上是从人类生成的实践本性来理解人的内在本性与价值，并在最基本的自由自觉的社会物质生产活动的广阔历史背景中来揭示人与自身、人与自然、人与社会之间的矛盾关系，从而达到对这些对立统一关系的辩证理解。

从人的实践本性看，人以自由自觉的实践方式占有自然，并在社会实践活动中生成为人，生成为超拔于动物种群的类存在。人的物质生产的自由自觉性，决定了人有着非生命、超生命的永恒本质。人虽没有确定的特殊的生物本能来满足自己的需要，但却使人更善于发掘、利用自然来装备、充实自己，延长自己的自然肢体，在自己有目的的生命活动中，将人的本质力量对象化于外部世界，使对象变成“人的无机身体”，使“自在之物”变成“为我之物”。人的物质生产的社会性，决定了人是特殊的个体存在，但人又并不局限于狭隘的特殊个体形态，人还有着非个体、超个体的无限存在形态。人因其特殊性而成为一个现实的、单个的社会存在物，同样通过个体生命的联合，以群体、社会的总体力量来求生存、求发展，因而人又是人同为人的“类”的社会主体的自为存在。人的自由自觉的社会实践本性，决定了人以自我为中心，但人并不闭锁于自我的牢笼，同时又融入广漠的非我天地，即人的“为我”活动，只能存在并实现于同外部世界的内在统一的一体性关系中；人的个体化生命，只能存在并实现于同他人生命的内在统一的一体性关系中。人的自由自觉的社会实践本性证明，人来自于自然，又超拔于自然。人不仅从物质生产和精神生产的维度获得自身生命的传承性、延续性与永恒性，同时又在诸种交往活动与发展中，不断克服人与人之间的矛盾、冲突和异己性，在开放、交往、理解与共识中，既获得个体的自由与解放，又在人伦统一中形成类意识并生成为类存在。

总之，实践思维方式作为马克思主义的基本思维方式，就其方法论构架而言，它揭示了人的生命活动的革命性与批判性、能动性与创造性，说明实践的反思方式，不只是以不同的方式解释世界，更是在正确地认知世界的基础上自由自觉地改造世界。就其理论指向而言，它要求从人的最基本、最直接的社会物质生产实践来理解人、人与世界的关系，这正是马克思主义的实践思维方式所具有的特殊视角。

三

实践思维方式的基本特性是由实践本身的基本特性决定的。马克思主义与西方现代哲学对人的实践活动的不同理解与界定，表明人类实践活动所具有的多向度、多层次、多样性与多义性。实践本身所具有的复杂内容、特点和结构，决定了由之所显现的实践思维方式的纷繁复杂性，也决定了由之所探索的理论问题的歧异。但是，现代哲学实践思维方式的生存论转向，就是要把人的生存实践作为人的思维的最本质、最切近的基础。从这个基础出发，既使人可以从更基本、更基础的层面来了解自己，也使哲学找到自己更深层、更广阔的生存论意义。

所以，当海德格尔、哈贝马斯、伽达默尔与马克思诉诸实践，并以实践的思维方式来思考哲学问题时，他们以人的不同生存方式表达了一个共同的价值取向：哲学应隶属于它所反映并必须回到的现实生活世界，内在于哲学的种种观念不可能由思想本身来实现。在他们看来，人的生存实践乃是人自身以及一切活动的基础。生存实践的合理性构成了人自身及一个社会的认知理论、意义价值、文化观念的基础，因而人自身以及由人的生存实践所产生的一切认知理论、社会历史、文化观念与意义价值等，都应诉诸它们所生成的根基。离开了这个根基，一切问题都将无从谈起。在这个意义上，现代哲学基于实践，以实践作为自己的反思对象，实际上既是对人的生存样态进行批判的反思，也是对人自身以及一切认知理论、社会历史、文化观念与意义价值的存在前提的反思。所以，实践思维方式无疑具有先于认知思维方式的优先性，这种优先性并非如康德所认为的那样是因为实践体现了作为理性生物的人的自由意志，而是通过现代哲学家们对人的生命活动的分析，看到了认知活动、理论观念的实践前提和基础。因此，实践思维方式的优先性无非是实践的优先地位在哲学中的确立。

与认知思维方式相比，实践思维方式的优先性表现在：在方法论的原则上，实践思维方式的出发点是基于人的生存实践，深入人类生存的具体境遇与生活世界，由此既深化了对人自身及其一切活动的理解，同时又克服并超越了近代认知理性的“唯我论的方法论”。从这个方法论原则出发，必然使之逻辑地表现为：实践思维方式是在思存、主客的对立统一关系中去思考二者的辩证统一关系，是在人与世界的认知与改造的生存交往中，来说明人与自身、人与自然、人与社会之间的对立统一关系。实践思维方式所具有的这种实践关涉性，必然使问题所及的深度、广度都远远超出了认知思维方式。它不只是限于研究人的认识何以可能及其条件，因而只是以不同的方式解释世界，而是同时又关注人何以生存与发展，及其现实的与可能的实践条件，因而更强调以自己的生存方式参与到对世界的改造中。它不只是限囿于思存之间的认知关系，而且还涉及人与他物之间的主—客改造与被改造关系和人与他人之间的主—主交往实践关系，涉及人与他物他人在实践交往关系中的价值选择、文化传承、历史演进与社会发展等多重问题。所以，基于“实践”的实践思维方式，不仅使哲学具有了实践论、认识论、历史观与价值论等多重意义，而且它所具有的广度、深度与力度都是传统认知思维方式所不能比拟的。

总而言之，生存实践不只是人的一种特殊的活动方式和生存方式，而且构成了人的存在的基本内容。作为我们生存的基本事件，生存实践本身就是生活世界与社会历史，或构成了生活世界与社会历史。如果人的生存实践、生活世界与社会历史是最基本的存在事实，那么，哲学的反思活动就必须从这个最基本的存在事实开始。哲学把实践作为自己的基础并以实践的思维方式去思考人与自身、人与世界之间的关系，表明哲学对自己本身认识的深化，为自己找到了一个新的基点，也表明哲学在其发展进程中不断地自我批判、自我否定、自我超越与自我更新，逐渐走向成熟的必然发展趋向。

（原载于《学习与探索》2003 年第 2 期）

当代实践哲学与生活世界理论

生活世界是人生存的一个基本事实，也是当代西方哲学普遍指向与关注的领域。生活世界的引入，既凸显了实践问题本身的重要性，颠倒了理论优于实践的古典关系，也引发了近代主体理性概念的根本问题。实践哲学的复兴，既表明哲学的思维方式与问题视域的转换，也表明哲学在其发展进程中对自身认识的深化、超越与更新，更表明哲学对人的生存关怀，以及对生活的贴近。

一

当胡塞尔从理性批判的角度引入了"生活世界"的概念之后，实际上也蕴含着哲学主题与根据的变化。西方哲学家不仅意识到生活世界是其哲学研究无法悬搁与回避的一个基本事实，而且将其作为自己哲学探索的出发点。

胡塞尔的重要成就之一是以现象学的方法诱发了一种从认识论的视角来建构世界的概念。在胡塞尔之前，笛卡尔特别是康德揭示了主体或意识，是世界的存在何以可能的基础。在笛卡尔那里，普遍的怀疑不仅没有使我们失去什么，反而从"我思"的实在性构建起了"世界的确实性"；而在康德那里，意识作为使经验世界成为可能的先天条件，意识的统一性正好与世界的统一性是同时的。继其之后，胡塞尔在论欧洲科学危机的文章中，从理性批判的角度引入了生活世界概念。胡塞尔针对当时自然科学客观主义遗忘自我的理想化倾向，坚持认为生活世界是现实的奠基性的层次，并将自然的生活世界引入先验的发生中来。从"生活世界"出发，胡塞尔所做的努力是"探讨绝对属己和彻底自明的基础，他想用现象学的方法来解释日常生活实践和世界经验的内在知识领域、前谓语领域和前范畴领域，以及被遗忘的意义基础领域”①。生活世界的非课题性与奠基性特征，不仅指明了一条揭示生活世界这种意义基础的途径，同时也奠定了科学与哲学的出发点与归宿。生活世界作为“原初的经验世界的领域”，对科学的划分与科学“理论—逻辑的下层结构”起着“基础的作用”；作为与“纯粹主体相关”的世界，对各种特殊的世界起着整合、“统一的作用”。② 然而，生活世界作为认识建构的产物，即从具有认知功能的单个主体构造出客体、交互主体及至整个自然的和社会的世界，不仅重新回到无懈可击的主体性之中，带有主观相对性的特征，且也遭到了来自现象学阵营内部与外部的哲学家的批评。但是，生活世界所具有的非课题性与奠基性等核心内容则启发了他的后继者并为其所继承、所发展。

从开端上摆脱认识构造的理论，立足于人的生存实践来说明生活世界的原始构成，是继胡塞尔之后哲学家们共同努力的方向。海德格尔在《存在与时间》中率先将现象学“面向实事本身”的方法论原则，贯彻于对“此在”生存论的原本性探询中，通过“此在”日常的生存方式，拓展出一片融生命与世界于一体的“共在”天地。梅洛-庞蒂在《知觉现象学》中，发挥了海德格尔“在世存在”这一概念，重新诠释了现象学的世界概念，通过个体经验之间的肉体知觉和语言交流，说明了世界不是我思的产物，而是在主体际相互知觉、相互体验、相互作用的关系纽带中，“把极端的主观主义和极端的客观主义结合在一起”的“场”。③ 维特根斯坦、伽达默尔与哈贝马斯则分别在《哲学研究》《真理与方法》《交往行动理论》等不同的著作中，殊途同归，表达了同一种思想倾向，即将语言作为一种交往活动，一种生活实践的基本形式，以“语言游戏”与生活形式的统一，生成人类社会；以语言的问答逻辑，铺陈出“经验生活的整体”；以语言交往行为的网络为媒介，构架起“交互理论的生活世界概念”④，从而在语言的本体论上的先在性、实践论上的优先性与生存论上的基础性，说明了生活形式与语言使用、行为实践与世界展现的同

① ［德］哈贝马斯：《后形而上学思想》，曹卫东等译，译林出版社 2001 年版，第 73 页。

② 《中国现象学与哲学评论》第二辑，上海译文出版社 1998 年版，第 85 页。

③ ［法］梅洛-庞蒂：《知觉现象学》，姜志辉译，商务印书馆 2003 年版，第 16 页。

④ ［德］哈贝马斯：《后形而上学思想》，曹卫东等译，译林出版社 2001 年版，第 77 页。

构性与统一性，以及生活世界背景的基础性与统一性。

无论当代西方哲学家立足于人的何种生存活动来构建生活世界，并形成怎样的哲学理论形态，“生活世界”本质上并不是一个理论的构想，而是人的生存必须面对的一个基本事实。即使胡塞尔从认识论出发来建构生活世界，但他仍坚持认为，生活世界是现实领域，是一个永远为我们预先存在的“具有原初的自明性的领域”。每个实践，每种科学，都以生活世界为前提。每个人或人的群体及其创作物，也都隶属于生活世界。生活世界不仅是通过知觉实际地被给予的、被经验到的唯一实在的世界，因而构成了规定我们确定目标、行为选择边际的“地平圈”，而且它对客观的科学世界、主观的特殊视界具有“奠基的作用”“统一的作用”。胡塞尔对生活世界的界定，以及由之所蕴含的认识与实践、世界与实践的内在关系，不仅使为传统哲学视为虚无的日常意见和行为的实践成为奠基性的层次，而且为日后哲学家从认知主体下降到实践主体，从先验领域下降到生活世界当中奠定了基础。诚如哈贝马斯所说的那样，生活世界构成的不是个体必须克服其偶然影响的环境，也不是一种把个体当作整体的一部分加以包容的容器。“生活世界是日常交往实践的核心，它是由扎根在日常交往实践中的文化再生产、社会整合以及社会化相互作用的产物。”① 人的交往实践既生成又植根于与他人他物打交道的生活世界中，因而生活世界这一概念本身所内含的行为实践与世界展现的同构性、同一性，便意味着“生活世界背景不是供我们随意驱使的，同样，我们也不能把一切都置于抽象的怀疑之下”②。和一切非主题知识一样，生活世界所具有的当下而潜在的直接性，不仅赋予我们生存所依赖的背景知识，并成为我们所处的世界的解释坐标或表现坐标。这种背景知识由共同的言语情境构成了一个中心，将“个体的生活历史和交互主体的共有的生活形式都一同交织在生活世界的结构之中，并且一同参与着对生活世界的总体化”③。生活世界的直接性与总体性的统一表明：生活世界表面上看起来是透明的，但实际上它却是一个诸如社会与历史、仇视与信赖、真假与善恶等各种要素相

① ［德］哈贝马斯：《后形而上学思想》，曹卫东等译，译林出版社2001年版，第86页。

② 同上书，第78页。

③ 倪梁康：《现象学及其效应》，生活·读书·新知三联书店1994年版，第351页。

互混杂、相互纠缠在一起的整体，因其非对象性的整体性避免了被认识或理论作为对象加以把握，而犹如一片无法穿透的“灌木丛”。尽管如此，生活世界是我们无法质疑而又不得不面对的生存现实与背景知识。社会的各种部分：文化模式、合法制度与个性结构生成于斯，也发展于斯，各种生存视界、各种价值的文化解释系统的分化与歧异，也只有在生活世界的经验语境中才能得到整合、统一并获得秩序化，所以无视或试图悬置这个基本事实的哲学必定会为生活世界所淘汰、所悬置。

二

人的行为实践与生活世界的同构性与同一性，凸显了实践问题的重要性，由此也便有了所谓“实践哲学”的复兴。在复兴实践哲学的口号下，无论当代实践哲学隐藏着向外作用的动机是什么，也无论在实践的基点定位上存在着怎样的分歧，但是从根本上说，当代实践哲学的问题域与理论包容量都是传统实践哲学无法比拟的。当代实践哲学本身虽然表现为理论形态，不过它的指向却是实践的，并试图以实践的思维方式——“在人的实践中以及对这个实践的理解中”，来反思人的实践行为及与其相关的一切基本问题。

如果生活世界是最基本的存在事实，那么哲学思辨必须从这个基本事实开始，如果说生活世界与人的行为实践具有同构性与同一性，那么实践必然进入哲学视界，并成为哲学的主题，从而一改传统哲学重理论、轻实践的倾向。从欧洲大陆到英美哲学界，哲学家们从不同的文化背景出发，从不同的角度与层面触及实践问题。在德国，尽管人们总是习惯于把海德格尔的哲学与形而上学相提并论，然而，正是海德格尔在把胡塞尔的意向性意识行为变为自我的事实意向性时，不仅使生命与世界具有一种根本的内在关系，而且使生命概念具有了实践的含义。海德格尔对此在的现象学分析，实际上无可辩驳地确定了实践的原初性和基础性。他从人的生存论的方法论原则出发，用对“此在”的生存显露根据的展示方式，揭示了人不仅早已总是在其有情绪的现身、领悟和言谈的实践开放性中，被抛入并组建着与他人他物的“共在”世界，而且只有通过人自身的生存样态开显、揭蔽与澄明自己的存在与意义。海德格尔的哲学显然是一种对人的生命实践的洞见，它不仅深化了实践哲学的一些基本问题，将实践哲学提高到一个新的层面，也直接推进了实践哲学的复兴。继之，伽达默尔与哈贝马斯“都试图把偶像化的抽象理性重新放回到其语境中，并把理性定位在它所特有的活动范围内”①，从而以人的语言对话与交往实践为支点，来思考与说明语言与世界、文化与历史、社会与实践等诸方面的哲学基本问题。在法国，萨特基于个体实践的“人学辩证法”，梅洛－庞蒂立于知觉行为的“知觉现象学”以及列维纳斯的“第一哲学”即伦理学都显示了对实践问题的眷注。而以维特根斯坦为代表的英美行为理论对语言行为的分析，则与欧洲大陆的实践哲学复兴有着异曲同工之妙。在后期维特根斯坦的哲学中，语言被喻为“语言游戏”不再是主体意识的产物，而是一种生活实践或“生活形式”。“语言游戏”作为“生活形式”，不仅指明了语言与社会的实践—存在关系，而且凸显了语言的实践性质。

实践问题的凸显，随之而来的是哲学的思维方式与问题域的转变。虽然当代哲学家关于实践并没有一个统一的认识，但是他们却以人的不同生存方式表达了一个共同的价值取向：诉诸实践，并以实践的思维方式来思考哲学问题。所谓实践的思维方式就是从人之为人的自身存在根源去理解人自身，“从现实的、有生命的个体”的基本生存活动去理解人与社会、文化与历史等。所以，哲学应隶属于它所反映并必须回到现实的生活世界，内在于哲学的种种观念不可能由思想本身来实现，而应当在生活世界的实践中把自己呈现出来，并在历史形态中使自己丰富起来。因为实践行为不只是人的一种特殊的活动方式和生存方式，而且构成了人存在及其生存境遇的基本内容。人的生存实践乃是人自身以及一切活动的基础。生存实践的合理性构成了生活世界的各个部分，如文化模式、合法制度以及个性结构等的基础，因而文化、社会及个性结构等，都应诉诸它们所生成的根基——实践—行为，离开了这个根基，一切问题都将无从谈起。在这个意义上，当代哲学最终颠覆了理论与实践之间的古典关系，确定了实践思维方式具有先于认知思维方式的优先性，而实践思维方式的优先性无非是实践的优先地位在哲学中的肯认与确立。当代哲学基于实践，以实践作为自己的反思对象，实际上既是对人的生存样态进行批判的、基础的反思，

① ［德］哈贝马斯：《后形而上学思想》，曹卫东等译，译林出版社 2001 年版，第 7 页。

也是对人自身以及一切认知理论、社会历史、文化观念与意义价值的存在前提的反思。所以，当代实践哲学既不同于只研究认识可能性与条件的传统的理论哲学，也绝不同于只研究人际行为的原则而仅限囿于道德与政治领域中的狭义的实践哲学，而是在反思与研究人的生存实践过程中，深入人类生存的具体境况而着眼于人的生存与命运，从原始的、最基本的生活事实来揭蔽人生与社会，解读文化与历史，因而它所涉及的问题域，无论从深度抑或是广度，都是古典实践哲学所无法比拟的。

实践思维方式的基本特性是由实践本身的基本特性决定的。当代实践哲学对人的实践活动的不同理解与界定，表明人类实践活动所具有的多向度、多层次、多样性与多义性。实践本身所具有的复杂内容、特点和结构，决定了由之所显现的实践思维方式的纷繁复杂性，也决定了由之所探索的理论问题的歧异。但是，当代哲学实践思维方式的生存论转向，就是要把人的生存实践作为人的思维的最本质、最切近的基础。从这个基础出发，既使人可以从更基本、更基础的层面来了解自己，也使哲学找到自己更深层、更广阔的生存论意义。

但是，这绝不意味着当代实践哲学对实践的理解，完全超越了传统实践哲学的樊篱。首先，它仍习惯于从人的某些外显迹象，诸如社会的意识、文化、语言等侧度来界定实践的内涵，并将意识活动、文化活动与语言符号活动等作为区别于动物生命活动的人所特有的生存方式，作为人类社会进化与发展的最基本的、最原初的社会行为。其次，立足于人的单子式的独立个体，从人的心理的、生理的个体发生学来解释人所特有的实践活动。无论是胡塞尔通过意向性、意向性行为、意向对象三位一体来构成主体化、价值化的实践哲学，抑或是海德格尔以一个“此在具有生命活动的个人”的生存活动，还是伽达默尔尤其是哈贝马斯从人的个体语言资质的发生学，来解释人的语言对话与社会交往行为的实践哲学等，在实质上都是个体化了的实践。最后，当代实践哲学的局限性，究根寻源在于它对人的理解方式上并没有超越传统哲学的限囿，即按照理解动物种的知性逻辑和理性思维方式来把握人的类，从人与动物相区别的某一特定机能、某一特殊的活动现象来理解人，把人和人的生命，只是理解为一种由某一专门化的行动器官——生理或心理所具有的意识的或语言的先天结构与功能所决定的特种生命存在形式和特殊的生命活动。

在一定意义上，当代实践哲学与传统哲学一样，的确从人的身心结构与功能的某一特异规定性，人类活动的某一环节，发现了人类与动物种的区别及人类社会活动与动物种生命活动的区别。但是，当他们将人界定为有意识、会说话的动物，因而是唯一能够在其生存活动中探询和言说“存在的意义”和“存在真理”的主体，是唯一能够在其符号化的活动中超越自然，创造其生存的“文化世界”“意义世界”及“生活世界”时，在实质上并未抓住人之为人的类的根本性、原初性。当他们将意识活动、文化活动与语言符号活动等作为区别于动物生命活动的人的特有的生存方式时，这实际上仅仅是从具有多义属性的复杂的社会实践活动的一个层面、一个侧度、一个环节来分析人的社会生存活动，完全忽略了意识活动、文化活动、语言符号活动及其他一切社会活动，都以物质生产实践为其形成与发展的“历史的真正基础”，并受它的制约。所以，它既无法把握人的真正生成本源与人的类本性，也无法理解人的类活动与动物种的生命活动之间的本质区别，而只是看到由人的物质生产进一步所产生、所形成的与动物种的生命活动相区别的某个社会活动环节，或某一实践层面。那么从人的社会历史活动的某一中介环节、某一实践层面出发，并将其所构成的某种规范性原理作为人类社会历史一以贯之的基础和总体性指导原则，来说明人与人、人与社会、人与世界之间的关系时，就容易在片面夸大某一社会活动环节、某一实践行为的分析与研究中，使其理论带有“方案”的色彩。

总而言之，生存实践不只是人的一种特殊的活动方式和生存方式，而且构成了人的存在的基本内容。作为我们生存的基本事件，生存实践本身就是生活世界与社会历史，或构成了生活世界与社会历史。如果人的生存实践、生活世界与社会历史是最基本的存在事实，那么哲学的反思活动就必须从这个最基本的存在事实开始。哲学把实践作为自己的基础并以实践的思维方式去思考人与自身、人与世界之间的关系，表明哲学对自己本身认识的深化，为自己找到了一个新的基点，也表明哲学在其发展进程中不断地自我批判、自我否定、自我超越与自我更新，逐渐走向成熟的必然发展趋向。

（原载于《学习与探索》2005 年第 2 期）

马克思主义场域中的哲学改造与冲突

在世纪之交，英国 BBC 广播公司曾做的一项调查结果显示，马克思位居 20 世纪最伟大的思想家之首。马克思主义所引发的国际共产主义运动虽由高潮走入低谷，但是他的思想、“主义”则仍为世界诸主流哲学关注与研究、批判与继承、扬弃与发展，从而生成了马克思主义场域中的哲学改造与冲突。马克思主义场域中的哲学改造与冲突主要表现在三个方面：一是对马克思主义经典文本的考证与解读，及由之产生的对其著作前后期关系的争执与分歧；二是对马克思主义辩证法的否定与改造；三是基于不同的哲学观，对马克思主义思想主题的修正与转换。

一

对马克思主义经典文本的考证与解读，无论在我国学界，抑或在西方学界，历来存在着一种划分标准，即以 1845 年为界，把马克思的著作划分为早期与晚期。根据这种划分，形成了两种不同的观点：一派认为在马克思的早晚期著作之间存在着一个根本的断裂，因而马克思不同时期的思想存在着质的区别性，存在着一个由“青年马克思”向作为马克思主义者的马克思的发展过程；另一派则基本倾向于马克思思想发展的统一性、连续性，因而把马克思不同时期的经典文本看作是逐渐演进且本质上统一的著作。

在西方，以阿尔都塞为代表的结构主义的马克思主义和以拉克劳、墨菲为代表的后马克思主义是“断裂论”的典型范例。阿尔都塞认为，马克思的著作并不是由一个论述范畴组成的首尾一贯的整体，而是在其早晚期著作之间存在着一个“认识论断裂”，存在着由 1845 年的“意识形态”

阶段向1845年以后的“科学”阶段的过渡。这种观点实际上得自阿尔都塞狭隘的结构主义整体论的解读法。当阿尔都塞从“依据症候的阅读法”出发，来挖掘、表述马克思原著中业已表述出来和未曾表述出来的思想结构时，为维持解释形式的完整性，就不得不撇开与其方法所得出的解释相冲突的材料与事实。这种通过方法而不是基于材料、事实来解释文本的做法，必然导致马克思科学历史理论只能以“断裂”的方式产生，从而使之形成以意识形态和科学相对立的独特观点和方式，强调成熟的马克思的科学历史理论和青年马克思的人道主义、马克思的“多元决定论的矛盾”辩证法和黑格尔的一元决定论的矛盾辩证法的“认识论断裂”，而不是它们之间的联系。这种“断裂”所导致的直接后果是：一方面，将以往的思想体系视为虚假的“意识形态”给予抛弃；另一方面，仅仅坚持马克思历史理论本身的整体性或特殊性，而不借助于这种“理论实践的理论”以外的任何东西。因而反对从主体性和人道主义角度去寻找马克思的理论渊源，反对从黑格尔的辩证法思想中去寻找马克思辩证法的“合理内核”；指责把马克思主义人道化，把黑格尔概念推演式的方法作为马克思主义的灵魂，把马克思主义当作“经济决定论”的诸种做法，都是对马克思主义的曲解。然而，一旦漠视了马克思的科学历史理论在其发展过程中同其他思想体系之间存在着不依人的意志为转移的客观逻辑关系，便会导致以解释者的主观意志为转移的认识误读与谬解，且必然“走的是一条孤独的道路”。

后马克思主义者拉克劳与墨菲对马克思著述的解读，既不新奇，也无创造性。她们置马克思主义于各种荒诞不经的对立程序中，对其进行着拙劣的模仿与歪曲。在她们看来，马克思主义并不是一种同质的、单一的社会批判理论，19世纪后期及20世纪马克思主义理论的发展特点，就是围绕着马克思著述的分界与对马克思著作不同解释的争论与冲突表现出来的。马克思著述的不完全性、不一致性及其矛盾性，不仅易于引起争论，而且对其著作进行解释的具体化，也易于生成与马克思的本意相背离的各式各样的特定理论。实际上，后马克思主义正是在与传统的马克思主义相敌对，或在对经典马克思的著述进行有选择的、“独特的”解读与修正中的马克思主义思想的思想变体。诚如格拉斯所说：“她们对一些主要的马克思主义思想家所作的解释，是对这种传统的拙劣模仿和歪曲，它简化和贬低这种传统，并对它的许多观点加以歪曲。”所以，由之所形成的所谓“超越”了“经典马克思主义”的当代激进政治学，不过是“一种容易使人误解的、暧昧不明的马克思主义‘模型’，并且根据这种模型为解放政治的精神进行辩护。这种背离马克思主义起源和观点的暧昧不明和多样性，只能使马克思主义变成一种更加难以界定的构想”①。

马克思的早晚期著作是否断裂？“断裂论”的直接佐证是恩格斯曾说：《关于费尔巴哈的提纲》“作为包含着新世界观的天才萌芽的第一个文件”②，标志着马克思的新世界观理论的诞生。然而，即便如此，也没有必要以这篇作品为界，把马克思 1845 年以后的著作看作是与以前思想的一种彻底决裂。因为即使马克思思想中发生了最彻底的变化，也伴随着对他早期思想的各种承继。因此，问题并不在于断裂与否，而在于早晚期著作之间连续性的程度。如果仔细研讨马克思早期和后期的重要著述，就不难发现，不仅马克思的思想发展没有明显的中断，而且他早期著作中所关涉的各种主题，诸如现实的社会问题、实践问题，以及与辩证法相关的那些主题，也都在他晚期的著作中得到继续研讨与发挥，从而表明马克思思想发展的连续性。从《1844 年经济学哲学手稿》中实践对理论的优先地位，中经《神圣家族》用实践与社会关系去看人的本质，到《关于费尔巴哈的提纲》和《德意志意识形态》中以实践概念作为中心论题，并用生产这样更加具体的术语去理解人，说明人与社会的本质，其间既有马克思对旧哲学的“清算”，同时也贯穿着马克思主义以实践为基础的唯物史观的形成、演进与发展。再往后，实践的观点与社会物质生产作为唯物史观方法的核心，不仅是马克思 1857—1880 年这个时期一些重要著作，如《政治经济学批判大纲》《政治经济学批判序言》《剩余价值理论》与《资本论》的主要论题，而且还被贯彻到对政治经济学以及资本主义的分析批判中。由此可见，尽管马克思在不同时期的研究文本中有不同的侧重点，但是生活与实践的观点作为马克思主义的哲学基础，则始终是其研究历史与社会的决定性成分。这就足以证明马克思早晚期著作之间思想发展

① ［英］P．雷诺兹：《后马克思主义是超越马克思主义的激进的政治理论和实践吗?》，《世界哲学》2002 年第 6 期，第 56—57 页。

② 《马克思恩格斯选集》第 4 卷，人民出版社 1972 年版，第 208—209 页。

的连续性，也向任何宣称马克思早晚期著作之间存在着根本断裂的观点提出了挑战。

二

辩证法是马克思主义活的灵魂，用辩证法分析与解决社会现实与理论问题，既是马克思主义的力量所在，也是应为马克思主义的后继者发扬光大的鲜明特点之一。然而，辩证法在诸如存在主义、结构主义、分析哲学等与马克思主义嫁接、“联姻”过程中，却遭到了这些号称马克思主义后继者的改造与曲解。对辩证法的背离远甚于对它的继承，否定远甚于对它的肯定，已成为不争的事实。

众所周知，萨特《辩证理性批判》并没有放弃《存在与虚无》的原则，不过是把那些存在主义的原则应用到对社会中的个人生存的微观分析。在本书中，萨特孜孜以求的就是要找到一种方法，使实际生活在家庭、工作、社会中的个人重新成为马克思主义的注意中心，从而用“人学辩证法”代替“唯物辩证法”。在萨特看来，马克思主义在方法论上存在两个缺陷；一是辩证法的自然化；二是辩证法的客观化。因此，他责难恩格斯的自然辩证法，抹杀了历史的辩证必然性和自然的分析必然性之间的区别，使辩证法变成一种不可理解的非人性化的命定论。他赞赏马克思的伟大功绩在于通过劳动，揭示了社会历史发展的“辩证法”。但是，他批评“辩证思想自马克思以来更多地关心自己的客体而不是关心自己”①，更多地注重历史的总体而不是现实的个体。所以，“马克思主义的缺陷”使萨特决定改造辩证法，即通过一些确定的行动，根据一些原则，来说明社会历史进步的总体化。改造辩证法的一个重要原则是，必须把辩证法重新引导到它的源头——个人实践。通过对个人实践的研究，既关注历史总体，又关注构成历史总体的个人。在萨特看来，马克思主义的基本方法是前进式的研究方法，即只注重对社会历史的结构做宏观分析，而缺乏对具体对象逆溯式的微观探究。然而，存在主义新的“探索性”方法，“既是逆溯性的，又是前进性的”。存在主义的逆溯—前进法，是在对象与时代

① ［法］萨特：《辩证理性批判》，林骧华等译，安徽文艺出版社1998年版，第3页。

之间的不确定的“双向往复”运动，即“在深入了解时代的同时逐渐确定个人经历，在深入了解个人经历的同时逐渐确定时代”①。个人与历史的辩证统一，既可以揭示辩证法为什么和怎样内在于历史之中，“把辩证法确定为人学的普遍方法和普遍规律”，又可以创造一种关于具体的人的马克思主义理论，从而填补马克思主义“具体人学的空白”。

如果说萨特对辩证法的改宗是与存在主义原则联姻的结果，那么，阿尔都塞对辩证法的曲解则是与结构主义嫁接的产物。在阿尔都塞看来，马克思的理论革命不仅在于它同一切人道主义的意识形态发生了“认识论断裂”，还在于它同黑格尔的辩证法实行了彻底“决裂”。阿尔都塞认为，黑格尔的辩证法完全取决于一个根本前提条件，即简单的原始统一体通过否定作用在自身内部不断发展，而在它的整个发展过程中，在它每一次更加“具体的”总体时，它所恢复的无非还是那个原始的统一性和简单性。因此，其辩证法的模式是简单的、非辩证的。马克思完全摒弃了黑格尔的辩证法结构，用具有诸多矛盾的复杂结构的多元决定的辩证法取代了黑格尔由单一矛盾的“母型”所构成的一元决定的辩证法。马克思认为，在社会历史的发展过程中，有许多矛盾在起作用，并为同一个目的在起作用。矛盾不再具有单一的含义，它的定义、作用和本质反映着矛盾同整个社会复杂整体的不平衡的结构关系。它在同一项运动中，既规定着社会形态的各方面和各领域，同时又被它们所规定，由此矛盾便获得了复杂的、有结构的和不平衡的规定性，从而形成了马克思矛盾的多元性和特殊性，划清了马克思的“总体”与黑格尔的“总体”之间的界限。黑格尔的总体是由单一的矛盾构成的简单的“精神”统一体，因而它的异化和现象无论在表面上是多么复杂，但实际上是平等的、相同的、无差异的。马克思的总体是由多元矛盾构成的有结构的复杂统一体，即一种具有多环节和主导结构的现实统一体。在这个统一体中，每个矛盾、结构的每个基本环节和主导结构中各环节的一般关系，都是复杂整体本身的存在条件。每个矛盾、每个层次都在一个占统治地位的主导结构的支配下，既参与对整体结构的规定，同时又被结构所规定。因此，在马克思那里，决定着对象发展的，不再是任何原始简单的统一体，而是有结构的复杂统一体。所以，

① ［法］萨特：《辩证理性批判》，林骧华等译，安徽文艺出版社1998年版，第109—110页。

马克思并不是简单地把“头足倒置”的黑格尔辩证法“颠倒过来”，并用相同的方法去研究不同对象的性质，而是全面地“改造”了黑格尔的辩证法结构，改变了研究对象，创立了多元决定的科学历史观。由此可见，阿尔都塞不仅用结构主义的方法重新解释了马克思主义，对马克思主义得出了许多与众不同的结论，并且对马克思的辩证法进行了结构主义式的曲解。

方法论问题是分析学派的马克思主义的基本外观特征，也是该学派宣称要探寻马克思主义“微观基础”的基本武器。当该学派“赞同抽象方法的必要性”，运用现代数学、数理逻辑和模式建构等现代科学工具去“分析”马克思主义的理论命题时，实际上已经背离了辩证法。无论是以柯亨为代表的功能解释法，抑或是以埃尔斯特为另一方的“方法论的个人主义”和理性选择，概莫能外。柯亨在《卡尔·马克思的历史理论》一书中，按照分析哲学的逻辑分析法与功能解释法对历史唯物主义的“分析”与辩护，不仅未能真实可靠地揭示马克思主义的理论，使其获得公理性的说服力，反而使历史唯物主义的社会发展辩证法在抽象的思维逻辑、功能解释的思维框架中扭曲、变形，因而对历史唯物主义理论的功能解释与辩护的科学性与可行性，均遭到强烈的质疑与争论。以埃尔斯特为首的“反功能主义派”认定，“历史唯物主义理论中的功能解释”，既缺乏科学性，也缺乏微观基础。其一，在社会科学中，无法找到任何类似生物学中的“自然选择的机制”是功能解释的适当例证。其二，马克思主义理论中的功能解释，不是科学而是目的论的产物。这种目的论倾向是马克思主义辩证法的致命错误，因它只是停留在推理层面而“没有具体形式的逻辑和解释”，缺乏微观基础。因此，他们提出以“方法论的个人主义”和理性选择原则来重新审验马克思主义的基本原理，试图在以个人的行为为基点的方法论原则、理性选择原则与博弈论的“交替使用”中，既保卫马克思主义的科学性，又建立起它的微观基础。然而，这种将解释社会现象、结构及其变化，诉诸个人的行为及其理性选择，将马克思主义基本原理的有效性，特别是将阶级与剥削等理论，诉诸博弈论演绎机制的独树一帜，最终却为了方法论的神圣而付出了高昂的代价：马克思主义的辩证法为这种现代社会科学工具所取代，千变万化的社会现象在博弈论的数学模式的推演中被简单化、抽象化。然而，历史唯物主义的基本原理是对历史发展的辩证法的总结与概括，所以，其本身既是一种经验性理论，也是一种方法论。它的正确性、辩证性均应由历史来验证，而不需要由其他思维方式来证明，尤其是那些尚未定论的思维逻辑。

三

歪曲与改造辩证法，只是变换马克思主义哲学主题的前奏。马克思主义的哲学主题，在不同的哲学方法、不同的哲学语境的解读与诠释、修改与重塑、嫁接与联姻中，必然形成不同的甚至完全对立的所谓马克思主义哲学观。萨特立足于个人实践的存在主义的马克思主义，阿尔都塞关于“无主体”的社会存在与发展的结构主义的马克思主义，以及哈贝马斯基于语言交往实践的社会发展理论等，实际上都是对马克思主义的改造，或改造了的马克思主义哲学。

在西方，各式各样改造了的马克思主义的冲突与对立，主要表现为人道主义的马克思主义与反人道主义的马克思主义之间的矛盾与纷争。前者肯定马克思早期著作中的人本主义思想与异化理论，强调人的主体性、人的主观意识在社会发展进程中的决定作用，在对马克思主义的改造过程中，力图将马克思主义人道化。存在主义的马克思主义便是如此。众所周知，《辩证理性批判》是萨特力图从《存在与虚无》中的“存在主义偏见”向马克思主义靠拢，完成“具体的马克思主义”制作的代表作。在该书中，萨特认为在马克思的历史客观性的全面理论中，还缺少对个人实践的主观性进行“微观分析”的局部理论。因此，“具体的马克思主义并不存在”，还“有待制作”。萨特指责当代马克思主义者不仅没有完成这种制作，反而在整体化、普遍化与抽象化的思考中，完全失去了人的含义，枯竭了马克思主义。那么，存在主义作为接近现实的唯一的具体哲学，就是要在马克思主义这块土壤为它提供的范畴之内，通过对个人实践的“微观分析”来完成这种制作。存在主义的前进—逆溯式对个人实践的回归，就是要说明社会是个人实践的集合体，历史是个人实践的总汇，社会是基于个人实践的“辩证的”发展过程，从而建构一种“结构性的、历史性的人学”，以填补马克思主义“具体人学的空白”。

批判“人道主义的马克思主义”，保卫马克思主义的纯洁性，是被誉为继萨特之后“第二个最好的”“想象的马克思主义者”阿尔都塞的奋斗目标。他在《保卫马克思》一书中，以其独特的结构主义方法，在对马克思主义的研究与诠释中，否定马克思早期著作中的人道主义观点，拒斥人的历史主体地位，无视主观意识的能动性，强调马克思主义不是一种人本学，而是一门历史科学。在他看来，历史唯物主义的创立，标志着马克思主义同人道主义的彻底决裂，同时也标志着一种崭新的科学历史观的诞生。历史唯物主义之所以是科学的，就在于它“打破了作为本原、本质和起因的‘主体’这一范畴”[①]，以理论出现的不再是人的概念或人道主义的概念，而是社会形态、生产力、生产关系、经济基础、上层建筑等这类全新的概念，从而以一个新的总问题，一种新的提问方式，创立了一门新的历史科学，即历史不是有主体的主体运动过程，而是无主体的客观运动过程，不是经济归根到底起决定作用的一元历史观，而是经济、政治、法律、意识形态等因素之间复杂的、不平衡发展的多元历史观。

用不同的哲学观挪用、嫁接马克思主义并最终颠覆它的哲学主题，也是法兰克福学派的理论取向。哈贝马斯重建历史唯物主义的勃勃雄心，表现为用语言、交往弥补经典马克思主义的缺憾，并取代了劳动的基础地位，因而建筑在交往理性基础上的社会批判理论不是超越马克思而是将马克思主义引向了歧途。马尔库塞发展马克思主义的路径是：把弗洛伊德精神分析学派所揭示的“具体而深刻”的关于人的本质的学说“结合”到马克思主义之中，即将人的本质归结为爱欲，劳动变为人的自觉的“爱欲活动”，因而解放劳动就是解放爱欲。这种把弗洛伊德的爱欲论补充到马克思的劳动解放论，把爱欲解放与劳动解放相提并论的“综合”，归根到底不是深化而是庸俗化了马克思主义。

如果说上述学派的理论重构还存在着一种修正与维护马克思主义的努力，那么在后马克思主义的理论变式中，开辟的则是一种新方向的冲动。这种冲动表现为对马克思主义的主要特征进行挑战、重新解释或加以拒斥，把一种激进的、参与式民主，作为超越马克思主义宏大阶级叙事与社会变迁的话语主题，重新把分析的焦点从各种整体主义的社会分析，转向了存在于不同和特定的社会系统和社会子系统、亚文化脉络，以及存在于各种制度和过程内部的、不同身份之间的关系分析。诚如英国哲学家雷诺

① 黄颂杰：《西方哲学名著提要》，江西人民出版社2002年版，第709页。

兹所说："为了鉴别研究的主题，可以说后马克思主义是激进多元论政治、民主政治以及身份政治、社会分工政治的异质扩散和传播，而不是阶级、后结构主义、后现代主义对宏大理论和社会规划的拒斥。后马克思主义的共同点在于，对马克思主义理论的某一个或更多主要特征的习惯性拒斥，这些特征包括：唯物史观，作为社会动力和方法的辩证法，作为人类社会的主要组织特征的阶级与生产方式，作为现代社会发展中的宏大叙事的资本主义和阶级政治，以及可以产生超越主观立场的真知灼见的单一的科学分析的概念。"①因而，"后马克思主义公认的名言是：马克思主义的缺陷已经不可挽回了"②。它的方法论的缺陷、理论上的超决定论，以及共产主义政治实践上的"失败"，已证明现在不应是对马克思主义进行修正与维护，而是批判与超越了。然而，后马克思主义并没有超越马克思主义，无论凭借其解构性和话语性的方法论，还是激进的解放政治理论和实践，都没能对马克思主义提出任何严肃的理论挑战和政治挑战。

总之，各式各样的西方马克思主义实质是在认同、修正、反对马克思主义的同时又依靠马克思主义而提出与建构自己的哲学体系，无论它是在"保卫马克思"主义的纯洁性的同时又曲解了马克思主义，还是在"填补"马克思主义的所谓"空白"的同时又篡改了马克思主义；无论它是在继承与发展马克思主义的同时又另辟蹊径，抑或是在否定与拒斥马克思主义的同时又走向失败，都是马克思主义"原始语境"的变调。这些变式对我们今天重读并期望"回到"真正的马克思主义，发展与"接近"真正的马克思主义的启示是什么呢？如果说马克思主义绝不是离开世界文明大道而产生的一种故步自封、僵化不变的学说，相反它是发展的、开放的理论。那么，它的理论视角和理论内容不仅要随着时代的前进与实践的深化不断扩展，同时也决定了马克思主义哲学既要批判整合以往时代的文明成果，也要批判整合人类认识的最新成果。

（原载于《文史哲》2005年第5期）

① ［英］P．雷诺兹：《后马克思主义是超越马克思主义的激进的政治理论和实践吗?》，《世界哲学》2002年第6期，第58页。

② 同上书，第61页。

存在主义化的马克思主义

——述评《辩证理性批判》

萨特的《辩证理性批判》（1960）是一部晦涩难懂而又争议颇多的社会历史论著，它那令人眼花缭乱的分析同其离题万里的议论，总是使人难以捕捉住他的论述思路，但这并不影响在其曲折的思路和论述的沙漠中潜藏着他从《存在与虚无》（1943）中的“存在主义偏见”向马克思主义靠拢的抱负。《辩证理性批判》的全部热情在于说明：社会是个人实践的集合体，历史是个人实践的总汇，社会历史是基于个人实践的“辩证的”发展过程。个人实践的可知性决定了社会历史的可知性。因而，萨特的主要任务就是“寻找认识历史的工具”和“制造历史的工具”，建构一种“结构性的、历史性的人学”，以填补马克思主义“具体人学的空白”。

一　存在主义的评判

在《辩证理性批判》中，萨特盛赞马克思主义发现了劳动，对人类社会历史做出了唯一有价值的解释。在他看来，马克思主义的根本发现在于：它将劳动作为历史的现实。劳动是人在特定的社会中和在特定的物质条件下，通过使用特定的工具，并由之组织社会关系的实在基础。劳动的意义在于：一方面“以物质的手段影响物质”，克服物质匮乏，保障生存繁衍；另一方面，通过对自然的作用，形成“人与人之间关系的最初形式”，形成完全区别于自然界的“辩证的”社会发展史。在此，萨特和马克思一样，注意到了人类活动的基本方面：劳动；注意到了人类靠劳动创造了“辩证的”社会发展史。但是，当萨特把匮乏作为人类进行劳动的根据，用社会历史的“辩证性”来否定自然的辩证性时，又远离了马克思主义，因为马克思只是偶尔提到过匮乏问题，并且也只是为了使它依附于阶级状况。另外，马克思主义不仅承认历史的辩证性，同样也承认自然的辩证性。萨特认为自然中只有必然性而无辩证性，其理由是：第一，自然界没有像在社会中那样的人的实践的总体化与异化；第二，自然界远离并外在于人们，因而对它只能有或然的知识，不像社会历史是由人们自己创造的，并可以“从内部”认知它，他说马克思的伟大功绩就在于通过人们的劳动，揭示人类社会历史发展的“辩证性”。但恩格斯却在责难黑格尔把思维规律强加于物质之后，又把“社会世界”中的辩证法搬到自然界，使社会和自然都服从统一的三条辩证法规律，抹杀了历史的辩证必然性和自然的分析必然性之间的区别，使马克思主义的辩证法变成了一种不可理解的非人性化的命定论。

萨特主张，要说明辩证法为什么和怎样内在于社会历史中，就必须把辩证法重新引导到它的源头——个人实践。通过对个人实践的研究，既可以“把辩证法确定为人学的普遍方法和普遍规律”，又可以创造一种关于具体的人的马克思主义理论，从而填补马克思主义“具体人学的空白”。萨特认为马克思在对社会现象进行分析时，注重的只是对社会总体方面做“宏观的分析”，在其历史客观性的全面理论中，还缺少对个人实践的主观性进行“微观分析”的局部理论。因此，“具体的马克思主义并不存在”，还“有待制作”。萨特指责当代马克思主义者不仅没有完成这种制作，反而完全枯竭了马克思主义。他说，存在主义作为接近现实的唯一的具体哲学，就是要通过对“那种产生个人以及个人在一定阶段和一定历史时期的一定社会之中的产物的过程”的“微观分析”，来完成这种制作。

二　存在主义的制作

（一）个人的实践：匮乏与惰性

萨特说存在主义在研究社会历史时，就是“要从全面的具体出发，而达到绝对的具体”①，所以，它的研究方法和马克思主义的思维运动相

① ［法］萨特：《辩证理性批判》，徐懋庸译，商务印书馆 1963 年版，第 17 页。

反，首先是从抽象的实践中碰到的个人出发，然后通过逐步深化的条件去发现这个个人和其他个人在实践方面的整个联系，同时用这个办法去发现各种实践多样性的结构，进而通过这种实践的多样性和各种矛盾的斗争，去发现历史性的人这个绝对的具体。

所谓从直接的个体实践出发，就是从“我思”出发，因为个人实践最初只是对自身活动有大体了解的意念，人在自己的意念中感到自己是创造者和命运的主人。然而，当人的意念一旦化为行动的结果，当人以工具为媒介同自然界以及同他人发生关系时，不仅固定在人类物质文化中的全部对象化劳动成了“异化了的客观化”，变成“反实践”的“实践情性领域”。而且，个体之间的关系也存在着异化的内在危险。萨特认为，形成这种局面的主要原因是物质的匮乏。由于物质的极度匮乏，使每个本性自由的人都会想方设法地从他人那里夺取生存资料以维持自身的存在，因而每个异于自我的自我都变成了匮乏的牺牲品，使人与人之间的各种关系都被打上了非人道的烙印，形成了“人对人只是一只狼”的存在状态。基于此，萨特认为，阶级和暴力的产生不是必然的，而是基于这样一个偶然事实：物质资源同需要养活的人口相比过于不足。这种不足既存在于人类史前领域，也存在于发达社会，使整个人类历史展现为一种由需要、匮乏、暴力和异化统治的过程。显然，萨特的物质匮乏论同马克思主义是毫不相干的。马克思不仅从未谈过人类史前的抽象领域，而且在解释阶级、暴力以及异化的产生和消灭时，不是用物质匮乏、人类本性之类的先验推理，而是用剩余产品的出现所引起的劳动分工，以及随着生产力的高度发展，劳动分工的消失，集体财富的充分涌流的历史过程来给予解释的。

（二）社会的实践：历史与自由

萨特认为真正的历史始于人们自觉地行动起来，摆脱整个惰性实践的奴役而复活人的真正自由，克服人与人之间的孤独而使各个意识汇成统一的意志去追求共同的目标。历史是由众多个体实践组成的群的实践的产物，而不是孤岛上的鲁滨逊，由此萨特的研究便进入了一个新的领域——社会实践。

萨特认为，个人实践是社会实践的“根本基础”，由个人实践可以构成“两个等级的社会性”，其中第一等级是由人们的“消极结合”产生的群。群的结合是通过物质对象的人们的外在结合，就像“蜂蜡的分子消极地被外来的烘烤结合在一起”一样，萨特比喻道：公共汽车站上排队的旅客就是群体“序列”的象征。群的实践是未形成统一意志的“惰性的实践”，在群的“序列”中，“他性”是“群的理性”，所以群集中的人数愈多，便意味着愈松散，单个的人便愈孤独和愈受奴役。这样，就要求在个人之间产生一种新关系，形成一个统一整体，于是集团便产生了。

集团的社会实践是具有完全不同性质的“第二等级的社会性”。因为集团的结合是明确意识到共同目的的人们的有机统一，此时人们不再停留在群的“他性”关系中，而是作为集团的成员既是自身又是他人的中介，并在和他人的相互性中化为总体。总体化的最初形态为“融合集团”。“融合集团”作为还没有结构化的、无定形的结合，一方面是对群的异化的直接否定。另一方面，就其为直接的否定而言，它仍停留在一个群的状态里，但它却是群的复多性的统一，即将诸多主体的意志统一成一个想法和意志，使这成为对群的“他性”起否定作用的群。所以，当它行动时，每个人的自由既来自自我的设计，又来自他人的共同行动，从而把个人实践所丧失了的自由在一个更高的水平上还给了个人，造成了自由的普遍存在。萨特说，1789 年巴黎居民攻打巴士底狱所汇成的革命洪流，就是集团最初级的、最直接的积极结合的象征，是自由最完美的形式。

然而，形成“融合集团”的共同对象一旦消失，它就会土崩瓦解，所以，集团为了使自己的队伍保持统一，就必须靠誓言和恐怖建立它的稳定性，这样“誓愿集团”便代替了“融合集团”。“誓愿集团”凭着每个成员的誓言，实现了成员对集团的自由隶属，继续保持着集团的统一意志和统一行动。然而，当每个成员宣誓服从集团时，誓言作为不可超越的东西，便意味着集团不由自主地把它的共同原则强加给了个体，由此惰性因素也随之悄然而入了。

萨特认为，集团为了使自己作为共同实践的行动主体而存在，必须依靠每个成员对于集团的自愿服从，否则集团的共同实践，在行动的限度内就不能获得主体的存在，而只能停留在客体的过程。反过来，各个成员虽然由于必须服从集团而在某种程度上“他化”了，但就各个成员负担着集团的共同实践这一点而言，个人又在其中恢复了自身。所以对每个成员来说，集团在某种程度上，既是把自己的自由实践组织起来的外在化，同时又靠各个成员对集团的自愿服从，而又是这种外在化的内在化。因此，在集团的共同实践中，虽然包含着众多的主体，但行动却只是一个，在这点上，共同实践的确只是个人实践的化身。但是，由于集团是由众多个人构成的结构范围内的物，所以集团的外在性虽然能为成员所内在化，然而，实际上随着集团组织、制度机构的不断建立和健全，集团作为体现共同意志行动主体便越来越是本质的，而他的成员作为执行集团行动的一个机能，则越来越变成同谁都可以交换的非本质的因素。因此，集团作为主体便越来越凌驾于各个成员之上。而每个成员的权利和义务随着“他性”量度的逐渐升级，其自由也便越受到束缚和限制，因而个人实践和社会实践之间的裂口也愈来愈大，使一开始作为“我的—他的”而产生的东西，逐渐变成了“他的—我的”，并且随着“组织集团”和“制度集团”的相继出现，最终变成与每个自我相异的、对立的他物，陷入惰性之中。

总之，集团是由自身带有集团的“胎记”（惰性）并力图摆脱这一胎记的群产生的。随着集团组织的复杂化及其增长的作用，个体又逐渐被囚禁在一种日益具有物质必然性的秩序中。萨特认为，这只有通过个体的觉醒和反抗，组织一场革命，才能使个体重新获得自由。而革命成功之后，又会重新陷入“母亲的怀抱”——群的结合。因此，人不可避免地以二者必居其一的形式生活在社会中，或者是群与序列，或者是集团与自由。而人与人之间关系的人道化以及个体实践走向互利的过程，则依据不同的情况，或者以暴力加以推翻，或者用改良加以协调，然而无论是暴力或协调所重新形成的群体，以及再由群体走向集团，都必须以个人的觉悟和反抗为先决条件，以个人的实践为其构成基础。因此，个人实践的自律性归根到底是“历史的动力”。

三 存在主义的是与非

萨特在《辩证理性批判》中，从个人实践开始中经群而终于集团的论述，是否填补了马克思主义的“人学空白”，完成了“具体的马克思主义”制作呢？

首先，应当申明的是，所谓马克思主义的“人学空白”并不存在。早在《神圣家族》一书中，马克思、恩格斯就说过：“历史什么事情也没有做，它‘并不拥有任何无穷尽的丰富性’，它并‘没有在任何战斗中作战’！创造这一切，拥有这一切并为这一切而斗争的，不是‘历史’，而是人，现实的人，活生生的人。……历史不过是追求着自己目的的人的活动而已。”① 即使在《自然辩证法》一书中，恩格斯也仍坚持：“有了人，我们就开始了历史。”所以，马克思和恩格斯在对社会总体现象进行“宏观的分析”时，并未忽视人的环节。相反，正是在对众多从事实际活动的个人的研究中，揭示了人是历史的创造者，历史是人活动的结果。所以，不是马克思主义存在着一块“飞地”，而应该说，萨特在对马克思主义的研究中，找到了创造历史和认识历史的“工具”——人。

其次，萨特指责恩格斯把辩证法“硬塞给”自然界，抹杀了自然和社会的根本区别，强调辩证法只存在于人创造的并为人所认识的社会历史领域。这种观点不过是秉承了黑格尔自然界单调乏味，永远循环往复，只有在精神领域才有生成变化，不断推陈出新的思想。不过，由于萨特诉诸社会历史辩证法，使辩证法从纯意识领域“转移”到人活动着的社会领域，则表明他“赞同”历史唯物主义。但他否定自然的辩证性，则“无非是马克思主义以前的思想的表面上的返老还童”。恩格斯认为，辩证法作为“研究普遍联系的科学”“研究一切运动的最普遍规律的科学”，它揭示的是自然和社会的最普遍的发展规律。承认自然和社会由最普遍的规律联系着，并不排斥各个不同现实领域所特有的局部规律的特殊性，并不否认社会和自然的本质区别。相反，以它为前提，强调社会运动形式是一种区别于一切自然运动的特殊的物质运动形式——后来的主体改造先前主体的主体运动形式；社会历史过程是一种区别于自然因果过程的特殊的物质运动过程——合目的的主体运动过程；社会规律是一种区别于自然客观规律的特殊运动规律——主体社会行为的规律。因此，萨特对恩格斯的指责也是站不住脚的。

再次，纵观萨特的存在主义“制作”，并没有给马克思主义带来什么创造性的发展，相反，当萨特从个人实践开始那种“在逻辑上位于（马克思主义）这种历史创造的前面的结构”，把脱离生产和生产方式的个人

① 《马克思恩格斯全集》第2卷，人民出版社1979年版，第118—119页。

实践的主观因素当作历史发展的绝对基础时，则注定了他存在主义“制作”的失败。马克思在研究社会历史时，不是从抽象领域的个人实践，而是从生活在一定社会形态中的“从事实际活动的人”出发，来揭示社会历史的发展规律。而在历史的发展过程中，马克思主义并不否定个人在社会历史中的作用，并不宣扬一种毫无个人的历史发展的必然性。相反，他着力强调“人们的社会历史始终只是他们的个体发展的历史”，只不过是个体活动所借以实现的必然性罢了。但马克思主义同时又认为个人的实践只存在于个体的合作与相互作用中，并用物质生产方式来解释为什么人们正是这样而不是那样来思想和行动。萨特虽也主张个人实践只有化为社会实践才开始有真正的历史，但是由于萨特的个人实践脱离了物质生产方式，所以只是一种抽象的存在。因此，当萨特以这种抽象的个人实践构造出各种类型的集团时，便使历史变成了只是一些并无历史根据的思辨的概念的故事式的描绘。就像法国哲学家塞伏所评论的那样：“在马克思那里，我们得到了一种科学的解释，它是我们从历史中了解个人行为的基础；而在萨特那里，则个人的行为完全只被说成思辨的语言——胡说乱道是这种乏味的魔术的不可避免的副产品。更进一层来说，在马克思那里，我们得到关于历史和人的唯物主义和决定论的概念；而在萨特那里，我们却钻进了一种唯心主义和偶然性的概念里面。”①所以，萨特的“制作”不仅未达到“绝对的具体”，相反，却使历史驶入了思辨的烟雾。

最后，在《辩证理性批判》中，萨特将必然性“运用”到自由领域，同个人的实践及其社会活动联系起来，这在某种程度上克服了《存在与虚无》中人和人的自由没有任何必然性的弱点。在《辩证理性批判》中，必然性总是以未曾预料到的结果出现在个人实践及社会活动面前。但是，对于萨特来说，这并不意味着人只能被动地接受自己活动的结果，对于他，个人的自由太重要了，没有它，存在主义就丧失了存在的理由。所以，尽管序列、异化、必然性总是侵入个人的和社会的实践，变成反实践的惰性领域，但这“并不妨碍”人们“创造活动的自由”。人之所以为人，就在于人能克服人自身的处境，善于从前人或他人做出的事情里做出自己的事情，善于超出他现在所是的、所做的而有

① ［法］萨特：《辩证理性批判》，徐懋庸译，商务印书馆1963年版，第30页。

目的、有选择的指向未来。所以，人可以根据“需要”不断地摆脱“从未作为向往的对象的极端的他物”，重新获得自由。由此可见，在《辩证理性批判》中，萨特虽看到了自由和必然的关系，但他又总是在保卫主体自由行为的急转中，“辩证地”牺牲掉了它们的必然性，因而在实质上并未完全摆脱《存在与虚无》中的“存在主义偏见”。所以，当他解释社会历史时，不是用一定社会环境的制约性来理解个人实践及其活动动机，而是在个人的特殊理解的自由中去寻找社会现象的根源，从而陷入历史的非决定论。

总之，萨特的存在主义“制作”是不成功的。要把存在主义和马克思主义结合起来，正像水火难容一样，但萨特在马克思主义的“历史知识的广泛综合”，即确定了社会发展的主要规律之后，提出具体研究社会状态和社会中的各种层次（个人—群—集团）的相互作用的要求是合理的。社会实践本身要求社会科学既研究“纵的分割”，也要研究“横的分割”，以便建立最完全地描述社会体系职能的“综合模型”。萨特认为，建立“综合模型”是“最复杂的，还未解决”的问题，是不能靠个别研究者解决的，所以希望其他人能继续他的工作。我们是马克思主义者，又是现代人，虽不能苟同于萨特的观点，但有责任给予历史以真正科学的说明，从而丰富和发展马克思主义。

（原载于《吉林大学社会科学学报》1992 年第 2 期）

一元史观，还是多元史观？
——论阿尔都塞对马克思的历史观的释义

马克思的科学历史观是有主体的主体运动过程，抑或是无主体的客观运动过程？是经济归根到底起决定作用的一元史观，抑或是经济、政治、法律、意识形态等因素之间复杂的、不平衡发展的多元史观？阿尔都塞肯定后者，否定前者。这种解释是否符合本真的马克思主义，是否科学合理呢？

一

当今西方世界流行着各种马克思主义，但它们的基本倾向是肯定马克思早期著作中的人本主义思想及其异化理论，强调人的主体性、人的主观意识在社会历史发展进程中的决定作用，其中占主导地位的是人道主义的马克思主义思潮。与此相反，阿尔都塞则否定马克思早期著作中人道主义观点，否定人的历史主体地位，无视主观意识的能动性，把马克思主义的科学性和以往思想体系的“意识形态”对立起来，强调马克思主义不是一种人本学，而是一门历史科学和认识科学。

阿尔都塞认为，马克思的著作并不是由一个论述范畴组成的首尾一贯的整体，而是在其早晚期著作之间存在着一个“认识论断裂”，存在着由1845年的“意识形态”阶段向1845年以后的“科学”阶段的过渡。在青年马克思那里，其哲学的总问题是“人”和“人的本质”，人是其世界观和实践立场的理论原则；“人的本质”是其历史理论和连贯的政治实践的基础。马克思的这种“意识形态”观点，在其处于人道主义时期的两个阶段的著作中都可以看到。只不过在第一阶段的著作中（《1844年经济学哲学手稿》《神圣家族》)，占主导地位的是离康德、费希特较近而离黑格尔较远的理性加自由的人道主义；在第二阶段的著作中（《论犹太人问题》《黑格尔法哲学批判》)，占主导地位的是费尔巴哈“共同体”的人道主义。但从1845年起，“当马克思意识到费尔巴哈对黑格尔的批判是‘发自黑格尔哲学内部’的一种批判时，当马克思意识到作为哲学家的费尔巴哈虽然‘推倒’了黑格尔大厦的主体，但依然保留了这一大厦基础和结构，即黑格尔的理论前提时，马克思就同费尔巴哈分手了”①。放弃了以黑格尔为最后理论代表的，费尔巴哈拼命想摆脱而未能摆脱的传统哲学的总问题，同一切把历史和政治归结为人的本质的理论发生了彻底的决裂，《德意志意识形态》一书则是这种决裂的标志。

阿尔都塞认为，马克思同哲学人道主义的彻底决裂，是和他的科学发现同时完成的。因而，当马克思说：“把我们从前的哲学信仰清算一下”时，它必然包括三个不可分割的理论方面：(1) 制定出建立在崭新概念基础上的历史理论和政治理论。(2) 彻底批判任何哲学人道主义的理论要求。(3) 确定人道主义为“意识形态”。阿尔都塞认为，以往的资产阶级唯心主义哲学，其全部领域或论述都建立在人性或人的本质这个总问题的基础上。这个总问题在几个世纪里曾经是个不证自明的原则，任何人都未想到对它提出异议。然而，马克思在《关于费尔巴哈的提纲》第6条中，则揭露了这个总问题不过是以“(1) 存在着一种普遍的人的本质；(2) 这个本质从属于‘孤立的个体’，而他们是人的真正主体”②，这两个互为补充的假定为内容的本质的唯心主义和主体的经验主义相统一的世界观。在这种世界观中，只有非科学的、意识形态的东西，而没有科学的理论。因此，马克思在思考现实存在时，以理论概念出现的不再是人的概念或人道主义的概念，而是生产方式、生产力、上层建筑、意识形态等这类崭新的概念；完全取消了本质的唯心主义和主体的经验主义这两个旧假定的全部有机体系，而建立了以人类实践的各种特殊方面（经济实践、政治实践、意识形态实践、科学实践）在其特有联结中的理论。“这个理

① ［法］阿尔都塞：《保卫马克思》，顾良译，商务印书馆1984年版，第28页。

② 同上书，第157页。

论的基础就是：人类社会既是统一的，但在其各联结点上又是特殊的。”①从而确立了一个新的总问题，一种系统地向世界提问的新方式、新原则和新方法，创立了一种关于社会历史的新理论。

马克思所创立的社会历史的新理论从生产关系而不是从“人类主体”出发来分析社会，是用社会发展规律而不是用人的需要来说明历史的变化，是用生产力、生产关系、上层建筑、意识形态等新的概念而不是用人的概念来思考实在。由于生产关系及其他社会关系只是一些“关系”，因而它们严格地说又不能被看作属于“主体”的范畴。因此，历史是“一个没有主体的过程”。马克思的科学历史观同以往社会历史观的根本区别就在于：它把人的哲学神话彻底打碎了。只有在此绝对条件下，才能对人类社会有所认识。

二

阿尔都塞认为，马克思的理论革命不仅在于它同一切人道主义的意识形态发生了“认识论断裂”，还在于它同黑格尔的辩证法实行了彻底“决裂”。这种“决裂”表现为马克思不是简单地把“头足倒置”的黑格尔辩证法“颠倒过来”，并用相同的方法去研究不同对象的性质，而是全面地“改造”了黑格尔的辩证法结构，改变了研究对象，创立了多元决定的科学历史观。

阿尔都塞认为，黑格尔的辩证法模式是“只有一对矛盾的简单过程”，即只存在着一种能分裂为两个对立面的、简单的原始统一体。这种原始统一体在把自己撕裂为两个对立面的同时实现了自己的异化，使自己成为既是自己又是他物；继而又否定了异化和抽象的对立，重新建起了新的简单统一体。不过，这个新的统一体由于原来的对立已被否定，所以，它比旧的统一体的内容更加丰富，这种新的统一体作为一个总体是否定之否定的产物。总之，黑格尔的辩证法完全取决于一个根本的前提条件，即简单的原始统一体通过否定的作用在自身内部不断发展，而在它的整个发展过程中，在它每次变为一个更加“具体的”总体时，它所恢复的无非

① ［法］阿尔都塞：《保卫马克思》，顾良译，商务印书馆1984年版，第199页。

还是那个原始的统一性和简单性。因此，其辩证法的模式是简单的、非辩证的。

黑格尔辩证法模式的简单性、非辩证性根源于他的“世界观”的简单性和非辩证性。在黑格尔看来，社会历史只不过是绝对精神趋向于对自己的自由认识和意识目的论的发展过程。所有的历史时期或“不同世界”本身，都只是绝对精神的一个发展阶段的具体表述和显示，一切与一个时期或某个特定历史社会相关联的现象和方面，尽管千变万化，互相矛盾，但在原则上都可归结为一个简单的、统一的内在本原。而“这一内在本原既是以往各社会形态的本原在当时的回音，又是它自身的回音，所以它也只有一个圆心，即保存在它记忆中的以往各个世界的圆心，所以它是简单的”①。正因如此，黑格尔才能把从古代东方直到今天世界的历史看作由矛盾的简单作用所推动的精神的自我认识和实现的发展过程，才能把真实的历史看作没有真正的突变、结束和开端的千篇一律的“辩证”发展过程。

既然黑格尔的辩证法模式和其“世界观”密切相关，那么要真正抛弃这种“世界观”，首先必须改造黑格尔的辩证法结构。马克思完全摒弃了黑格尔的辩证法结构，用具有诸多矛盾的复杂结构的多元决定的辩证法取代了黑格尔的单一矛盾的“母型”所构成的一元决定的辩证法。马克思认为，在社会历史的发展过程中，有许多矛盾在起作用，并为同一个目的在起作用。“尽管这些矛盾的产生原因、意义、活动场合和范围不尽相同，有些矛盾甚至根本不同。但它们却‘汇合’成为一个促使革命爆发的统一体，因而不能再说只是一般矛盾单独在起作用。”② 矛盾不再具有单一的含义，它的定义、作用和本质反映着矛盾同整个社会复杂整体的不平衡的结构关系。它在同一项运动中，既规定着社会形态的各方面和各领域，同时又被它们所规定，由此矛盾便获得了复杂的、有结构的和不平衡的规定性，从而形成了马克思矛盾的多元性和特殊性，划清了马克思的“总体”和黑格尔的“总体”之间的界限。黑格尔的总体是由单一矛盾构成的简单的“精神”统一体，因而它的异化和现象无论在表面上是多么

① ［法］阿尔都塞：《保卫马克思》，顾良译，商务印书馆1984年版，第80页。

② 同上书，第77页。

复杂，但在实际上是平等的、相同的、无差异的。马克思的总体是由多元矛盾构成的有结构的复杂统一体，即一种具有多环节主导结构的现实统一体。在这个统一体中，每个矛盾、结构的每个基本环节、主导结构中各环节的一般关系，都是复杂整体本身的存在条件。每个矛盾、每个层次都在一个占统治地位的主导结构的支配下，既参与对整体结构的规定，同时又被结构所规定。因此，在马克思那里，决定着对象的发展，决定着产生认识的理论实践的发展的东西，不再是任何原始简单的统一体，而是有结构的复杂统一体的既与性。

正如黑格尔辩证法的“简单性”来源于他在世界观中得到反映的一元历史观一样，马克思辩证法的“复杂性”则来源于马克思的多元历史观。马克思认为，社会不是由一种决定全部社会现象的基础或存在核心组成的，而是由政治、经济和意识形态的各部分建立起来的复杂结构的整体。其中，各部分互为因果并都作为特定的、具体的社会结构的存在条件在起作用，没有哪一部分是偶然的、派生的。但是，这些为社会结构所固有的政治、经济和意识形态的各部分，在其重要性、作用和意义上是不能等同的。其中，经济是社会复杂结构的“主导结构”，对社会结构中的其他部分起着支配作用，决定着整个社会结构的性质。没有这样的主导结构，组成社会结构的其他部分之间，就只有非本质的、偶然的关系。然而，构成社会结构的其他部分虽然处于从属地位，但并不意味着它们只是主导结构的表示和现象。它们本身既是相对自主的，同时也是某个社会结构得以存在的条件。因此，马克思向我们呈现的是“链条的两端”，链条的一端是经济起着最终的决定作用，另一端是“上层建筑及其确定的生命力的相对自主性”。这表明经济归根到底决定着社会结构，但它只是“最终决定因素”而不是唯一决定因素；上层建筑也有对社会结构的存在与发展起决定作用的因素，虽然它们起作用的时机、范围和性质等要由“最终决定因素”来指派，然而这些决定因素中的某一个也许会在某个国度的具体历史时期中起主导作用。所以，阿尔都塞说：“经济的辩证法从不以纯粹的状态起作用；在历史上，上层建筑等领域在起了自己的作用以后从不恭恭敬敬地自动引退，也从不作为单纯的历史现象而自动消失，以便让主宰一切的经济沿着辩证法的康庄大道前进。无论在开始或在结尾，归根到底起决定作用的经济因素从来都不是单独起作用的。”[①] 所以，如果有人把马克思所说的“经济归根到底是决定因素”引申为“经济因素是唯一决定性的因素”，就会把马克思的科学理论变为“毫无内容的、抽象的、荒诞无稽的空话”，就会把马克思经济基础和上层建筑的各部分互为因果的结构因果观混为黑格尔前因后果的线性因果观，就会把马克思所创立的历史多元决定论归结为庸俗唯物论的历史一元决定论。

三

由上可见，阿尔都塞在对马克思的社会历史理论的解释上，不乏独到之处。他以意识形态和科学对立的独特观点和方式，强调成熟的马克思的科学历史理论和青年马克思的人道主义，马克思的“多元决定的矛盾”辩证法和黑格尔的一元决定的矛盾辩证法的“认识论断裂”，而不是它们之间的联系。因而，他反对从主体性和人道主义角度去寻找马克思的理论渊源，反对从黑格尔的辩证法思想中去寻找马克思辩证法的“合理内核”，指责把马克思主义人道化，把黑格尔概念推演式的方法作为马克思主义的灵魂，把马克思主义当作“经济决定论”的诸种做法，都是对马克思主义的曲解。阿尔都塞独树一帜，着力强调了马克思主义在思想史上的科学性和独创性。他在理论上所进行的这种努力和探讨，为人们透过文献材料的复杂外表去探索、认识马克思历史理论的精神实质，提供了一条与众不同的解读法和释义法。

但是，由于阿尔都塞的解读法是以狭隘的结构主义整体论为基础的，因而当他从“依据症候的阅读法”的整体论前提出发，来挖掘、表述马克思原著中业已表述出来和未经表述出来的思想结构时，就不得不为维持解释形式的完整性而有意撇开与其方法所得出的解释相冲突的材料或事实。这种通过方法而不是基于材料、事实来解释原文的做法，必然导致马克思科学历史理论只能以“断裂”的方式产生。这种“断裂”所导致的直接后果则是：一方面，将以往的思想体系视为虚假的“意识形态”给予抛弃，“重新退回到起点”——事实领域；另一方面，仅仅坚持在马克

① ［法］阿尔都塞：《保卫马克思》，顾良译，商务印书馆1984年版，第90—91页。

思历史理论本身的整体性或特殊性上，而不借助这种“理论实践的理论”以外的任何东西。然而，一旦漠视了现有材料，漠视了马克思的科学历史理论在其发展过程中同其他思想体系之间存在着的不依人的意志为转移的客观逻辑关系，便会导致以解释者的主观意志为转移的认识解读。这种解读必然会使其在总的倾向上偏离真正的马克思主义，对马克思的历史理论做出非科学的解释。阿尔都塞对马克思历史理论的非科学解释表现在：

第一，曲解马克思同旧人本学的改造继承关系，将生产关系、社会关系与人绝对对立，用前者吞没后者，得出马克思的历史观是“一个无主体”的客观历史观。众所周知，在马克思的科学唯物史观形成过程中，曾发生过马克思和费尔巴哈的哲学人本学的“断裂”，但这种“断裂”并未使马克思简单地走向对人的否定。马克思在《关于费尔巴哈的提纲》中，指出他和费尔巴哈之间的本质区别在于：费尔巴哈撇开了社会历史的进程，把人的本质仅仅理解为一种宗教的“类”感情，理解为一种内在的、无声的，把许多个人纯粹自然地联系起来的共同性，指出：“人的本质并不是单个人所固有的抽象物。在其现实性上，它是一切社会关系的总和。”①在这里，马克思针对费尔巴哈只看到人的自然属性，未看到人的社会属性的局限性，强调要在生产关系、社会关系的现实中来理解人，强调的是人的社会性，强调的是人与社会的统一性，而不是它们绝对的对立性。马克思认为，只有在社会现实和社会历史进程中的人，才是具体的人，反过来，只有由这样的人组成的社会才是现实的社会。人与社会是统一的，离开了人，社会就只是一种抽象的存在；而离开了社会，人就只是费尔巴哈意义上的生物性的“类”存在。因此，从生产关系、社会发展规律来分析社会及其发展时，并未抹杀人在生产关系及社会发展过程中的主体地位。认为社会就是由处于一定生产关系中的个人构成的有机系统，社会历史进程就是由处于一定社会关系中的个人改造社会环境的连续不断的发展过程，就是后代人在前代人活动成果的基础上不断实践的发展过程。这一过程说到底，就是后来的主体改造先前主体的过程，即主体系统的自我改造过程，也是社会主体的自我革新过程。阿尔都塞把生产关系、

---

① ［德］恩格斯：《路德维希·费尔巴哈和德国古典哲学的终结》，人民出版社 1973 年版，第 52 页。

社会发展规律同人的主体性、人的能动性对立起来，否认人在社会发展中的主体作用，这显然是不符合马克思主义的基本精神的。

第二，曲解马克思关于经济基础和上层建筑诸因素之间的辩证关系，用社会结构的多元规定性消融了马克思的一元历史观。阿尔都塞依据结构主义的整体论见识，认为应按照经济基础和上层建筑这两个概念来理解马克思的社会形态理论，只有认识到社会结构是多元的、有结构的整体，才能理解马克思对社会结构描述分析的科学方法，才能把马克思主义和黑格尔的唯心辩证法及传统的经济还原主义划清界限。毋庸置疑，阿尔都塞是从一个新的视角来解读、保卫马克思的。但遗憾的是，阿尔都塞又未能够真正领悟马克思主义的真义。马克思认为，生产关系的总和构成社会的经济结构，法律的、政治的和意识形态的上层建筑竖立其上，构成特定的社会形态。其中，经济基础起着归根到底的决定作用，但是“并不是只有经济状况才是原因，才是积极的，而其余一切都不过是消极的结果。这是在归根到底不断为自己开辟道路的经济必然性的基础上的相互作用。……所以，……在这些现实关系中，尽管其他的条件——政治的和思想的——对于经济条件有很大的影响，但经济条件归根到底还是具有决定意义的，它构成一条贯穿于全部发展进程并唯一能使我们理解这个发展进程的红线”①。可见，马克思的社会历史观从根本上来说是一元决定论而非多元决定论。诚然，阿尔都塞在强调社会整体结构的各部分、各层次的“相对自主性”的同时，也承认经济基础作为社会的主导结构决定着其他部分或层次。但是，由于阿尔都塞把社会形态视为一个有结构的复杂整体，其中各种结构所具有的主从关系又被区别为各种不同的独立结构，因而便难以解说社会结构本身具有一个核心或本质，而一切规定都决定于一个特殊的结构，这样势必得出社会的存在和发展是多元决定的结论。而用这种观点来解读马克思主义，则会扭曲马克思主义。

总之，当马克思主张社会历史发展的客观必然性时，并不否认人的主体存在及其能动性。

坚持社会历史的客观发展过程是通过人的主体实践实现出来的，当马

① ［德］恩格斯：《恩格斯致符·博尔吉乌斯》，载《马克思恩格斯选集》第4卷，人民出版社1973年版，第506页。

克思强调上层建筑诸因素的“相对独立性”时，并不否认经济基础归根到底的决定作用，坚持社会历史发展的一元决定论，坚持社会历史就是人在既定的现实关系中进行创造的有主体的一元历史观，这才是马克思历史观的真义。

（原载于《人文杂志》1994 年第 2 期）

康德范畴理论研究

一

近代哲学从其开始，对于概念的研究，主要限于探求其根源、性质及应用范围。在这些问题上，尽管各个哲学家各有己见，但从本质上可分为经验论和唯理论两派。经验论主张，概念是思维从感性材料中现成的分析、归纳出来的，因而不论它们多么复杂，都可还原为感性材料，并和它们相一致。唯理论主张，思维具有一种超越感性对象的能动创造作用，它无须借助感性材料便在本身就具有了现实的知识内容或天赋观念。天赋观念作为理性的固有内容，不仅本身具有无须经验证实的天然自明性，而且还和客观存在的规律具有一致性。但经验论和唯理论自觉不自觉地都肯定了理性的作用，并都毫不怀疑理性概念的客观真理性。休谟在彻底贯彻经验论原则的基础上，以实体属性、因果关系等逻辑概念既不能现成地从相继的印象中归纳出来，也不是理性自身的固有内容，而是人心实践本能单纯基于经验的感性形象的习惯联想的产物，因而并不具有与感性对象或客观外界相一致的客观真理性的观点，破坏了经验论和唯理论同作为理性主义哲学的认识论原则，以他的非理性主义的怀疑论，唤醒了独断睡梦中的康德。

康德领悟到，休谟以因果制约性等逻辑范畴向理性发起的质问，其根本问题不在于因果概念是否正确、有用，以及对整个自然知识来说是否必不可少，而在于：（1）概念的根源问题；（2）概念是否能先天地被理性所思维，是否具有一种独立于一切经验的内在真理；（3）是否具有一种更为广泛的，不为经验对象所局限的使用价值。在这些问题中，根源的问题一旦确定，概念的使用条件和适用范围问题就会迎刃而解。在概念的根源问题上，虽然休谟使康德认识到，不能再走经验论和唯理论的老路，但也不能与休谟的非理性主义为伍，如果那样，就会破坏科学的普遍性和必然性，所以必须另辟蹊径。

二

休谟非理性主义的怀疑论，使康德对理性提供的一切知识或概念发生了怀疑。他从研究、批判人的认识本性入手，在对感性和悟性既相区别又相联系的基础上，提出概念既不是现成地得自于感觉内容，也不是理性自身固有的现成知识，而是悟性能动性在对感性杂多规定与综合关系中的自发产物。在康德那里，概念虽产生于悟性的自发性，但绝不是脱离感官形象、时间上在先的、孤立存在的现成的思维模式或天赋观念。由此，康德便创立了他独特的不同于传统唯理论有关思维能动性的先验论，以悟性在对感性对象的关系中，自发地产生悟性范畴，并以之规定、综合感性形象的唯理主义，在更高的形态上超越、调和了经验论和唯理论。并以对感性形象逻辑的、理性的能动综合原理，代替了休谟非逻辑、非理性的主观的心理联想律，从而在范畴的起源上，使近代哲学从独断论进入反省批判阶段。

那么，思维作为悟性在对感性形象的把握、规定关系中，所必具有的范畴有哪些？如何才能形成一个完整而无漏的范畴体系呢？康德认为，范畴的基本形式及其体系，是循着“悟性的一切作用就是判断”的原则演绎出来的。这是因为，概念作为悟性的逻辑功能对于感性杂多的综合，在本质上不过是思维的一个判断机能。所以，人要能够适当地区分判断的基本形式，做出一个完整的纯粹理智功能表，并把判断功能联系到一般对象上去，就可从中找出范畴的基本形式。从这个原则出发，康德现成地利用亚氏形式逻辑的判断分类，从中演绎出了他的范畴表，建立了他称为完满无缺的有关自然知识何以可能的先验的逻辑体系。在此，尽管康德对他自己的范畴表的完整性有些夸大其词，但在欧洲哲学史上，他却完成了一个从传统逻辑的判断分类向先验逻辑的范畴表的过渡。康德把形式逻辑的判断方式看作思维综合表象的理解功能，并主张从思维的判断机能中内在地演绎出范畴的基本形式，这表明康德企图通过挖掘形式逻辑的根源来探究人们的逻辑思维过程。他提出悟性范畴是思维以判断机能为其先天基础而对感性对象进行综合的活动性，这样康德的先验哲学，在人类认识史上便第一次把概念作为悟性的理解功能归到它的根本上了，从而概念在对感性对象的综合判断的活动中，便会由以往那种现成的、静止不动的僵尸，变成活生生的认识发展过程。这就为认识论和逻辑学的辩证统一开辟了光辉的前景。固然，康德的范畴表受到形式逻辑判断分类的限制只有 12 种，范畴之间也不存在内在的转化和发展，但绝不能因此便否定康德的范畴体系，实际上是悟性作为判断机能相应不同逻辑层次上的感性对象综合活动的产物。

康德不仅完成了从传统逻辑的判断分类向先验逻辑的范畴表的过渡，而且其范畴的过渡，在康德范畴表中，每一组范畴中的第三个范畴都是前两个范畴的对立统一，每一组范畴都是一个三一体。康德认为传统逻辑以矛盾律为依据的二分法有其局限性，它通过分析只能形成非此即彼的对立。而基于综合的三分法，必然在其概念的各种形式中都是向前运动、发展，达到认识过程正题与反题的统一。由此，在范畴的排列上，康德完成了他的杰出创举。但是，康德虽提出第三个范畴是前两个范畴的联合，但并不是说第三个范畴是由前两个范畴转化而来的，如果那样，第三个范畴作为前两个范畴的引申概念，就会成为非基本的概念而被排除其在范畴表中的地位。所以，第三个范畴同前两个范畴一样，都是悟性综合活动的产物，其中并不存在一个产生另一个的转化过程。所以黑格尔说，康德始终没有看到“自己产生自己的概念的这种真正的综合前进运动”。不过，仅就他被指出这点来说，已经是“康德哲学的无限功绩了”。后来，黑格尔紧紧抓住由康德指出而未充分利用与发挥的三分法，作为自己逻辑学的旋转车轮，深入、广阔地论证范畴之间的联系与转化，展开为范畴的变化、发展的运动历程，一改康德这种平行而静态的 12 个范畴，形成一系列否定之否定圆圈式的概念辩证法，从而构成黑格尔逻辑学的精华。

三

由上已知，悟性范畴产生于悟性把握、规定感性对象的自发性，那么，悟性范畴作为悟性规定感性对象的主观形式，何以具有客观真理性呢？以往的唯理论没有考虑过这个问题，所以难于回答休谟的发难。为了解决这个问题，康德把出现在人的经验意识中的那些具有种种逻辑关系的客观对象或悟性范畴，并不看作现成的意识事实加以领受，而是看作思维综合感性对象先验过程的一个综合性。康德认为，使经验及“其对象之知识”所以可能的先天要素有三个：感官、想象力和统觉。感官在感知觉中，把已给予的表象综合并联结在时间的规定中，形成在时间关系中的前后相继、同时并存的统一表象。想象力依据规律或统觉原理再生表象，使直观的杂多构成一个完全的、确定联结的心象，同时也使之归属于概念之下，归属于本源的统觉之中。在统觉的本源中，一切直观的杂多必与自我意识的一贯条件相结合，与一切现象的综合统一法则——悟性范畴相结合。因此，悟性范畴作为综合意识统一的逻辑功能，为任何感性对象所唯一由之统摄在意识中并使之成为可能的客观条件。一切对象皆隶属于范畴，反过来说，悟性范畴先天地适用于一切感性对象，对一切感性对象具有普遍的、必然的客观有效性。由此，康德通过对人的意识是怎样呈现的先验过程的分析与解剖，不仅回答了休谟向唯理论提出的挑战，捍卫了理性权威，而且实现了他自称为哥白尼式的转变：不是范畴适应对象，而是对象必须适应范畴。在这个转变中，康德虽未达到悟性范畴和感性对象的内在统一，但至少可以说康德是欧洲哲学史上第一个对人的认识能力和形成对象的先验过程进行详细分析、解剖，解释人的心理—逻辑结构，并充分肯定人的综合思维能动性、创造性的哲学家。在他之后，黑格尔抛弃了心理—逻辑结构的心理一面，单从其逻辑一面演绎他的各种逻辑规定。虽然他在这方面做出杰出的贡献，但是否可以脱离心理活动一面，只就逻辑一面便能揭示认识的形成和发展过程。这就对辩证唯物主义提出了一个很尖锐的问题，即怎样在心理—逻辑结构中以实践为基础揭示出一个客观逻辑结构来。

由于范畴产生于思维作为悟性综合感性对象的自发性，并且只有在对感性对象综合后才具有客观有效性，因此，在康德那里，现实的悟性范畴不是一种独立于经验内容的内在真理或空洞形式，而毋宁是一个悟性在对感性对象关系中的综合命题。所以，康德的先验逻辑范畴体系和传统逻辑不同，它不是抽去知识内容和对象中所具有的差别去单纯地研究思维形式，而是限于特定的知识内容。所以，先验逻辑不是由分析只揭示范畴的固有含蕴，相反，它是超出旧有范畴的固有含蕴，以表象的纯粹综合加之于概念。正因为每个范畴为综合的而非分析的，所以才能不断地推展出范畴的新意义和新形式。康德主张思维的形式应和感性内容相关，并在感性内容中获得自己的客观性，这无疑是对的。但在康德那里，悟性范畴对感性内容只是外在的综合，并未达到二者的内在统一。其根源在于，康德把感性机能和悟性机能规定为两个互不相生的认识机能，感性机能既不是悟性思维的低级阶段，悟性思维也不是感性机能发展而来的高级阶段。因此，尽管康德把悟性范畴归结为思维的逻辑功能，并先天地和感性机能呈现的直观杂多相关，但二者之间并不存在内在的发展过程。这样，当康德把由感性机能产生的没有统一性的杂多与悟性思维的空洞形式相结合时，就不得不由想象力创造出一个先验图型作为二者联结的中介，从而使感性对象智性化，悟性范畴感性化，达到二者的外在结合。后来，黑格尔在《逻辑学》中，以概念在其外化、对象化中仍然保持其自身的形式和内容的内在统一，克服了感性内容的外在性、僵硬性，完成了分析与综合辩证统一的逻辑范畴的推演体系。

基于上述理论，当概念产生于思维把握感性对象并为经验所以可能的条件时，同时也限制悟性范畴于经验的领域。悟性范畴如果做超验的使用而指向物自体，它不仅不能提供任何确定的概念，还会因其以有限的范畴去把握无限的对象而陷入辩证的幻相。辩证唯物主义认为，悟性范畴作为思维的理解功能固然不能脱离感性对象直接指向外在世界，但悟性范畴却能通过反映以物自体为基础的感性对象的内在规律或本质，达到和外界事物的一致性。康德难于做到这一点。此外，悟性范畴作为和无限物绝对对立的有限形式，无限物作为空无内容的抽象实体，也阻止了对于事物日益深入的认识，因而必然陷入不可知论。

四

康德对悟性范畴的演绎是一个从抽象到具体的逐步发展过程。他的直观公理、知觉预测、经验类推和一般思维之公准四项原理体系，就是对上述一般演绎的具体表达，也都是与范畴表相对应的综合命题及对自然认识的普遍原则。

直观公理表述的是思维以量的范畴去把握存在于时空形式中同质现象

的量的增加。在此，虽然康德先以量的范畴去说明事物欠妥当，但他却在这条原理中揭示出：任何对象必有可计算的量，从而它是可分的，反之不可分、不可计量的东西则是不存在的宝贵思想。知觉预测表示的是思维以质的范畴去把握感觉实在。但由于康德对质的意义没有明确的认识，故他在阐述这条原理时，仍停留在一个量的范围内，只不过这个量已不是前此那种部分加部分的扩延之量，而是在某一时间内直接为感知所获得的强弱之量。在知觉预测中，虽然康德也提出存在于某一时空形式中的感觉实在，皆因其特殊度量而性质有别，从而把质的问题归结为度量的问题。从表面上看，似乎康德已意识到了质量度之间的辩证关系。其实，康德并没有把质和量辩证地统一起来，达到对有质的量——度的正确理解。

经验类推表述的是思维以关系的范畴去把握时间内感中的现象存在及其相互关系，它非现象的构成原理，而仅为把前后相继、同时并存的现象综合在实体属性、因果关系、相互作用的概念之下的规整原理。在这条原理中，康德虽未论证范畴之间相互转化的逻辑发展关系，但由实体到因果到交互的先后排列方式，却暗含着认识日益深化的发展过程。此外，在实体属性的原理中，康德开始了一个转变。在过去，哲学家们往往把实体看作自足自在的实体，因此，现象的存在和现象彼此之间的产生与变化没有内在的基础。康德的功绩在于揭示了变易的现象应以实体为基础，实体乃为说明现象存在、变化的原因。

思维公准和上述原理不同，它不是使人的经验所以可能的普遍规律，则仅在表现概念与认识能力之间的关系。这说明无论依经验方式的可能者，依经验的感觉材料的现实者，及二者统一的必然性，都贯穿着一个共同原则，即单靠范畴本身不能逻辑地证明自身，它们必在与经验的条件和关系中才具有客观有效性。因此，思维公准乃是上述原理的总括。

在康德四类范畴的推演中，虽具有一种给定的、非发展的特点，但在他的范畴表中却实实在在地暗含着一个卓越的思想：在范畴体系中，康德把量和质的范畴说成是与人的感性直观相关，关系和样态范畴说成是与事物的存在及其相互关系相关。这种范畴的排列符合人类的认识规律，人类认识就是在感性直观中对存在对象的认识，进而达到知性对对象关系的反思。除此之外，康德还在《未来形而上学导论》中解释说："在量的范畴和质的范畴里，只有一种从'一'到'全'，或从'有'到'无'的过渡，没有相依性或对立性；相反，在关系的范畴里和样态的范畴里却有相依性和对立性。”[①] 由此可见，康德在此已明确提出了质量范畴是过渡的，关系范畴是对立的思想。如果再把康德在《纯粹理性批判》中关于“反省概念的歧义”一节中讲到的“同与异”“一致与反对”“内与外”“质料与形式”四对范畴，结合着康德范畴表一起考察，就会发现黑格尔在《逻辑学》中存在论和本质论的范畴雏形。正因如此，黑格尔说他的客观逻辑有一部分相当于康德的先验逻辑。所以，在一定意义上可以说，如果没有康德的范畴体系，很难说会有黑格尔的辩证逻辑的范畴体系。

（原载于《长白学刊》1993年第4期）

① ［德］康德：《未来形而上学导论》，庞景仁译，商务印书馆1982年版，第101页。

黑格尔对康德范畴理论的超越及启示

恩格斯说："对思维形式、逻辑范畴的研究，是很有益和很必要的，而且从亚里士多德以来，只有黑格尔一个人才有系统地做到了这点。"[①]黑格尔在对以往哲学，特别是对康德范畴理论的批判与继承、改造与发挥的基础上，建立起了一个概念的真理体系。黑格尔以概念自身的思存统一性，克服了康德的思维形式和感性内容的外在结合以及悟性范畴和外在世界的僵硬对立；以概念自身的矛盾运动和否定之否定的螺旋式发展，克服了康德范畴之间静止的、非发展的缺陷，揭示了人类由低到高、由浅入深、由表及里、由抽象到具体的认识发展过程，达到了逻辑学、认识论、本体论的统一，从而以唯心主义的辩证逻辑取代了康德的先验逻辑，成为马克思主义唯物辩证逻辑的理论来源。

一　对康德范畴理论的总体批判与发展

历史上，经验论、唯理论及素朴意识，大多未经思想考验便应用一些现成的范畴来规定对象，故常常陷于独断。黑格尔认为，康德的正确之处在于他从认识论的角度，考察了悟性范畴本身的真正内容与价值及其适用范围，特别是考察了悟性范畴的形成和应用的先验过程。但康德在把思维形式本身作为知识的对象加以考察的过程中，由于脱离了思维形式本身的认识过程，而侧重于它们何以可能的先验过程，从而他只是现成地从主观逻辑接受过来范畴，而未对思维形式本身进行批判和演绎。康德这种在没学会游泳以前勿先下水的学究式的做法，必然导致他的另一个缺点，即只

① 《马克思恩格斯全集》第20卷，人民出版社1973年版，第583页。

按照主观性和客观性的一般对立去考察它们，只是问它们如何才是客观有效的。而在康德那里，所谓范畴的客观性，只是对有限的自我意识之内的感性对象进行外在综合把握的那种思维的必然性和普遍性，它们并未达到和感官对象的内在统一及把握物自体的客观实在性。因此，悟性范畴只是空洞的思维形式，只是被封闭在一个个别的、有局限性的自我意识的纯自我之内的主观性的东西。黑格尔主张，必须在认识过程中考察思维形式，因为思维形式本身就是一种认识历程，思维形式既是研究的对象，同时也是对象自身的活动。思维形式考察思维形式自身，由其自身去规定自身的限度，并在规定中扬弃其有限性，就是概念的形成和应用的无限认识的发展过程。只有这样，才能克服主观思维形式和客观感性对象的区别与对立。而克服二者对立的关键，在于自在自为的概念本身的实在性。概念的实在性或客观性就在于，它既是主体思维本身的功能，也是事物自身的本质；既是思维又是思维的对象，是思维自身和思维对象的对立统一。在此，黑格尔所指的主体或思维，已不是康德那种经验的有局限性的个别自我，而是指贯通在一切个别之中，并为一切个别意识所表现的具有普遍精神活动性的绝对主体。概念既是绝对自我认识自身的主观思维形式，同时也是绝对在其自我直观中的外在化和对象化。由此，黑格尔便以概念作为普遍精神的活动性的自我规定、对象化，同时又在自我直观中返回自身的逻辑发展过程，消除了客观对象的外在性，实现了范畴自身的主客统一，并在这个基础上，“把康德的唯心主义从主观的提高到客观的和绝对的”①。

黑格尔认为批判哲学中最美丽的花朵之一，是主张纯粹悟性范畴和感性直观的联结。然而，由于悟性范畴并不表现以物自体为基础的感性对象的固有规定性，反过来，以物自体为基础的感官对象的规定性作为客观性，也绝不同时包含思维规律的先天区别性在内。因此，悟性范畴作为逻辑的思维规律，并未达到和感官对象的内在统一，因而便不能通过感性对象的中介而达到对物自体的认识，使悟性范畴变成和无限物绝对对立的有限形式，而且无限物作为空无内容的抽象实体，也阻止了对于事物日益深入的认识，最终必然陷入不可知论。黑格尔在概念主客统一的基础上，阐

① ［俄］列宁：《哲学笔记》，人民出版社 1994 年版，第 179 页。

明了思维通过自身思维规律把握对象内在本质的过程，是“纯概念”自我意识的过程。纯概念在其一系列的自身规定而又回归到自身的自我意识过程中，能够将那隐藏着的宇宙本质的秘密展示出来，从而消除此岸与彼岸的鸿沟，达到思维与存在、有限和无限的辩证统一。黑格尔整个逻辑范畴的推演正是在其主客统一的基础上，克服了康德的不可知论，在哲学史上第一个达到了逻辑学、认识论、本体论的统一。因此，黑格尔说，逻辑学既是关于思维规律的学说，也是关于各种事物本质的学说，还是关于真理的学说。

先验哲学主张从思维对感性对象的判断中，内在地演绎出悟性范畴，但康德却又把这些范畴现成地从形式逻辑那里接受过来，而省略了对于自我意识这个简单统一性向它的这些规定和差别转化的描写，结果使得悟性范畴承袭了形式逻辑的外在性、主观性和偶然性。黑格尔认为，一切逻辑范畴都应从思维本身的自由发展中，依必然的逻辑次序内在地推演出来。因为思维是沿着自己规定自己，同时又回归自身的道路而构成了概念的发展，形成了概念体系。由于概念是思维的自身规定并复归于自身，所以，概念不是只附着于内容而非内容本身的外在形式，而是活生生的实在内容的形式。它们作为思维本身的一种形式规定，必然在其不断地发展中，揭示自身的有限性并扬弃之。这种在肯定中不断地否定自身的活动，就是思维形式自身的“矛盾发展”。矛盾是内在于思维形式本身并推动其发展的内在动力。概念在其内在矛盾的推动下，不仅互相转化、互相联系，而且沿着否定之否定的圆圈式发展道路，不断地由低到高、由抽象到具体，从而形成一个真理的有机系统。

总之，在《逻辑学》中，黑格尔不仅在总的原则上批判了康德的主观主义、不可知论和形而上学，而且在批判的基础上，提出了概念是主观与客观、形式与内容的辩证统一，是在自身矛盾的推动下，沿着蜿蜒曲折的道路，由浅入深、由表及里发展的真理体系等宝贵思想。但由于黑格尔完全是从更彻底的唯心主义观点进行着这种批判与论证，所以黑格尔主张把逻辑的对象，仅限于范畴本身的实在性及其相互关系的研究上，完全取消康德对范畴形成及应用的心理过程的研究，反对从思维范畴对感性对象和客观事物物自体相互关系上去研究，则是片面的、不合理的。

二　在范畴的具体演绎中对康德范畴的批判与发展

首先，在逻辑概念的初步规定和部门划分上，黑格尔认为，逻辑学的分目不应像形式逻辑和先验逻辑那样，是纯粹人为的、任意的，而应体现出思维形式的逻辑规定性的内在联系，体现出纯概念由外在的直接性恢复到自身根据的自我意识过程。据此，他把逻辑学分为有论、本质论和概念论。就范畴分目的静观看，有论讨论的是感性事物的范畴，相当于通常的认识，主要是认识事物的质和量；本质论是关于纯粹理智的范畴，相当于自然科学的认识，主要是认识事物彼此间的关系；概念论是关于具体概念，相当于哲学的认识，主要是认识事物的矛盾统一。就概念的逻辑发展看，有论表达了思想的直接性（概念的自在或潜在，相当于康德的质量范畴）；本质论表达了思想间接性（概念的自为存在和假象，相当于康德的关系、样态范畴）；概念论表达了思想回到自身及思想或概念在自身中的发展（概念之自在自为，黑格尔的独创）。从有论中经本质论到概念论，就是概念从直接性到间接性、从外在性深入自身内在性，最后达到二者统一的自我意识过程，也是客观逻辑向主观逻辑发展运动的过程。

其次，黑格尔在范畴的具体演绎中，也体现着对康德范畴理论的批判与发展。在《逻辑学》中，每一个范畴都只是对绝对的有限界说，只有整个范畴体系才能表达绝对的性质。有论中相互对立、相互过渡的范畴表达的是绝对的直接性，它们先后经历了质、量、度两个逻辑发展环节。在此，黑格尔的这种逻辑推演显然有别于康德先质后量的范畴排列。本质论中彼此对立又相互依存的范畴，是从质、量、度范畴发展出来的间接范畴，表达了绝对的间接性。黑格尔利用并改造了康德的关系和样态范畴，使其获得了新的意义和内容。在先验逻辑中，由于每对范畴的矛盾性并不使其与其他范畴之间具有必然的内在联系和发展，所以相互对立、相互依存的“关系”和“样态”范畴并不是从质量范畴发展出来的间接范畴，而是和质量范畴一样，只是悟性思维相对不同逻辑层次上的感性对象外在综合的产物。黑格尔不仅以人类认识史为背景，从有论的直接性范畴逻辑地推演出本质论的间接性范畴；同时又不把实体或本质看作由悟性外在地输入现象之中的抽象实体，而是把它看作否定了存在的直接性，并把存在的直接性所具有的内容都作为自己的内在规定性而包容于自身的新的实在性。所以，本质作为存在的内在本质，本身就有区别性或差别性。实体或本质通过自身的差别性、矛盾性等一系列的逻辑推演，必然会外化自身，表现为现象。本质与现象虽为不同的逻辑环节，但实质上却是一致的。凡在本质中的莫不表现于外，凡是现象所表现的，莫不在本质中。由此，黑格尔便以逻辑的推演过程，较为合理地阐述了本质、本质和现象的辩证关系，克服了康德哲学中以抽象的实体去说明变易现象的缺点。

随着逻辑范畴的进一步推演，黑格尔又改造和发挥了康德的“样态”和“关系”范畴。在康德那里，样态范畴：可能与不可能、存在与不存在、必然性和偶然性只是表示与认识能力的关系，并不增加概念的内容，因而被列在范畴表的最后。黑格尔认为这些范畴不只是知识的范畴，同样也是实在的范畴，即构成绝对物反思的形式环节，并随着范畴的推演，其内容也愈益丰富。因此，黑格尔从可能性、偶然性和必然性来界说绝对，并把它们放在关系范畴之前，作为向关系范畴过渡的必然阶段。而关系范畴作为普遍联系的几个环节或规定，它们所建立起来的也不是康德哲学中那种和自由界相对立的逻辑必然界，相反是实体必然性通过因果关系、相互作用的逻辑发展，能够逐渐克服最初僵硬的对立，实现自由和必然性的辩证统一，进入概念自身的自由发展阶段，由此又克服了康德哲学中必然与自由绝对对立的缺陷。

黑格尔认为，逻辑体系是摆脱了一切感性具体性的阴影王国，所以在纯逻辑中，不应像先验逻辑那样，从感性直观的具体形态到自我意识的主观知性活动，而只能是从有中经本质到概念的纯逻辑的发展。概念是有之正和本质之反的合题。所以，“概念的进展既不复仅是过渡到他物，也不复仅是映现于他物内，而是一种发展”①。通过发展，使潜伏在它本身中的内容得以发挥和实现。在概念论中，黑格尔提出了具体概念，阐述了以具体概念为基础的判断、推理由浅入深的发展过程，以及由主观概念推出客观存在，乃至最后达到主客辩证统一的思想。这些思想都超出了前人，高于康德，因此在某种意义上说，概念论是黑格尔的真正贡献。

先验哲学认为，时空中的感性杂多只有在概念的统觉中，才能成为具

① ［德］黑格尔：《小逻辑》，贺麟译，商务印书馆1980年版，第329页。

有种种逻辑规定于自身的思维对象。因此，对象的规定性，不外是概念的原始综合统一。黑格尔赞扬康德这个原始综合的统一是最深刻的原则之一，包含着真正把握概念本性的开始，与自身并非综合的那种空洞的同一和抽象的普遍性相对立。但遗憾的是，先天综合并未达到对象和概念的内在统一。概念作为悟性的理解功能，只是没有任何内容的空洞形式，故经常受到感性杂多的制约并从中获得自身的实在性。概念不是独立自由的、先行材料的本质的东西，材料反倒是自在自为的实在。黑格尔认为，概念进行综合时，它无须外在地汲取材料以客观化自身，而毋宁是在自身中就已具有了规定性并特殊化自身。特殊性作为"建立起来之有"，其自身不过是概念的他物，概念在它的他物中与自身消融，就是共相，而概念作为与自身相关的否定性，同样直接是个别性，因它与它的他物相对立。所以，概念既是与它的他物相对立的个性，又是在它的他物中保持自身同一的共性，是共性和个性的对立统一特殊性。因此，概念是具体的，是内容和形式及普遍性、特殊性、个别性的辩证统一。概念作为具体概念是同中有异，异中有同，并以自身为中介能动地、自由地实现自己、充实自己。

先验哲学的伟大功绩还在于：它首先提出了判断分类不应是经验的杂多体，而应反映思维的必然性，以逻辑概念的普遍形式为原则，但是在对判断分类时，康德并未履行这个原则，只是现成地利用了形式逻辑的判断分类并从中找出了范畴表。黑格尔认为，逻辑规律不是对事物进行外在判断和推理的空洞外壳，而是对概念本身的区别性或规定性的陈述和表现。所以，应先概念后判断，并从概念必然地推展出判断。既然概念是对概念的特性和矛盾发展过程的陈述，那么与概念分为"有""本质""概念"三个高低不同的逻辑发展阶段相适应，判断自然也分为不同的逻辑发展层次，并随着概念或认识内容的深化而深化。推理和判断一样，也是对象自身的内容，也是概念的实现和发挥，不过是更高一层的实现和发挥罢了。总之，黑格尔在逻辑史上第一个不满足于把判断、推理的各种形式简单地列举出来和形式地加以比较，而把它们依概念的发展观点加以分类，表明思维的形式与认识的内容是一致的，逻辑和认识论是统一的。对此，恩格斯赞赏道："不管这些东西在这里读起来怎样枯燥乏味，不管这种判断分类法有时初看起来是怎样任意作出来，但是，对于仔细研究过黑格尔《大逻辑》中的天才阐述……的人来说，这种分类法的内在真理性和内在必然性是明明白白的。”①

在黑格尔的《逻辑学》中，从有论中经本质论到概念论是从客观逻辑到主观逻辑的过程，在概念论中，从主观概念中经理念到绝对理念是从主观出发，中经客观达到主客统一的过程。黑格尔认为，概念论中的主观概念并不像康德先验逻辑中的概念那样，靠从外面去找些独立自存的客体加以填满，而不能从概念本身推出实在。反之，主观概念作为前阶段发展的结果，其本身不仅丰富充实，并能在自身辩证活动中客观化自身。列宁认为，黑格尔关于“观念的东西转化为实在的东西”的思想是深刻的，说明观念的东西不仅仅是被动的，它可以指导人的实践活动并变为现实的东西。这种客体或“实在的东西”在黑格尔的概念论中继续发展，是和概念达到统一，进入理念。理念自身的逻辑发展，终以理论理念消灭主观的片面性，实践理论消灭客观的片面性，达到二者的辩证统一——绝对理念。至此，黑格尔不仅克服了康德哲学中思维与存在、理论理性和实践理性、是如此和应如此的割裂；同时也揭示了“人的意识不仅反映客观世界，并且创造客观世界”的辩证唯物主义的真理；揭示了绝对理念的内容是前此发展全体，前此所考察的每一阶段都是绝对的一种写照，不过最初仅在有限的方式下写照罢了。因此，全体之任何一个环节尚须努力前进，以求完成真理之大战。而全体的展开，就是辩证逻辑的方法。故而可以说，黑格尔在范畴的系统推演中，达到了逻辑学、认识论、本体论、辩证法四者的统一。

三　结束语

黑格尔的范畴理论是建筑在唯心主义基础上的。在他那里，范畴不是人反映客观事物认识的结果，而是绝对理念在其自身发展中的各个环节。所以他的整个范畴体系，特别是范畴的转化和过渡，就难免常是牵强附会的，并带有神秘的色彩。但也不能否认，黑格尔的范畴体系并不是虚幻的产物，它不仅是对康德范畴体系的改造和发挥，也是对他那个时代政治的、科学的关心与注意，特别是对哲学史诸体系研究的结晶。他在《哲

① ［德］恩格斯：《自然辩证法》，人民出版社1975年版，第202页。

学史讲演录》中说："我认为，历史上的那些哲学系统的秩序，与理念里的那些概念的逻辑的推演的秩序是相同的。我认为如果我们能够对哲学史里面出现的各个系统的基本概念，完全剥掉它们的外在形态和特殊应用，我们应可以得到理念自身发展的各个不同阶段的逻辑概念了……不过我们当然属于从历史形态所包含的内容里去认识这些纯粹概念。"① 所以，在黑格尔《逻辑学》中的范畴推演，具有与哲学思想发展史、人类由浅入深的认识深化过程相一致的特点。正因如此，"黑格尔在一切概念的更换、相互依赖中，在它们的对立面的同一中，在一个概念向另一个概念的转化中，在概念的永恒的更换、运动中，天才地猜测到了正是事物、自然这样的关系"②，并"常常在思辨的叙述中作出把握住事物本身的、真实的表述"③。所以，他比康德等人深刻得多。当然，即便如此，辩证唯物主义也不能原封不动地应用黑格尔的逻辑学。首先，应在改造和吸收黑格尔范畴理论中的合理内核的同时，内在地批判和清除掉它的神秘理念，科学地说明逻辑范畴是从全部自然生活和精神生活的发展中获取的，它反映了人们在认识物质世界的深化过程中的各个阶段，是对客观事物运动的各个方面、各个水滴、各个细流等的总计、总和与结论。易言之，说明"事物的辩证法是创造观念的辩证法，而不是相反"④。其次，逻辑范畴作为我们认识和掌握自然现象之网的网上纽结，它们不是人们认识现实事物简单的、信手拈来的成果，而是在人的实践中经过千百次重复之后，才在人的意识中以逻辑的格固定下来，才有看先入之见的巩固性和公理意义，也才能在思想的创造和交流中发挥作用。最后，范畴作为人的现实世界本身内在联系的反映形式，是流动的、发展的、相互依赖和相互转化的。它所反映的各种自然现象和社会现象不是孤立存在的，而是处于永恒的运动和变化发展中的。所以，逻辑范畴不是一个故步自封、一成不变的体系，相反，它是随着现实世界与人的意识的发展而发展，并在发展中，其内容与数量也都不断地丰富、充实起来。在上述阐明的基础上，必然是：马克

---

① ［德］黑格尔：《哲学史讲演录》第1卷，贺麟、王太庆译，商务印书馆1981年版，第34页。

② 列宁：《哲学笔记》，人民出版社1994年版，第210页。

③ 《马克思恩格斯全集》第20卷，人民出版社1973年版，第76页。

④ 列宁：《哲学笔记》，人民出版社1994年版，第210页。

思主义的辩证逻辑是建立在唯物主义基础上的认识论。它不仅是关于一切物质的、自然的和精神事物的发展规律的学说，也是关于世界全部具体内容及对它的认识的发展规律的学说。所以，它是逻辑学、认识论、本体论三位一体的唯物主义科学的辩证逻辑。

（原载于《长白学刊》1995年第2期）

现代西方哲学的真理观及其启示

一

自亚里士多德将真理定义为“思想与物的符合”以来，人们便习惯于仅就人的认知领域从摹写论去理解人的认识本性，从客观性去理解真理的本质，并将真理程式化为人的认识对外在客体正确反映的结果。现代西方哲学家继康德的“哥白尼式革命”向这种根深蒂固的传统认识论倾向提出挑战之后，各自出自不同的理由和动机，从不同的视角、不同的层面对其提出了质疑和批判。他们所阐释的各具特色的真理观，远远超出了传统的经典样式的真理观，为我们重新思考真理这个熟悉且又复杂的问题提供了新的思路。

现代西方哲学迥然不同的真理观虽五花八门，但从本质上看，基本可以综合为如下几类。

第一，工具主义的真理观。工具主义的真理观开端于意志主义者尼采的哲学而完成于实用主义者杜威的哲学。尽管这种真理观在尼采和杜威那里分别基于非理性和理性，服务于不同的哲学目的，但其突出特点是注重知识或理论的效用，以知识或理论在实践中所产生的效用作为判断知识或理论真理性的标准。“有用即真理”是二者的共识。而形成二者共识的基本前提则是他们都反对认识论上的符合论，主张从生物进化的观点去看待认识和思想。认识不是主体从客观世界中找出或发现真理，而是主体将自身观念、价值、意义注入或“塞入”世界中以使之适应有用的目的；认识不是呆板的照镜子式的机械反映，而是将理论观念作为一种有效的行动或操作计划去干涉并真正地改变自然的性质和关系以变为新事物的源泉。

正是基于这种认识模式，尼采、杜威先后分别阐释了自己的工具主义真理观。相比较而言，尼采的真理观注重理论观念在社会生存竞争中相对于主体而言的价值性；杜威的真理观注重理论假设在实验操作过程中的工具性。对尼采来说，“对真理的信仰，即要依附在信以为真的实际需要上”①。“真理的标准”原则上就是“伪造的体系在生物学上的利用”。所以，不存在自在的真理而只有自为的真理，不存在“本来如此这般”的客观真理而只有“应当如此这般”的主观真理，不存在普遍的真理而只有各式各样的相对真理，不存在非真即假的真理或假理而只有相对于主体有无价值的工具。对杜威来说，实用主义区别于传统哲学的标志是“使眼光离开那些最初的东西、原则、‘范畴’、被假定的必然性；而把眼光朝向那些最后的东西、结果、后果、事实”②。所以，他关心的不是记录或总结过去经验的理论，而是理论能带来什么样的效果；不是理论自身的圆满性，而是理论的投影或指导作用；不是理论的真与假，而是理论的受用不受用、适当不适当和经济不经济。

尼采、杜威的真理观虽各有侧重，但这并不影响二者殊途同归，在真理观上的一致性。首先，二者都否认真理的客观性，强调它的主观性、工具性。其次，蔑视知识、观念的真假性，强调它的效用性、价值性。最后，反对凝固不变的永恒真理，强调真理在生存竞争或实际应用中的不断发展。毋庸置疑，尼采、杜威充分认识到了理论观念的工具性，以及它作为服务于人的工具相对于人而言的价值性。

第二，生存论的真理观。生存论的真理观虽在存在主义者马塞尔、雅斯贝尔斯和海德格尔那里表现出不同的真理样态，但其真理观的共同特征是以存在主义的方式将真理建筑在更为宽泛、更为原始的基础上，即立足于人的生存而不是认知来解释真理，并将认知真理（科学真理）仅仅看作生存真理（存在真理）的一部分。这种新颖独特的真理观全面系统地反映在海德格尔的哲学中。海德格尔对真理的思考虽然先后在《存在与时间》《论真理的本质》中视角不同，乃至衍生出新的结论，但无论前期从此在出发思真理，抑或是后期从真理出发思存在，存在的真理，真理的

① ［德］尼采：《权力意志》，周国平等译，商务印书馆 1995 年版，第 272 页。

② 邹铁军：《实用主义大师——杜威》，吉林教育出版社 1990 年版，第 282 页。

存在，不过是二而合一的课题。这个课题凝聚着海德格尔与存在主义真理观的全部精髓，以及对传统认知真理观狭隘界限的突破。

剥离人的主体性内涵，摒弃传统“符合论”的真理观，是海氏铺展其生存论真理观的首要步骤。海氏将人的自我性变成“在世的存在”，将人的理性认知构成性变成忧心的开放性，将封闭不露的主体自我变成与他人他物的共在。以这种前自我学的、前认知性的主体或“此在”规定性，一方面超越了传统的主体性哲学，否定了认识主体如何从其内在范围抵达外在对象并与之相符合的传统的认识模式；另一方面，又将“此在”在烦忙活动中而使世内存在者得到揭示的认知样式，作为通达存在真理的探询主体，作为追溯先于认识活动并为其本源的一种在世的存在方式。这种追根溯源的努力，揭示了认识和认知真理的派生性，以及真理的处所和本质，并为真理开辟了一个以人的生存为背景的广阔天地。

“此在在真理中”，真理就是此在的展开，表明存在的真理不是先知而后得的认知结果，而是存在前提。只要此在生存着，就有真理。此在在烦忙于各种存在者道出自身及随同被揭示的存在者而形成命题的过程，表明存在的真理作为前提一开始就支配着人的认知活动，支配着人对自身生存的领悟和对其他存在者的揭示；表明真理的原始处所不在命题、判断处而在此在的存在。“唯当此在存在，才有真理。唯有此在存在，存在者才是被揭示被展开的。唯当此在存在，牛顿定律、矛盾律才在，无论什么真理才在。”① 表明真理的本质不在于命题、判断同它的对象相符合，而在于此在的展开。此在的展开，“就更原始地应被当作真理的本质存在”。

第三，科学哲学的真理观。科学哲学的真理观在某种意义上就是由逻辑实证主义、波普证伪主义建构起来理解认识的本质的科学观。这种科学观作为一种认识论学说完全抛弃了把主客体对立起来的传统倾向，而是一开始就预先假定，我们已经以各种方式获得了科学的知识，并且在任何情况下能去认知这个世界。所以，对科学哲学家来说，问题不是去研究是可能获得知识，而是要揭示获得和发展知识、真理的可靠条件、探究方法是什么。简单地说，科学哲学的真理观不是建立在意识分析而是经验确证的

① ［德］海德格尔：《存在与时间》，陈嘉映、王庆节译，生活·读书·新知三联书店 1987 年版，第 272 页。

基础上，不是传统哲学的抽象思辨而是现代科学的逻辑分析的结果。但科学哲学家对科学观的浓厚兴趣由于出自各自不同的理由和动机，因而他们所关注的热点，以及对形成知识或真理的先决条件和探究方法并不是整齐划一的，而是存在着很大分歧，甚至是针锋相对的。这种分歧形成了逻辑实证主义和波普证伪主义不同的科学观或真理样式。

一般来说，从语言的“意义问题”分析着手来建构真理观，是逻辑实证主义与传统哲学及其他哲学所具有的不同特点之一。逻辑实证主义之所以把对语言意义问题的研究、语言意义的澄清和确证看作形成科学观或真理观的先决条件，主要来自两个动机：从肯定方面来说，它热衷于把科学的证实方法作为达到真理的唯一可靠的方法；从否定方面来说，则在于消除形而上学及哲学思辨体系中发现的那些自称为真理而在他们看来是虚假的东西。与之不同，波普的证伪主义并不热心于反对形而上学，而是较为注重探讨前人涉及但未明确提出的问题，即知识的增长问题。波普对知识的增长问题关注，从积极方面看，它推崇科学理性的批判精神和创造性，把猜想—反驳看作自然进化而来的唯一合乎理性的认识方法，看作是不断接近真理的普遍而有效的科学发现的方法；从消极方面看，则在于否定逻辑实证主义那种失败的经验证实方法以及由此建构起来的真理符合论。

从不同的研究视角出发，逻辑实证主义把通过逻辑归纳法从经验确立起来即得到证实的一切科学理论的陈述都看作有意义的命题，而把大量传统的和当代形而上学著作中常常被认为是事实真理的陈述但实际上不能被经验确证的抽象命题看作无意义的胡说。因此，在逻辑实证主义那里，意义的证实说和真理的证实说二者是一致的。所谓真理不过是被证实为有意义的命题。有意义意味着命题的真假值得到了经验或观察事实的确认和证实。科学知识及其发展不过是被证实为有意义的命题和由它们构成的理论的累积。相反，波普认为，科学之为科学，不在于它可以找到支持自己的例证，因为宗教、玄学、占星术都可以找到这种成功的例证。科学并不在于它的可证实性，科学是理性不断提出假说，而假说要在经验事实的发展中不断发现自己的错误，否证或证伪自己，以便过渡到更新的理论。因此，科学和非科学的“划界标准”，不是可证实性而是可证伪性的。由于科学的假说都含有可否证的成分，这就决定了科学不是追求真理并实现真理的活动，而是不断地清除错误逐渐逼近真理的探索活动。科学是人的理性不断创造假说，排除错误持续增长的过程。由此，波普以批判理性的证伪主义突破了逻辑实证主义把知识看作静态的累积并加以逻辑分析的框架，而把知识看作不断增长的动态过程。这个过程通过“理性重建”将认识一般化为“问题—猜想—证伪—新问题”的“发现的脉络”，人类理性天然骚动着的创造和反驳则推动着人类认识遵循着类似生物界一样冷酷无情的“物竞天择、优胜劣汰”的发展轨迹，不断从错误中学习而趋向真理，揭示了科学认识中真理的发展过程，使“真理—谬误—真理”的循环发展成为科学本身的自我发展模式。在这个发展模式中，波普把理性的自由创造和猜想作为凝结在理论中的超验精髓，把逼真性作为认识发展的量度，打破了逻辑实证主义“论证的脉络”的禁忌，在某种程度上超越了它的真理符合论的狭隘界限。然而，波普在反对逻辑实证主义时并未使自己摆脱实证主义的束缚。相反，方法论上的针锋相对并未能掩盖它们之间的深层一致，那就是不论是经验的证实或证伪最终都诉诸经验的确证，只不过逻辑实证主义测度命题的可靠程度是经验积累的归纳证实逻辑，证伪主义测度命题的普遍性则为经验证伪度的大小。所以，从根本上说，二者在认识论、真理观上都未超越传统的经验主义，同时又都困于逻辑确证的范围中。

二

哲学应当怎样去探讨真理？究竟探讨何种真理？现代西方哲学各以其特有的解释框架对这个历史悠久的老问题给予了新的解答，并力图突破传统的认知模式和真理符合论的界限。当然，这并不意味着它们的努力总是成功的，也不意味着新的表述方法已完全避免了它们力图取代的旧的真理观及其持续的影响。相反，它们在以新的解释框架建构新的真理观时，有时却往往又走向另一极端，陷入另一种偏狭。所以，现代西方哲学以各种方式建构起来的真理观给予我们的启示就不是单面的而是双重的。它从积极和消极的双向度给予我们的启示不仅在于它所达到的高度，还在于它没有达到的高度；不仅在于它所解决的问题，还在于它没有解决的问题，从而使我们能够从多方位、多层面来重新审视和认识马克思主义的真理观，清理或剥离曾被谬解的云翳所遮蔽的方面，以便真实地展现和科学地发展马克思主义的真理观。

首先，现代西方哲学不论是理性的，还是非理性的；不论是人本主义的，还是科学主义的，重建真理观的基本前提是抛弃传统哲学从反映论去理解认识的本性的趋向，而是诉诸主体的创造性、开放性和给予性。心灵不再是只会向外部世界的客体索取的空调容器，相反，它本身具有自由自觉的创造性而去给予；认识也不只是从客体出发去顺应、认同、表象、摹写自在对象的直观活动，而是从主体出发去谋划、干涉、去蔽、创造自为的对象的能动活动。现代西方哲学从反映论出发，不仅深入挖掘出潜藏在人类本性中的创造本能，并且具体研究了它在人的生存活动、科学实验过程中的独特表现。尽管他们与反映论相对立的观点有点偏激，但却激起了我们对主体创造精神的重视，去重新认识马克思主义认识论所具有的本来面目。马克思主义作为几乎和现代西方哲学同时产生的哲学，同样是一种思维模式的变革，它基于实践的认识论高度肯定了人的创造精神，并把人的本质归结为“自由自觉的活动”即创造活动，把人的主观能动性或自觉的能动性看作“人之区别于动物的特点”，指出人的实践过程首先是一个“主观见之于客观”的过程，是“从主观方面去理解的”人的感性活动。这就是人的实践本性，人的创造活动的本性。然而，我们以往却自觉不自觉地习惯于循着心向外求的传统认识方式来谬解马克思主义的实践认识论。仅从客观来理解认识的发生和发展，把认识仅仅看作一个反映客观、符合客观的单向过程，以为只有这样，才能坚持实事求是，避免陷入唯我论的圈套。意识不到正是在这种反映客观、符合客观的过程中消解了我们常常强调但实际上却难能发挥作用的认识能动性；意识不到认识作为主体的意识活动，人首先觉知到的是为其所显现的意识对象，而意识对象作为认识主体的产物必然都是意识活动的改变物，其中都贯注着人突破客体、超越客体的谋划、目的和理想。那么，这样的认识结果以及由它所指导的实践必然是自由自觉的创造活动。当然，承认认识起点和结果的主观性，并不是要否定认识内容的客观性，而是说认识对象的客观性环节作为主观环节的客观内容，必然要表现在主观环节中并作为意识活动的改变物或思维的确定性而突破了物的局限，超越了自然规律的限制。这种经过意识能动性加工改造过的产品就不会再是客观外界事物的摹写，更谈不上与之相符合了。所以，我们不能简单地把人性、主观性和客观性、真理性绝对对立起来，就人的实践和认识都离不开人的主体性而言，对外部世界的真理性认识不是直观的、照镜子式的反映，而是依人的主观认知结构的性质所进行的一种能动反映、选择和建构。因此，人的认识绝不是单纯趋向客体的那种客体本有的统一性，而应是以人的方式所建立的主体与客体、思维与存在的新的更高的统一体。

其次，现代西方哲学认识模式的转变必然导致它的真理观的转变。尽管它们各以自己独特的方式建构起来的真理观大相径庭，但它们的真理观却远远超出或偏离了传统真理符合论的界限或定向。它不仅仅局限于从理性的抽象的认知领域去建构真理，而是扩展到从非理性及具体的生存领域、科学实验去创造、体悟真理，逻辑地经验证实、证伪真理或逼近真理。它们各自以不同的方式向我们昭示了真理既包括认知真理，也包括其他意义上的真理，因为生活中的求真活动是多种多样的，与之相应的真理样式也是多种多样的。此外，真理作为人的本性体现、人的存在本身、人的意识创造活动的产物，绝不是客观本有的自在之理；真理所具有的属性也不仅仅是客观性、必然性，还必须具有主体性、相对性、应然性、理想性，以及相对于主体而言的有用性、价值性等多重属性。这样，使得真理所具有的内涵远远超出了客观认知真理的狭隘界限。当然，我们不能完全和现代西方哲学的真理观相苟同，但是却不能忽视和否定它们从多角度、多层面建构起来的真理观给予我们的深刻启示，这就是哲学真理观的视界是否只能限制在客观的认知范围内，从而真理也只能表现为一种客观的真理样态？马克思主义认识论的基础是实践论。实践论也就是马克思主义真理观的解释框架，以实践为本去理解真理，必然突破那种局限于客观的认知领域，将真理客观化、抽象化、理想化的传统真理观，进入一个以人的生存为背景的广阔视界，将真理人本化、具体化、现实化、历史化的马克思主义真理观。传统真理观的根本缺陷在于缺乏内在的实践基础和人性基础，把真理仅仅看作心向外求并和外部世界相符合的结果。这就决定了它的真理只能是一种以“物”为本的客观真理，也只能局限于“解释世界”的认知领域。马克思主义把实践作为真理观的内在基础，就是以“人”为本去理解真理，即从现实的、具体的、历史的、社会的人性、实践性出发来确立人和世界具体的精神关系，来界说真理既在某种程度具有不以人的意志为转移的客观内容，同时又贯注着一个具体历史时代人们的生存需求、理想追求等人性内容。真理是客观内容与人性内容、现实性与理想性、存在与思维相统一的主观的、理论性的存在。由于真理与人、与实践相关，所以真理只能是对人而言的真，为人而有的真；对人而言的应然性、理想性，以及为人而有的价值性、有用性。这样的真理不可能仅与外部世界相关而与人的主体无缘，也不可能自在地存在于人们生活之外的世界中等待着人们去发现。如果那样，人就会如同动物一样去顺应自然、符合自然，就不会有在贯注着人的谋划、目的、理想的观念指导下的人的自由自觉的实践活动。因此，在现实生活中，不存在那种完全排除了人性内容的与外部世界相符合的纯而又纯的客观真理。正因为真理中渗透着人性内容，才使人不拘泥于认知客体、符合客体的认知领域，而是努力地突破、超越客体的限制，去改造世界，重塑一个为人所希求的世界。由此可见，马克思主义基于实践的真理观具有宽广的视界，它要求我们不仅要说明真理的客观性，同时也应该说明真理的主观性、应然性、价值性、有用性以及实践性，真实地而不是抽象地、全面地而不是片面地来表明生活中的求真活动以及它的真理样式。

总之，现代西方哲学基于新的思维模式所重新建构起来的真理观，给了我们一个新的观察点，使我们意识到那种从摹写论去理解认识的本性，从客观性去说明真理本性的直观认识和真理符合论的局限性和狭隘性，意识到重新审视和解说马克思主义实践认识论和真理观的必要性和重要性，以及去发展这种科学认识论和真理观的义务和责任。

（原载于《长白学刊》1997 年第 1 期）

现代西方哲学本体论的发展趋向与特点

自19世纪中叶以来，西方哲学发生了翻天覆地的变化，其中变化最大、受冲击最大的问题之一是哲学本体论。现代西方人本主义思潮中的各种流派一改传统哲学本体论的思维模式，竞相在各自的哲学中标新立异；而科学主义思潮中的各种流派一开始便高举着"反形而上学"大旗，完全摒弃了传统的哲学本体论，掀起了哲学史上第二次反形而上学的热浪。然而，20世纪50年代以后，这股热浪逐渐冷却、缓和，哲学本体论又以新的模式再现于科学主义的思潮中。

一

纵观西方哲学的演进史，哲学本体论经历了不同的发展阶段，但是无论是古代的直观哲学，还是近代的反思哲学，作为世界观理论都以从总体上研究世界为特征，其哲学本体论大多是基于理性的实体还原模式。

古代哲学和科学尚未分化，这就决定了它无论对任何对象都侧重于从总体上把握，并只能从笼统直观得到知识的总汇。这种认识形式的特点使其提出的问题必然是："世界万物的本原是什么?"古代哲学家对此问题的解答尽管在内容上千变万化，但其共同的思维模式是把整个世界奠基于一种或几种最终的"始基"上，始终没有超出一种方法论的界限，即人心外求，直接从世界本身来说明世界。

近代哲学由于同科学的分化，其视角自然而然地便集中在那些真正属于世界观性质的内容上，即探求一切事物的本性、自然世界的统一性问题。因此，解决"实体"的问题便在17世纪的哲学中占据着主导地位。哲学家们已不再脱离自我呈现的关系去思考存在或确定存在，而是从思存统一关系去考虑实体存在问题，开始了对认识问题的研究，使哲学从只就客体去研究世界的本源是什么的古代直观哲学，转向从主体出发解决实体统一问题和思存关系问题的近代反思哲学。近代哲学本体论虽然在内容与方法上都发生了变化，但其本体思维模式并未超出古代哲学的实体还原模式，他们追求的实体也是事物还本归真的本体，只不过它已是瓦解了现象而后所剩下的那种作为一切性质背后的“支撑点”“依托物”的抽象存在。而对这种抽象存在的思考和疑虑，后来又引起了哲学家们对确定本体的思维机能的批判和考察，使哲学的中心从 17 世纪探讨存在本性的理论转向 18 世纪探讨人的认识本性的理论，在哲学史上兴起了一股否定哲学本体论的思潮。

近代哲学这股否定哲学本体论的思潮，从洛克开始，中经贝克莱，在休谟哲学中达到了顶峰。康德受休谟哲学的启发，发现了基于理性基础上的先前哲学本体论的独断性，他通过对人的理性认识能力的批判考察，得出人的认识只能停留在对人所显现的现象界，而达不到对人心之外的物自体认识的结论，破除了以往哲学以为认知理性可以成功地建立哲学本体论的迷信。然而，正是这同一个证明所有传统形而上学论据统统站不住脚的康德，却认为自己的真正使命在于创立一种新的、超验的形而上学，即被其视为人类理性顶峰的科学的形而上学。《纯粹理性批判》出版之后的《未来一切形而上学导论》《自然界形而上学原理》《道德形而上学探本》《实践理性批判》与《判断力批判》等著作，则可谓这一哲学努力的有力解证。在康德看来，我们虽不能在认识领域建立起有关物自体的“超验的形而上学”，但却认为追求超验的形而上学是人的一种自然倾向，并以人的意志自由的无可怀疑性及其必然的逻辑发展，演绎、引申出物自体，使其在道德领域得到了确证。康德的哲学使认识论和本体论、思维和存在、理论理性和实践理性陷入了尖锐的对立之中。因此，自康德之后，德国古典哲学家便开始了把认识论与本体论、思维与存在统一起来的探索，经过费希特、谢林的努力，终于出现了黑格尔以绝对理念自身的逻辑发展规律为基础的思维与存在、本质与现象的对立统一，实现了与认识论、逻辑学融为一体的形而上学本体论，使建立在理性基础上的实体还原模式的哲学本体论达到了巅峰。

二

黑格尔哲学之后，传统哲学的本体论受到现代西方人本主义和科学主义两大思潮的冲击和批判。前者在本体论上的定向完全丧失了本体论的传统属性的意义，而后者则由开始以经验现象为基础，坚决“拒斥形而上学”，在对语言进行逻辑的分析与演算中，终而转向以“语言”为本的哲学本体论。

一般来说，人本主义哲学家并不回避哲学本体论的问题，但他们所重新建构起来的哲学本体论，无论在对象、性质、内容和功能方面都发生了变化。这种变化表现在：

第一，推崇人的情感意志、本能冲动和内心体验，贬抑人的理性逻辑思维能力，主张从非理性主义而不是理性主义出发来建构哲学的本体论。现代西方的人本主义哲学家大多否认理性是人的最高精神环节，否认理性能够透过现象而达到对于事物内在本质的认识。他们主张直觉才是人的主体中最根本的东西，直觉能够使人在静思、体验自己的对象时，达到对现象背后的实在本身的认识。意志主义、生命哲学就是沿着人的主观心理体验的非理性主义道路确定了一种非理性的、盲目冲动的精神本体，从而也改变了传统哲学那种理性的或规律性的精神本体。但就意志主义、生命哲学主张意志或生命是万物的本体，万物是意志或生命的产物，并可归于一个精神本体而言，既未摆脱唯心主义，也未超脱传统哲学本体论的实体还原模式。

第二，推崇无存在的本质和思维的创造性，主张从天人合一的“定向世界”上去确立人与世界的意义关系，而不是从主客对立的关系去解决世界的本质和存在现象的关系。继黑格尔哲学之后，胡塞尔摒弃了主体与客体、本质与存在的对立统一关系问题，在区分本质和存在的基础上，使哲学的视角仅仅面向无存在的本质或纯粹意识的领域，通过先验的“本质直观”，洞察到真正意义上的明证的“绝对的被给予性”的东西——先验的自我。先验的自我具有一种趋向于“意义的意向”性，它辐射给对象以意义。因而，对象的意义既完全是“本体论上本原的东西”，同时又是对象自身；既是主体的绝对被给予者，又是对象的内在本质，是主体与客体的统一，是主客互属互动一元论基础上的“意义式的本质”。这种“意义式的本质”作为思维行为的“绝对被给予者”，不仅在现实上，而且在可能性上也是可能的。故哲学的领域虽仅限于人的意识领域，但并未因与存在世界的分离而缩小，相反，却因意义世界的开发而使“一道更其源始更其浩瀚的境域开展出来”，成为人们“皈依”的家园。

第三，推崇“存在先于本质”，主张以研究人为中心的“人学本体论”，而不是以探求客观世界为主要特征的“世界本体论”。存在主义者海德格尔认为，传统哲学的本体论之谓“无根的本体论”，则在于它只是从“存在者”出发来理解存在，而对存在本身没有研究。所以，传统哲学虽在谈论理性之光，然“却并没有关注存在之澄明”；哲学虽力图“走向事情本身”，然在这种走向中却始终未曾明确思的东西是什么。因而，海德格尔首先从方法论原则上，用一种“在世”的“有情绪”的“言谈的动物”取代了以往那种超世的抽象的“理性的动物”；用“此在”的生存论存在论分析取代了以往那种基于“我思”的逻辑推导方式，立足于“一个人的存在”的源始存在方式，让“此在”自己解释自己，即让“此在”像其通常所是的那样显示这个存在者，在其通常的日常生活中开显与揭示“存在者之存在”及其“存在的意义”。海德格尔这种立足于“此在”的生存论来入“问”与探询“存在者之存在”的“有根的本体论”，不仅从方法论原则上超越了传统主体形而上学的思维模式，而且扭转了形上哲学的研究视域，为哲学本体论的重构拓展出一片新的天地。

当人本主义思潮中的主要哲学流派各以自己的特殊方式建构新的哲学本体论时，科学主义思潮中的诸流派一开始则掀起了“拒斥形而上学”的热潮，转向对科学的命题和语言只做形式分析的经验主义领域。

孔德是现代最早把一切探求世界本源的哲学称作“形而上学”加以摒弃，转向只研究现象范围之内的实在、有用知识的实证主义哲学家。他认为，一切知识都必然经过“神学”的虚构阶段、“形而上学”的抽象阶段而最后达到“实证”的科学阶段。在实证阶段，人们“只是精确地分析产生现象的环节，用一些合乎常规的先后关系和相似关系把它们互相联系起来”，而不再求知各种现象的内在原因。一句话，只叙述事实，而不说明事实；只知其然，而不知其所以然。马赫继承并推进了孔德等人的实证主义，明确提出必须“取消形而上学”。到了以逻辑实证主义为统治时期的分析哲学，“拒斥形而上学”便发展为一个自觉的口号和纲领。在分析哲学这里，不仅传统哲学的本体论被取消了，而且哲学的性质、对象、任务和方法也都发生了变革。

然而，分析哲学强调对科学命题和语言的分析最终又导致了语言本体论的产生。20 世纪 50 年代初，奎因发表了《论存在什么》的著名论文，专门讨论了哲学本体论的问题。奎因试图在哲学中重新恢复作为本体论的形而上学的活力和地位。在他看来，科学和哲学本体论，两者都研究这种或那种语言的使用，并研究对一种语言来说是真的东西是否也适用于另一种语言，当加以正确构造时，哲学本体论并不陷入关于“外部”存在伪问题的泥坑，相反，在认识的探究中，它具有同科学任何分支一样坚固的地位，并且被同一类型的条件所约束。只不过，哲学本体论的兴趣在于研究某种广义的范畴表达式，科学专注于研究可称为代表属类的表达式，这是一个兴趣的广度或范围的问题，而不是不同种类的问题。因此，在认识地位或“有意义性”方面，哲学本体论和科学并无本质的差别，二者都必须运用某种语言，都可以在使用量词以涵盖对象的某种假设的类型或种类时，建立一个特定理论的本体论承诺。由此可见，奎因恢复了为实证主义者所抛弃了的传统哲学问题的一个领域的体面及其根本的重要性，但他所建构的本体只是一种理论的本体论承诺。严格来说，只涉及语言问题，是一种关于对象的说话方式基础上的本体论承诺。因此，它与传统哲学的本体论有着大壤之别。不过，奎因毕竟开创了英美分析哲学家运用语言哲学的概念来讨论本体论问题的新思路，这个新思路后来证明对经验研究领域是很有成效的，因而引起了许多哲学家的兴趣。哲学本体论、形而上学的命题又重新在科学主义思潮中的一些主要流派中得到承认和探讨，并获得了新的内容和形式。

三

由上可见，现代西方哲学各主要流派虽在重建哲学本体论中表现出各自不同的特点，但在重构哲学本体论的总趋势中又有其共同之点。其共同之点表现为：

第一，从本体论追求的目标看，哲学的视角从抽象的王国转向具体的领域。现代西方哲学的本体论已由传统哲学对于世界万物本源的追求转向对于人的人伦世界或人的一切知识本根的追求；由力求透过变幻不定的自然现象去窥视其不变的原因和真理，转向为短暂的、有限的人生寻求安身立命的基础，以及为各种哲学的、科学的、常识的知识寻求统一固定而不变的逻辑语言基础。现代西方本体论的这种转向，既是现代西方工业文明社会中人的异化处境、科学技术及语言学、逻辑学迅猛发展状况的哲学自觉，同时也是哲学本体论自身发展的必然逻辑结果。第二次世界大战以来，西方世界中的语言学和逻辑学都得到了长足的进展，特别是符号逻辑的创立，引起了一些哲学家加强对具体科学的基础和方法论的研究。与科学技术的迅速发展相对应的人的生存危机，又使一些哲学家加强了对人的存在及其价值等方面的研究与探讨。科学主义者和人本主义者在解答各自的问题时，纷纷放弃了传统哲学的本体论立场，而是分别立足于人类的语言能力、人的存在本身来解答时代所提出的问题。这表明哲学本体论的寻根意识必然会随着知识水平、社会状况的发展而发展，必然会由对世界本根的寻求到对断定和描述世界是什么或怎么样的人的认识能力、语言能力，以及人自身的生存本根的考察。从古代直观的本体论到近代反思的本体论，再到现代以语言和人为本的本体论，正是哲学本体论的寻根意识在哲学自身中贯彻、深化、发展的必然结果。这种深化和发展，不仅使哲学本体论具有了时代的气息和韵律，而且也为哲学本体论的研究开辟了新的视域。

第二，从本体论目标实现的途径看，哲学的方法由理性的抽象思辨转向“内省”体验和分析演算。哲学的本体发生了变化，必然导致建构本体的思维方式也发生变化。在传统哲学那里，在实现对世界的存在及其本质的把握，达到对集真、善、美于一身的世界的最高原则的把握，只能借助人的理性或辩证理性思维。现代西方哲学的科学主义与人本主义的共同点是都放弃了传统本体论的思辨理性的哲学方法。科学主义者在建构一切知识的基础时，采取的是逻辑语言分析的方法，通过语言的逻辑演算，建构起科学理论或知识的语言本体模式。人本主义者在建构自己的人伦世界的本体时，采取的是非理性的情绪体验，通过“内省”返回本原的自我，并由此“外推”逐步演化出整个哲学体系的内容。西方哲学这种由理性向非理性、由抽象向具体的方法论上的变化，为建构哲学本体论开辟了新的途径。

第三，从本体论目标的价值取向看，现代西方哲学的一个基本走向是迈向意义世界。意义问题的突出在于：“知识和信仰已不再能满足生存的需要和生活的必需了。形而上学的欲望和怀疑的基本态度之间的对立，是今天人们精神生活中的一种巨大的分裂，第二种分裂就是一方面生活的不安定和不知道生活的最终意义，另一方面又必须作出明确的实际决定之间的矛盾。”① 在对这些对立、矛盾与分裂的解答中，分析哲学家和人本主义哲学家殊途同归，都走向了意义世界。分析哲学家在对语言的使用、语言的有效交流的各种条件和方法的研究中，在强调语言或命题要有意义，必须指称一个对象；必须表达某种确定的事态；必须得到经验的证实等条件和“意义标准”的确定中，否定了传统哲学一切超验的无意义的形而上学命题，创立了有关语言或命题意义的理论。意义理论的创立，特别是维特根施坦后期的语言游戏说的提出，主张语词的“意义即应用”，把语言的意义问题引向日常语言的分析，引向实际的生活，这就为奎因用语言哲学的概念来讨论本体论；波普、科恩、费耶阿本德等人从实际生活出发，重新确定形而上学的命题如同自然科学的问题一样也为意义的理论和观念奠定了基础。分析哲学虽经历了从否定到认可哲学本体论和形而上学命题意义的发展过程，但语词意义的问题却贯穿始终。如果说分析哲学家们只是把意义的问题狭隘化为语词或命题的意义，那么人本主义哲学家的哲学视角则直接指向了人的生存意义的问题，由传统哲学对于世界的求知、求真的智慧之学转向对于人伦世界求价值、求意义的人生哲学。人本主义者立足于人的主体来谈人与世界的关系，认为人与世界的主客关系不只是感知和被感知、反映和被反映的关系，更重要的是一种给予和被给予的意义关系。主张物的意义、世界的意义、人生的意义不是来自于人的主体之外的任何自在的存在，而是来自于人和人的主体活动。对于意义问题的探讨，已成为现代西方哲学的一种自觉的倾向。这表明人所生活的世界，不是一个无声无臭的与人和人自己的活动无关的世界，而是一个与人和人的活动息息相关的世界；表明以寻求真知为出发点的知识论哲学已为以寻求意义为出发点的价值哲学所取代。哲学本体论已不知不觉地进入了

① ［德］施太格缪勒：《当代哲学主流》上卷，王炳文等译，商务印书馆 1986 年版，第 25 页。

一个新的阶段。

总而言之，现代西方哲学本体论发生了很大变化。这种巨变表现了哲学本体论所特有的寻根意识，同时也体现了现代西方哲学追赶时代精神，何去何往的发展趋势。

（原载于《吉林大学社会科学学报》1994 年第 3 期）